AF572960

Benjamin Scholl

DINOSAURIER UND DIE BIBEL

Fossilien und Urgeschichte aus biblischer Perspektive

DINOSAURIER UND DIE BIBEL
Fossilien und Urgeschichte aus biblischer Perspektive
Best.-Nr.: 271981
ISBN: 978-3-86353-981-8
2. Auflage 2025

Am Güterbahnhof 26 | 35683 Dillenburg
info@cv-dillenburg.de
Herausgegeben von der Studiengemeinschaft Wort und Wissen e. V.
Satz: SG Wort und Wissen, Freudenstadt
Umschlaggestaltung: Christliche Verlagsgesellschaft mbH nach AdobeStock
Druck: FINIDR, s.r.o.
Printed in Czech Republic
Wenn Sie Rechtschreib- oder Zeichensetzungsfehler entdeckt haben, können Sie uns gern kontaktieren: info@cv-dillenburg.de

Fossilien und Urgeschichte aus biblischer Perspektive

Benjamin Scholl

Erklärungen zum Buch

An vielen Stellen im Buch findest du **kleine Flaggen**. Sie zeigen dir, dass man diese Lebewesen bzw. ihre Fossilien (auch) **in Europa** gefunden hat. →

- Deutschland
- Österreich
- Schweiz
- Belgien
- Frankreich
- Polen
- Portugal
- Rumänien
- Vereinigtes Königreich

Wie ich es sehe: In den blauen Kästen kannst du die **Meinung des Autors** zu einem Thema lesen. Nachdenken solltest du aber selbst 🙂.

In den grünen Kästen stehen zusätzliche Hinweise oder Antworten auf weiterführende **Fragen**.

Auf vielen Seiten findest du eine **geologische Zeitskala**, → die hier erst ab Ediacarium angegeben wird, obwohl es auch weiter unten massive Gesteinsschichten gibt. Die Pfeile und die Sternchen* im Text zeigen dir, wo die auf dieser Seite besprochenen Dinge eingeordnet werden. Nähere Erklärungen zu den geologischen Systemen und der geologischen Zeitskala findest du auf Seite 136 – „Ein Blick in die Gesteinsschichten".

Erdneuzeit	Neogen / Quartär
	Paläogen
Erdmittelalter	Kreide
	Jura ←
	Trias
Erdaltertum	Perm
	Karbon
	Devon
	Silur
	Ordovizium
	Kambrium
	Ediacara-Fauna
	Ediacarium

Es wurde versucht, möglichst authentische Rekonstruktionen für die Abbildungen zu finden, dennoch erlauben sich manche Abbildungen einen gewissen Grad an **„künstlerischer Freiheit"** (z. B. bei der Armhaltung der Raubsaurier).

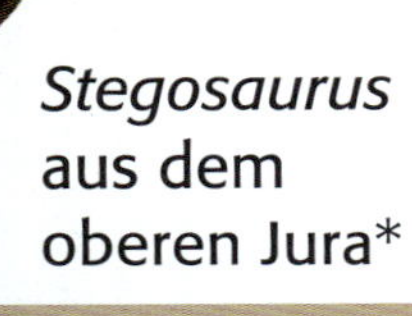

Stegosaurus aus dem oberen Jura*

In den gelben Kästen findest du **Bibelzitate**. Die **Hervorhebungen** in den Bibelversen stammen vom Autor.

Abkürzungen für verwendete Bibelübersetzungen („nach": mit Änderungen; fette Hervorhebungen und Einfügung in eckigen Klammern vom Autor ergänzt):

HFA = Hoffnung für alle 2015
L12 = Luther 1912
L84 = Luther 1984
L17 = Luther 2017
M = Menge 1939
NEÜ = Neue evangelistische Übersetzung
NLB = Neues Leben Bibel
RE = Revidierte Elberfelder 2006
SLT = Schlachter 2000
ÜE = Überarbeitete Elberfelder CSV 2003

Pteranodon

Zum Autor

Benjamin Scholl interessierte sich schon von klein auf für die Frage, ob sich das Leben von allein entwickelt hat oder ob es von Gott erschaffen worden ist. Daher studierte er Biologie und Sozialwissenschaften für das Lehramt an Gymnasien. Dabei erfuhr er, dass man auch als Christ, der der Bibel fest vertraut, seinen Verstand nicht „an der Garderobe abgeben muss". Anschließend arbeitete Benjamin Scholl als Lehrer an einer Evangelischen Bekenntnisschule. Seit Februar 2022 forscht er als hauptamtlicher wissenschaftlicher Mitarbeiter für Biologie bei der Studiengemeinschaft Wort und Wissen. Er interessiert sich besonders für Fossilien und Grundtypen aus biblischer Schöpfungsperspektive. Auf dem Foto betrachtet er einen Neandertalerschädel. Benjamin Scholl ist verheiratet und hat drei Töchter.

Para-sauro-lophus

Danksagung

Ich danke Birgit Brandl, Katharina Ziegler, Daria Meyer, Anna Knopf, Katharina Scholl, Tim Kleine, Johann L., Rainer Tanner, Andreas Lauterbach, Ralph Engler, Tom Frank, Alexander Bittrich, Thomas Kleine, Joachim Pletsch, Joel Hoefflin, Nik Irniger, Dr. Stefan Drüeke, David Decker, C. D. Scholl, Konrad Meier, J. Dams, Alexander vom Stein, Dr. Peter van der Veen, Dr. Boris Schmidtgall, Dr. Peter Trüb, Dr. Martin Ernst, Dr. R. Palme und Dr. Reinhard Junker für zahlreiche Korrekturen, Tipps und Hinweise. Der CV Dillenburg bin ich sehr dankbar, dass sie dieses spannende Projekt mit der Studiengemeinschaft Wort und Wissen gemeinsam herausgebracht hat. Außerdem danke ich meiner geliebten Frau Katharina und meinen wundervollen Töchtern, dass sie so viel Geduld mit mir hatten und mir den Rücken für dieses Buch freigehalten haben. Und nicht zuletzt danke ich meinem Herrn Jesus Christus für seine wundervolle Schöpfung, seine mächtige Erlösung und seinen Segen, den er zu allem Leben und Arbeiten gibt.

Fossilien und Urgeschichte aus biblischer Perspektive

Kapitel

A. Was wissen wir über Dinosaurier?

Themen

Mit KI erzeugtes Bild eines Jungen vor dem Schädel eines Raubsauriers

Der Blick in die Vergangenheit

In diesem Buch betrachten wir die Vergangenheit aus **zwei verschiedenen Blickwinkeln**: Aus Sicht der **Wissenschaft** und aus Sicht der Bibel, dem **Wort Gottes**. Doch fangen wir mal mit ein paar ganz grundlegenden Gedanken an.

Woher wissen wir eigentlich, was in der **Vergangenheit** passiert ist? Natürlich finden wir oft **Spuren** von früheren Ereignissen. Dazu gehören in unserem täglichen Leben z. B. verräterische Kekskrümel von den heimlich gegessenen Schokokeksen im Kinderzimmer. Oder Fußspuren im Schnee. Oder im Fall von **Dinosauriern**: deren **versteinerte Fußspuren, Knochen, Eier, Kot** und so weiter. Ja, es gibt tatsächlich versteinerten Dino-Kot!

Ausgrabung eines Skeletts des Langhalses *Spinophorosaurus* im Niger

Fossilien tragen leider keine Etiketten ...

Ein Fossilienforscher hat einmal sinngemäß gesagt: **„Fossilien tragen keine Etiketten!"** Wenn man fossilisierte Knochen findet, lassen sich manche Dinge wie Form, Größe oder das umgebende Gesteinsmaterial direkt beobachten. Aber sehr viel mehr lässt sich eben nicht direkt von den Knochen ablesen. Dazu kommt, dass wir von vielen ausgestorbenen Arten nur Bruchstücke finden. Natürlich kann man den gesamten Körperbau und die Größe umso besser abschätzen, je mehr Knochen man gefunden hat. Je mehr man über die Zähne und mögliche Rückstände darin weiß, desto mehr kann man über die Ernährung sagen. Aber wenn es um Fragen geht wie „Wann genau lebte dieser Dinosaurier?" oder „Wie ist diese Dinosaurierart entstanden?", dann handelt es sich dabei um **Deutungen**, weil es eben keine Etiketten gibt wie: „... entstanden durch Evolution vor 66 Mio. Jahren".

Wie ich es sehe: Altersangaben wie „66 Mio. Jahre" lassen sich anhand der Knochen selbst **nicht** bestimmen, und wissenschaftliche Methoden zur Altersbestimmung der umgebenden Gesteine sind sehr **unsicher**. (s. S. 137).

Gott fragt Hiob und damit auch alle, die es heute besser wissen wollen: „**Wo** warst du, als ich die **Erde** gründete? Sage mir's, wenn du so **klug** bist!"
Hiob 38,4 (L17)

Da niemand von uns heutigen Menschen dabei war, als das erste Leben auf der Erde anfing zu existieren, versuchen Wissenschaftler – wie die Kommissare bei der Polizei – zu **ermitteln**, was geschehen sein könnte. Im Gegensatz zu Naturwissenschaftlern, die Experimente in Laboren oder in der Natur machen, können Fossilienforscher nicht in die Vergangenheit zurückreisen, um zu sehen, was passiert ist. Also sind sie auf **Spuren** oder **Indizien** angewiesen, die sie sammeln, um daraus Schlussfolgerungen zu ziehen.

Die **Paläontologie**, die Wissenschaft, die sich mit der Deutung von Fossilien beschäftigt, ist genau genommen eine **Geschichtswissenschaft** und keine eigentliche Naturwissenschaft. Ihre Deutungen und **Theorien** – z. B., wie bestimmte Dinosaurier gelebt haben oder ausgestorben sind – müssen immer anhand der Daten, also anhand der Fossilien, **geprüft** werden. Letztlich sind wissenschaftliche Theorien immer **vorläufig** gültig – vor allem, wenn sie aus den Geschichtswissenschaften kommen. Sie können nämlich durch neue Funde (z. B. neue Fossilien) jederzeit über den Haufen geworfen werden. Ein paar Beispiele davon, wie sich **früheres Wissen** über Dinosaurier im Laufe der Zeit **verändert** hat, findest du auf den nächsten Seiten.

Spinophorosaurus

König Salomo. Kupferstich von Gustave Doré

Forschung ist Ehrensache, schrieb der weise König Salomo: „Gottes Ehre ist es, eine Sache zu verbergen, die **Ehre** der Könige aber, eine Sache zu **erforschen**."
Sprüche 25,2 (RE)

Die Erforschung der Vergangenheit mittels Zeitzeugenbericht

Die **Bibel** enthält nicht bloß Theorien von Wissenschaftlern oder gar Märchen. Vielmehr begegnen wir hier einem **Zeitzeugenbericht**. So wie die Urgroßeltern vielleicht noch wissen, wie es damals in der Nachkriegszeit war, so kann nur jemand, der bei der Erschaffung der Dinosaurier dabei war, davon einen glaubwürdigen Zeitzeugenbericht verfassen. Und damit wir Menschen wissen können, was damals geschah, wurde dieser Augenzeugenbericht für uns in der Bibel aufgeschrieben. ***Findest du das schwer zu glauben?***

Ich verstehe mögliche Zweifel. Ich spreche auch nicht von einem Menschen, der bei der Erschaffung der Welt zugesehen hat – sondern von **Gott**. Gott war es, der am Anfang **alle Dinge erschuf**: Himmel und Erde, Luft und Meer, Pflanzen und Tiere – auch die Dinosaurier – und dann uns Menschen. In der Bibel hat er durch seine Boten, die man „**Propheten**" oder „**Apostel**" nennt (siehe Epheser 2,20), aufschreiben lassen, was er uns über die Entstehung der Welt – und auch über ihre Zukunft – sagen will.

Warum hat Gott, der Zeitzeuge war, den Schöpfungsbericht für uns aufschreiben lassen? Gott will, dass wir ihn und sein Handeln in der Geschichte besser **kennenlernen**. Am besten können wir Gott kennenlernen, wenn wir uns ansehen, wie vor ca. 2000 Jahren **Jesus Christus** auf dieser Erde lebte. In der Bibel (Johannes 1,1-18) erfahren wir, dass der Mensch Jesus Christus **Gott selbst** ist, der alle Dinge **geschaffen** hat.

Wie ich es sehe: Die Bibel ist das **meistgedruckte und meistgelesene** Buch der Weltgeschichte. Jeder, der auf der Suche nach einer **Offenbarung Gottes** ist, sollte also anfangen, sie zu lesen.

Die Bibel kommt von Gott:
„**Alle Schrift** [gemeint ist der Text der Bibel] ist von Gott **eingegeben**".
2. Timotheus 3,16

Wenn wir in diesem Buch die Dinosaurier betrachten, wollen wir **beide Informationsquellen** gemeinsam verwenden: was **Wissenschaftler** gefunden haben und wie man diese Dinge deuten und verstehen kann, wenn man zugleich das noch wichtigere Buch aufschlägt – nämlich die **Bibel**, die Gottes Wort an dich und mich ist!

Menschen haben oft **verschiedene Vorstellungen** davon, was die Texte der Bibel bedeuten. Manche **interpretieren** heutige Ansichten oder eigene Ideen in sie **hinein**. Hier verfolgen wir aber einen anderen Ansatz. Wir versuchen, die **Texte so stehen zu lassen**, wie sie sind. Daher geht es in diesem Buch auch nicht um solche Ideen wie: „Gott hat durch Evolution geschaffen", oder: „Die Dinosaurier gehörten einer vorherigen Schöpfung an, die vor dem geschah, was Gott in der Schöpfungswoche erschuf." Davon ist im Schöpfungsbericht nämlich nichts zu finden.

Wie ich es sehe: Man sollte den Schöpfungsbericht so nehmen, wie er da steht. Ich lese dort nichts von „Schöpfung durch Evolution".

Die Glaubensgrundlage: „Ihr seid aufgebaut auf der **Grundlage** der **Apostel** und **Propheten**, wobei **Christus** Jesus selbst **Eckstein** ist."
Epheser 2,20 (RE)

Gottes Wort gibt uns Wegweisung: „Und so besitzen wir das **prophetische Wort** umso fester, und ihr tut gut, darauf zu **achten** wie auf eine **Lampe**, die an einem dunklen Ort leuchtet …"
2. Petrus 1,19 (nach RE)

Gott spricht in Jesus zu uns: „Früher hat Gott viele Male und auf vielfältige Weise durch **Propheten** zu unseren Vorfahren gesprochen. Jetzt, am Ende dieser Zeiten, sprach er durch den **Sohn** [Jesus] zu uns."
Hebräer 1,1-2 (NEÜ)

Die Erforschung der Vergangenheit mittels Wissenschaft

Beginnen wir zuerst mit ein paar **wissenschaftlichen Hintergründen**, bevor wir uns genauer mit dem Zeitzeugenbericht der Bibel befassen.

Die **Dinosaurier** sind eine Gruppe ausgestorbener **Reptilien**. Sie hatten Ähnlichkeiten mit den heutigen Krokodilen, Eidechsen, Schlangen und Schildkröten. Sie legten **Eier**, ähnlich wie die meisten Echsen und Schlangen. Dinosaurier waren nach heutigen Erkenntnissen für das Leben auf dem Land konstruiert, auch wenn einige von ihnen im Wasser auf Nahrungssuche gingen. Im Gegensatz zu anderen Reptilien, bei welchen der Körper in Bodennähe von den Beinen vorwärts geschoben wird (Spreizgang), wurde bei den Dinosauriern der Körper **von unten durch die Beine abgestützt**, ähnlich wie bei den Säugetieren (Säulengang).

Seitlich abgespreizte Beine, wie z. B. beim Krokodil

Senkrechte Beine bei Dinosauriern, hier beim *Triceratops*

Eine kleine Systematik der Saurier:
Mit dem Namen „**Sauropsiden**“ bezeichnen Biologen eine Tiergruppe, zu der die Reptilien wie verschiedene Gruppen von Meeressauriern, Flugsauriern, Dinosauriern und auch die Vögel gehören. Man erkennt diese Tiere meist anhand von zwei Löchern, die im Schädel hinter den Augen zu finden sind (auch **„diapsider“ Schädel** genannt). Als **Archosaurier („Herrscherreptilien“)** fasst man die Krokodile mit den Flugsauriern und den Dinosauriern zusammen.

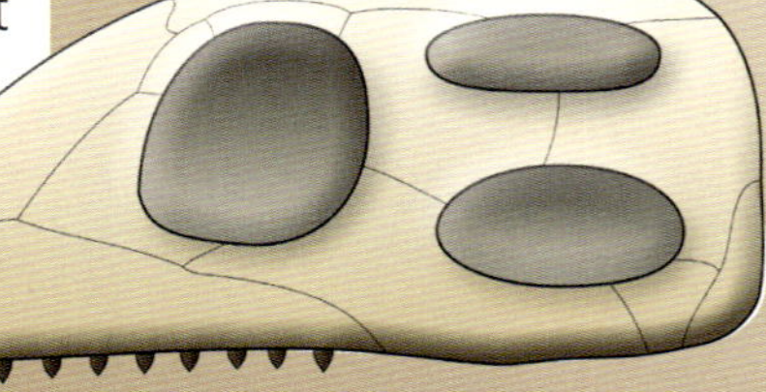

Diapsider Schädel: 2 Schädellöcher

Juhu, ich bin auch ein Saurier!

Krokodile sind den Flug- und Dinosauriern ähnlicher als z. B. Ichthyosaurier (Fischsaurier) und Flossenechsen wie Plesiosaurier. Daher sind Krokodile **lebende „(Archo-)Saurier“**, wenn auch **keine Dinosaurier oder Flugsaurier**!

Es gab **Hunderte** von verschiedenen Dinosaurierarten. Manche waren riesengroß, andere dagegen sehr klein. Es gab friedliche **Pflanzenfresser** und räuberische **Fleischfresser**. Leider sind sie **ausgestorben**, und so finden wir heute nur noch ihre fossilen Knochen und Spuren.

Dass es Saurier wirklich gab, davon zeugen **Fossilien** wie Knochen oder versteinerte Fußspuren. Doch wie passen Dinosaurier zur **Bibel**? Und hätten sie in die **Arche** gepasst? Diesen spannenden **Fragen** wollen wir uns in diesem Buch stellen.

Irren ist menschlich: Im Laufe der Saurier-Forschung sind immer wieder auch **Fehler** passiert. Der Vorteil der Wissenschaft ist aber, dass solche Fehler irgendwann von kritischen Kollegen korrigiert werden können. Beispielsweise dachte man früher **fälschlicherweise**, dass beim ***Stegosaurus*** eine große Aushöhlung im Wirbelkanal auf Höhe des Beckens ein **zweites Gehirn** beinhaltet habe. Beim ***Brachiosaurus*** dachte man zuerst, er habe den langen Hals als Schnorchel benutzt. Und ungefähr die Hälfte aller Dinosaurier-Entdeckungen bis 1980 wurden der falschen Art zugeordnet. Auch in diesem Buch stehen Dinge über Dinosaurier, die wohl bald **veraltet** sein werden. Wie gut, dass **Gott** sich aber **niemals irrt**!

Gott sagt immer die Wahrheit:
„Der **ganze** Inhalt deines Wortes ist **Wahrheit** …“
Psalm 119,160 (M)

„**Gott** ist **kein Mensch**, der **lügt**.“
4. Mose 23,19 (NLB)

Einige der bekanntesten Dinosaurier als Skizze:

Jüngste Dino-Forscher & älteste Dinosaurier

Jüngste Saurier-Forscher: Im Alter von **4 Jahren** fand Daisy Morris im Jahr 2008 bei einem Strandspaziergang auf der Isle of Wight in England einen Knochen einer neu entdeckten Flugsaurier-Art aus der unteren Kreide*, die man ihr zu Ehren *Vectidraco daisymorrisae* genannt hat. Ebenfalls 4 Jahre alt war Wylie Brys, als er im Jahr 2014 beim Fußballspielen mit seinem Vater in Texas den Knochen eines *Nodosaurus* fand. In Texas hatte man bisher wenige landlebende Dinosaurier gefunden. *Nodosaurus* war ein gut gepanzerter Pflanzenfresser der unteren Kreide*, der ca. 4–6 Meter lang war.

Tupuxuara ähnelte dem von Daisy gefundenen *Vectidraco*

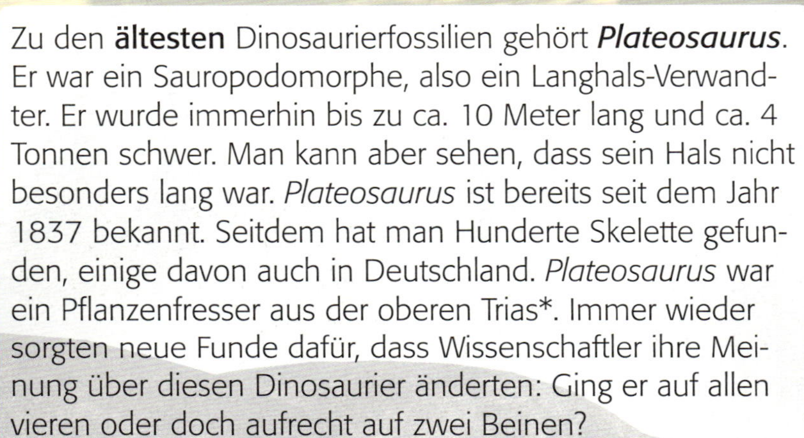

Zu den **ältesten** Dinosaurierfossilien gehört ***Plateosaurus***. Er war ein Sauropodomorphe, also ein Langhals-Verwandter. Er wurde immerhin bis zu ca. 10 Meter lang und ca. 4 Tonnen schwer. Man kann aber sehen, dass sein Hals nicht besonders lang war. *Plateosaurus* ist bereits seit dem Jahr 1837 bekannt. Seitdem hat man Hunderte Skelette gefunden, einige davon auch in Deutschland. *Plateosaurus* war ein Pflanzenfresser aus der oberen Trias*. Immer wieder sorgten neue Funde dafür, dass Wissenschaftler ihre Meinung über diesen Dinosaurier änderten: Ging er auf allen vieren oder doch aufrecht auf zwei Beinen?

Mussaurus erwachsen

Mussaurus Jungtier

Mussaurus war auch einer der frühesten bekannten Sauropodomorphen. Er war ca. 3 Meter lang, aber zuerst hatte man von dieser Saurierart nur die ca. **20 Zentimeter langen Babys** entdeckt. Seitdem weiß man, dass Baby-Dinos den Erwachsenen nicht unbedingt ähnlich sehen müssen.

Mary Anning lernte bis zum Alter von 11 Jahren bei ihrem Vater das Fossiliensammeln. Nach dem Tod ihres Vaters verdiente sie als Fossilienhändlerin Geld, obwohl Tätigkeiten wie Fossiliensuche für Frauen im Großbritannien des 19. Jahrhunderts nicht üblich waren. Sie fand Hunderte Fossilien – darunter den ersten Plesiosaurier (einen Meeressaurier).

Wissenschaft ist nichts für Christen? Im Gegenteil! Viele **Gründer der modernen Wissenschaften** waren Christen oder Juden, die an **den biblischen Schöpfergott** glaubten. Im 20. Jahrhundert wurden 86 Prozent aller Nobelpreise an christlich (65 %) bzw. jüdisch (21 %) geprägte Forscher verliehen![1]

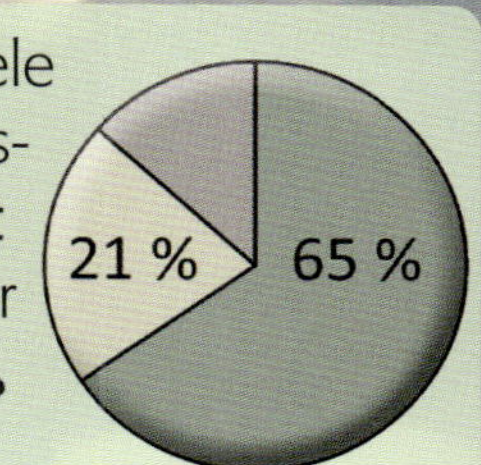

Der christliche Glaube ist kein Hindernis für die Forschung, sondern ermutigt sogar dazu: „Groß sind die Werke des HERRN, erforschenswert für alle, die Gefallen an ihnen haben."
Psalm 111,2 (M)

Plateosaurus

Rechts siehst du eine Übersicht der **geologischen Systeme**. Diese bilden die **geologische Zeitskala**. Fossilien findet man nämlich in übereinanderliegenden Gesteinsschichten. Diese geologischen Schichten werden weltweit in große Einheiten – die geologischen „Systeme" wie z. B. die Trias* – eingeteilt. Dies macht man durch das Vergleichen von Gesteinen und Fossilien (relative Datierung). Da wir **nicht wissen, wie alt diese Systeme wirklich sind**, gibt es in diesem Buch in der Regel **keine konkreten Altersangaben** (absolute Datierung). Mehr dazu erfährst du in Kapitel F: „Sintflut und Geologie".

-neuzeit	Neogen / Quartär
	Paläogen
Erdmittelalter	Kreide
	Jura
	Trias
Erdaltertum	Perm
	Karbon
	Devon
	Silur
	Ordovizium
	Kambrium
	Ediacara-Fauna
	Ediacarium

Die geologischen Systeme

[1] Siehe das Buch von Baruch Aba Shalev (2003): „100 Years of Nobel Prizes".

Dimetrodon war gar kein Dinosaurier!

Noch tiefer in den Gesteinsschichten als die ältesten Dinosaurier findet man unterschiedliche Gruppen von Reptilien. Am bekanntesten davon dürfte ***Dimetrodon*** sein. *Dimetrodon* war **kein Dinosaurier**, wie man an den nach außen gespreizten Beinen sieht. Er gehörte nicht einmal zur Gruppe der Sauropsiden, sondern zu einer völlig anderen Gruppe der Reptilien: den **Synapsiden**. Die Synapsiden bevölkerten viele Ökosysteme der Erde in Perm* und Trias*. Evolutionsbiologen glauben, dass die Säugetiere von den Synapsiden abstammen, weil Synapsiden in der Abfolge der geologischen Schichten zunehmend mehr säugetierähnliche Merkmale aufweisen (z. B. am Schädel). Warum das so ist, bleibt eine offene Frage für die Schöpfungsforschung, an der amerikanische Forscher arbeiten. Das älteste Fell ist aber erst bei Säugetieren im weiteren Sinn (Mammaliaformes) nachgewiesen (s. S. 102).

Dimetrodon (das bedeutet „zwei Maße von Zähnen") besaß, wie sein Name sagt, verschiedene Größen von Zähnen. Er lebte im unteren Perm* in Nordamerika sowie in Europa – auch in Deutschland. Je nach Art war er ca. 2–5 Meter lang. Am auffälligsten war aber sein ca. 1 Meter hohes Rückensegel, das von Wirbelfortsätzen gestützt wurde. Wissenschaftler diskutieren, ob es dem Aufwärmen oder doch eher der Kommunikation diente.

Ist dir auf dieser Doppelseite aufgefallen, dass Synapsiden sowohl Argumente für Evolution als auch für Schöpfung liefern? Es ist eben eine Frage der **Deutung**! Der berühmte Mathematiker und Philosoph Blaise Pascal aus dem 17. Jahrhundert sagte einmal treffend: „Es ist Licht [der Erkenntnis] genug vorhanden für die, die **glauben wollen**, und Dunkelheit genug für die, die nicht glauben wollen."

Diictodon mit Stoßzähnen

Lisowicia

Zu den Synapsiden gehörten auch die pflanzenfressenden **Dicynodontia** („Zwei-Hundezähner"). Ihre Besonderheiten waren bei den meisten Arten ein zahnloses Maul mit einem Hornschnabel und zwei von oben herabwachsende, lange Stoß- oder Eckzähne, die ihnen den Namen „Zwei-Hundezähner" eingebracht haben. Je nach Lebensbedingungen waren die Dicynodontia kleine Höhlenbewohner wie ***Diictodon*** aus dem mittleren Perm* oder sogar wahre Giganten wie ***Lisowicia*** aus der Trias* in Polen mit bis zu 4,50 Metern Länge und 9 Tonnen Gewicht. Auch in Deutschland gab es Dicynodontia.

Dimetrodon

Wollhaar-Mammut mit Stoßzähnen

Interessanterweise sollen Evolutionsbiologen zufolge gerade die typischen **Stoßzähne** der Dicynodontia **mehrfach unabhängig (konvergent)** voneinander entstanden sein. Das ist ohne Schöpfer kaum nachvollziehbar. **Noch unwahrscheinlicher** aber ist es, dass noch viel mehr Tiere, die nicht miteinander verwandt sind, über echte Stoßzähne verfügen: Elefanten inklusive Mammuts, Schliefer, Narwale, Walrosse, Flusspferde und Schweine. Konvergenzen finden sich häufig beim Gebiss und stellen Anfragen an die Erklärung der Evolutionsbiologen, ob man aus Ähnlichkeiten (v. a. des Gebisses) auf gemeinsame Abstammung schließen kann.

Letztlich ist es eine Glaubensfrage, in welchem Weltbild man die Fossilien deutet. Allerdings gibt es viele gute Gründe, Gottes Wort zu vertrauen, von denen wir manche in diesem Buch kennen lernen werden: „Es ist aber der **Glaube** eine feste Zuversicht auf das, was man hofft, eine Überzeugung von Tatsachen, die man nicht sieht … Durch **Glauben** verstehen wir, dass die Welten durch Gottes Wort bereitet worden sind …" Hebräer 11,1+3 (SLT)

Wie sahen Saurier aus?

Es gab nicht nur riesige, „schreckliche“ Saurier, sondern auch viele kleine Arten, die zum Teil nicht größer als ein Huhn waren. ***Microraptor*** war nur 90 Zentimeter lang und nicht einmal 1 Kilogramm schwer. Er hätte sicher mehr Angst vor dir gehabt als du vor ihm.

***Microraptor* in der Rekonstruktion:**
Seine vier (!) Flügel mit Federn überraschten alle Forscher. Wahrscheinlich schillerten sie wie bei heutigen Kolibris.

Microraptor

Microraptor wird von den meisten Wissenschaftlern als **Dinosaurier** angesehen. Da er gefiedert war und vier Flügel besaß, könnte es sich aber auch um einen **Vogel** mit einzigartiger Bauart gehandelt haben.

Microraptor als Skelett: Beachte die Abdrücke seiner Federn (weiße Pfeile)!

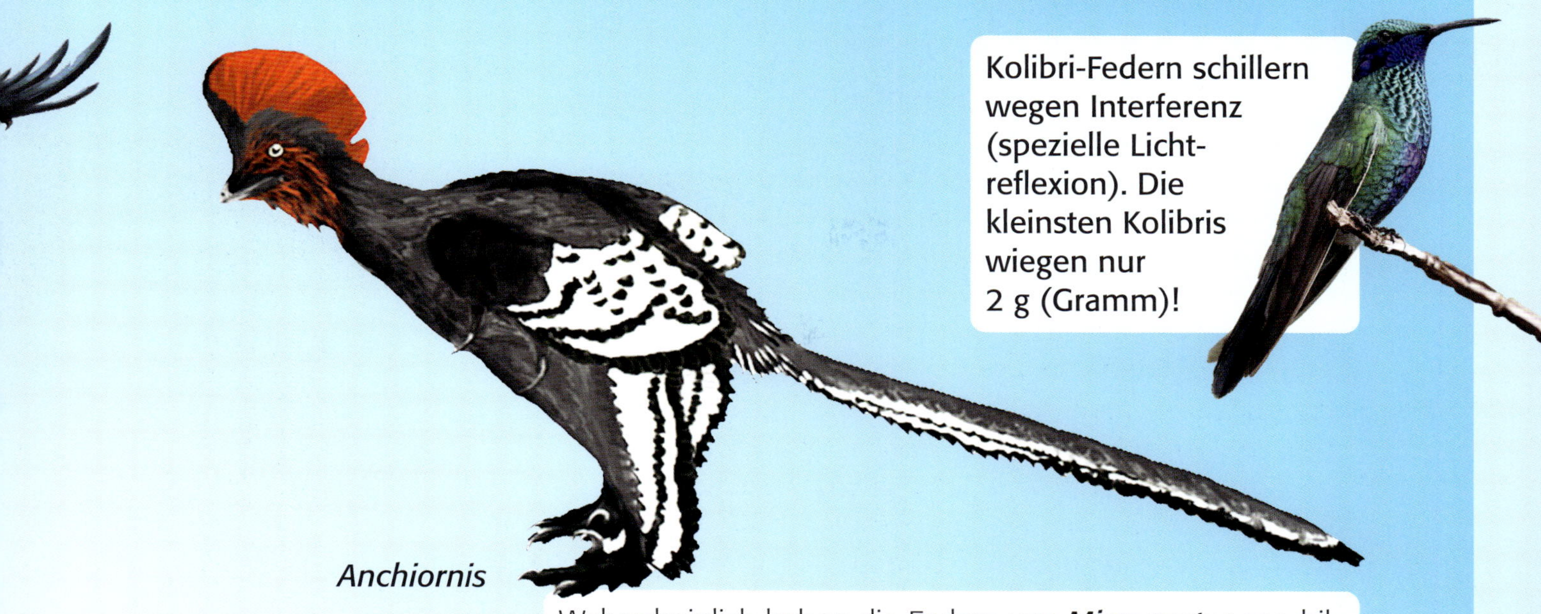

Kolibri-Federn schillern wegen Interferenz (spezielle Lichtreflexion). Die kleinsten Kolibris wiegen nur 2 g (Gramm)!

Wahrscheinlich haben die Federn von ***Microraptor*** geschillert – ähnlich wie bei einem Kolibri oder Pfau. *Microraptor* hatte Flügel an Vorder- und Hinterbeinen! Wie gut er fliegen konnte, oder ob er nur einen Gleitflug praktizierte, ist nicht ganz sicher. Er lebte in der unteren Kreide* in China. Und das Gefieder von ***Anchiornis*** aus dem oberen Jura* war wohl ungefähr so gefärbt wie das eines Buntspechtes: schwarz, weiß und rot.

Egal, wie groß oder klein ein Dinosaurier oder Vogel ist, Gott hat sie alle gemacht und weiß über jeden einzelnen Bescheid:
„Welchen Wert hat schon ein **Spatz**? Man kann zwei von ihnen für einen Spottpreis kaufen. Trotzdem fällt keiner tot zur Erde, **ohne dass euer Vater davon weiß.**"
Matthäus 10,29 (HFA)

Die in diesem Buch abgebildeten **Rekonstruktionen** von Dinosauriern entsprechen in vielerlei Hinsicht sicher **nicht genau der Realität**. Zuerst müssen Wissenschaftler feststellen, zu welcher Art gefundene Knochen gehören. Anschließend müssen sie die Knochen zusammensetzen und ergänzen – meist sind es ja nur Fragmente. Dann werden Muskeln und Sehnen darüber modelliert, was schon eine gewisse **Unsicherheit** mit sich bringt – erst recht bei der Rekonstruktion von Weichteilen ohne Knochen. Noch schwieriger ist es, aus den Knochen auf Fortbewegung oder Lebensweise zu schließen. Zum Schluss werden die Körperbedeckung wie Schuppen oder Federn und Farben hinzugefügt. Dafür gibt es nur manchmal konkrete Hinweise, wie z. B. **Farbpigment-Rückstände** in Fossilien oder versteinerte Federn. Je weniger fossile Daten verfügbar sind, desto mehr kommt hier die Phantasie bzw. Weltanschauung des Rekonstrukteurs ins Spiel. Dies sieht man z. B. bei der Frage, wie der *Iguanodon* rekonstruiert wurde (S. 174f), oder ob und wie viele Federn *Velociraptor* hatte (S. 64).

Dickschädel ohne Körper

Ein vollständiges Saurierfossil ist für Fossilienforscher ein echter Glücksfall. Aber leider finden die Forscher oft nur Teile des Skeletts oder gar nur Knochenbruchstücke. Dann ist es natürlich so gut wie unmöglich zu wissen, wie der ganze Dinosaurier ausgesehen hat.

Die Pachycephalosaurier („Dickkopfsaurier") gehören zu den Vogelbeckensauriern und hatten besonders starke Schädeldecken. Obwohl er bedrohlich aussah, aß *Pachycephalosaurus* den Zähnen zufolge wohl meist **Pflanzen**. Insekten oder kleinere Beutetiere könnten seinen Speiseplan aber ergänzt haben. Diese Dinosaurier-Art wurde in der oberen Kreide* in Nordamerika gefunden.

Ein Schädel und eine Menge Phantasie bei der Rekonstruktion: Leider hat man von *Pachycephalosaurus* bisher **nur den Schädel** gefunden. Daher kann man nur Vermutungen anstellen, wie sein Körper aussah und wie er sich bewegte. Es wurde geschätzt, dass er vielleicht 4,5 Meter lang und 450 Kilogramm schwer war. Vermutlich ging er auf zwei Beinen. Man muss also immer **aufpassen**, dass man **nicht einfach alles glaubt**, was jemand grafisch schön animiert oder gezeichnet hat.

Ein Pachycephalosaurier mit ganz besonderem Aussehen ist ***Dracorex***: Mit seinen vielen Hörnern auf dem Schädel sieht er aus **wie ein Drache**. Darum wurde ihm dieser Name gegeben. Auch er stammt aus der oberen Kreide* in Nordamerika. Man fand von ihm einen fast vollständigen Schädel von 45 Zentimetern Länge und einige Halswirbel.

Dracorex

Der berühmte Dinosaurierforscher Jack Horner vermutet, dass *Dracorex* eigentlich ein junger *Pachycephalosaurus* war. Er ist generell der Meinung, dass viele Dinosaurierarten/-gattungen nur **verschiedene Altersstadien** repräsentieren. Wenn das stimmt, könnte sich die **Anzahl der korrekten Dinosaurierarten** ungefähr halbieren (von ca. 700–1000 auf vielleicht 500).

Pachycephalosaurus

Die Schädeldecke von *Pachycephalosaurus* war **20-mal dicker** als bei anderen Dinosauriern. Sie wurde bis zu 25 Zentimeter dick! Warum sein Schädel so dick war, ist eine der umstrittensten Fragen unter Dinosaurierforschern. Vielleicht wurden damit Gegner weggerammt – es ist aber unklar, ob sein Hals dafür stark genug war. Vielleicht stießen sie mit den Köpfen gegeneinander wie Bisons heute. Vielleicht rammten sie sich stattdessen in die Seiten. Vielleicht diente der Dickschädel aber auch nur zum Beeindrucken von Artgenossen.

***Dracorex*-Schädel**

Die Bibel warnt uns davor, Gott gegenüber dickköpfig und stur zu sein. Dies gilt insbesondere dann, wenn wir etwas falsch gemacht haben, es aber nicht einsehen wollen: „Gott **widersteht** den **Hochmütigen**; den **Demütigen** aber gibt er **Gnade.**"
Jakobus 4,6 (SLT)

Wenn wir unsere Sünden, also unsere Fehler und unseren Ungehorsam Gott gegenüber im Gebet zugeben, dann gibt es Hoffnung: „Wenn wir sagen, dass wir keine Sünde haben, so betrügen wir uns selbst, und die Wahrheit ist nicht in uns. Wenn wir unsere **Sünden bekennen**, so ist er treu und gerecht, dass er uns die **Sünden vergibt** und uns reinigt von aller Ungerechtigkeit."
1. Johannes 1,8-9 (ÜE)

Ein gut erhaltener Dinosaurier: die Helmechse

Corythosaurus ist ein etwa 9 Meter langer Hadrosaurier aus der Oberkreide* in Nordamerika. Hadrosaurier werden wegen ihrer bizarren, breiten Schnäbel häufig auch **„Entenschnabelsaurier“** genannt. Mit Enten sind sie aber natürlich nicht verwandt. Der Name *Corythosaurus* (**„Helmechse“**) verweist auf den ungefähr 30 Zentimeter hohen Kamm in Form eines **antiken griechischen Helms**. Wegen des abgeflachten Schwanzes und der paddelförmigen Hände könnte er ein guter Schwimmer gewesen sein. Aufgrund von CT-Scans des Innenohrs vermutet man, dass er tiefe Frequenzen hören konnte. Vielleicht kommunizierte er wie heutige **Elefanten,** also ebenfalls in tiefen Frequenzen.

Vielfalt beim Kopfschmuck der Entenschnabelsaurier:

Ouranosaurus

Lambeosaurus magnicistratus

Corythosaurus

Muttaburrasaurus

Lambeosaurus lambei

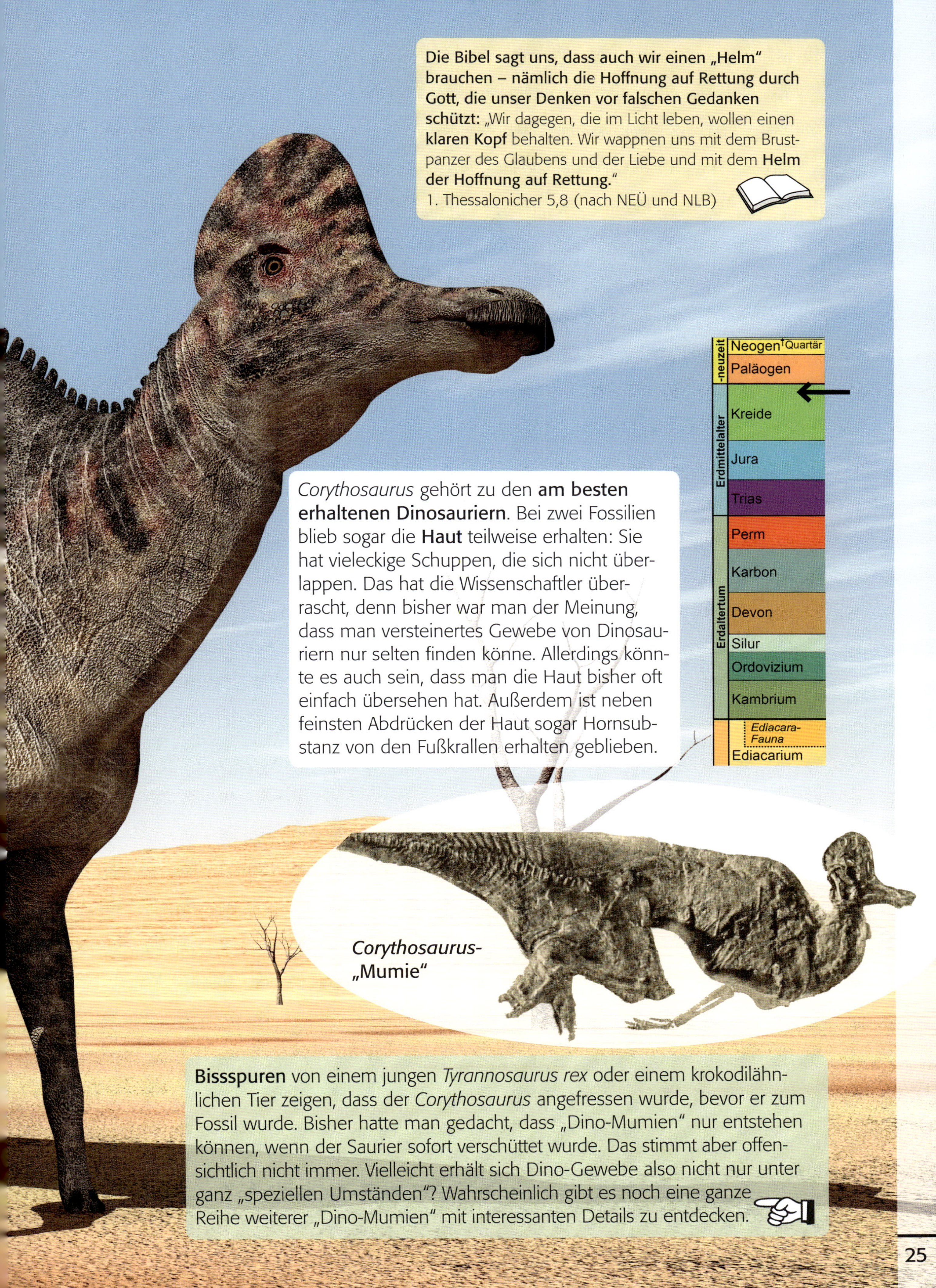

Die Bibel sagt uns, dass auch wir einen „Helm" brauchen – nämlich die Hoffnung auf Rettung durch Gott, die unser Denken vor falschen Gedanken schützt: „Wir dagegen, die im Licht leben, wollen einen **klaren Kopf** behalten. Wir wappnen uns mit dem Brustpanzer des Glaubens und der Liebe und mit dem **Helm der Hoffnung auf Rettung.**"
1. Thessalonicher 5,8 (nach NEÜ und NLB)

Corythosaurus gehört zu den **am besten erhaltenen Dinosauriern**. Bei zwei Fossilien blieb sogar die **Haut** teilweise erhalten: Sie hat vieleckige Schuppen, die sich nicht überlappen. Das hat die Wissenschaftler überrascht, denn bisher war man der Meinung, dass man versteinertes Gewebe von Dinosauriern nur selten finden könne. Allerdings könnte es auch sein, dass man die Haut bisher oft einfach übersehen hat. Außerdem ist neben feinsten Abdrücken der Haut sogar Hornsubstanz von den Fußkrallen erhalten geblieben.

***Corythosaurus*-„Mumie"**

Bissspuren von einem jungen *Tyrannosaurus rex* oder einem krokodilähnlichen Tier zeigen, dass der *Corythosaurus* angefressen wurde, bevor er zum Fossil wurde. Bisher hatte man gedacht, dass „Dino-Mumien" nur entstehen können, wenn der Saurier sofort verschüttet wurde. Das stimmt aber offensichtlich nicht immer. Vielleicht erhält sich Dino-Gewebe also nicht nur unter ganz „speziellen Umständen"? Wahrscheinlich gibt es noch eine ganze Reihe weiterer „Dino-Mumien" mit interessanten Details zu entdecken.

Waren Dinosaurier gute Mütter?

Manchmal können wir aus den Fundumständen auch einiges über die **Lebensweise** von Dinosauriern rekonstruieren – ganz genau weiß man vieles aber nicht.

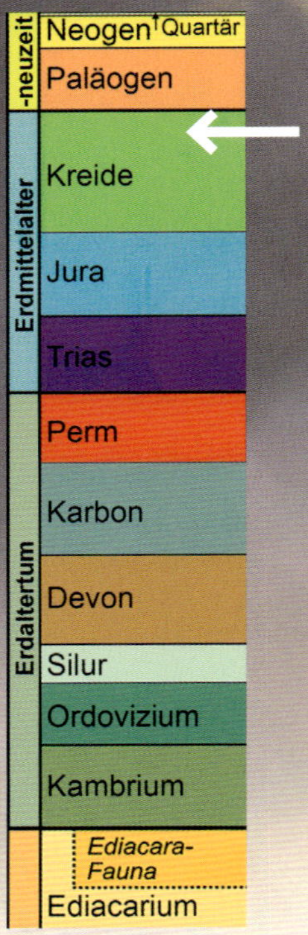

Erdneuzeit	Neogen / Quartär
	Paläogen
Erdmittelalter	Kreide
	Jura
	Trias
Erdaltertum	Perm
	Karbon
	Devon
	Silur
	Ordovizium
	Kambrium
	Ediacara-Fauna
	Ediacarium

***Maiasaurus* („gute Mutterechse")** bekam seinen Namen, weil diese Art der Entenschnabelsaurier für ihre **Brutpflege** berühmt wurde. *Maiasaurus* wurde in Nordamerika in der oberen Kreide* gefunden. Man entdeckte Hunderte Fossilien in nahezu allen Wachstumsstadien. Die Skelette ausgewachsener Tiere wurden in der Nähe von Nestern mit Eiern und vielen gleichalten Jungtieren gefunden. Daraus schloss man, dass diese **Entenschnabelsaurier** in **Herden** lebten und sich um ihre Jungtiere kümmerten. Sie brüteten in Kolonien mit etwa 7 Metern Abstand zwischen den Nestern. Das Muttertier bewachte 30 bis 40 Eier in einem kegelförmigen Nest aus Schlamm.

Geschlüpfte Jungtiere von *Maiasaurus* waren nur etwa 35 Zentimeter lang und wogen ca. 0,75 Kilogramm. Die Kleinen wuchsen schnell. In einem Jahr wurden sie ungefähr so groß wie ein Schaf – übrigens eine **praktische Größe**, falls man sie in einem Schiff, wie in der Arche Noah, mitnehmen müsste. Ausgewachsen waren sie ca. 7 Meter lang und etwa 2 Tonnen schwer.

Maiasaurus hatte den für Entenschnabelsaurier typischen **Schnabel** mit bis zu 2000 Zähnen. Er war ein Pflanzenfresser. Wahrscheinlich konnte er sich sowohl aufrecht zweibeinig als auch auf allen vieren fortbewegen.

Große Mengen an Dinosaurierfossilien müssen nicht unbedingt für eine Vermehrung über lange Zeiträume sprechen. Es können auch **Massenvermehrungen** oder **riesige Brutkolonien** sein. Heute gibt es beispielsweise auf den Danger Islands eine Kolonie von 1,5 Mio. Adeliepinguinen.

Adeliepinguin

Skelett von *Maiasaurus* mit Jungen

Übrigens wurde im Jahr 2021 eine **Studie** veröffentlicht, die untersucht hat, wie **wichtig** es für ein Menschenbaby ist, dass seine **Mutter in der Nähe** ist. Man testete, wie der Geruch der Mutter die Babys beeinflusste. Tatsächlich waren die Babys fröhlicher und interessierten sich mehr für ihre Umwelt und neue Menschen, wenn sie die Mutter riechen konnten. Damit wir Menschen uns gesund entwickeln können, ist die Anwesenheit der Mutter also äußerst wichtig. Die Forscher fassten ihre Ergebnisse folgendermaßen zusammen: „Säuglinge benötigen die Anwesenheit ihrer Mutter für ihr Wachstum, ihre Beruhigung und ihr Überleben". Dies bestätigt eine Reihe **biblischer Aussagen**, die deutlich von der unglaublich wichtigen Rolle der Mütter (und natürlich auch der Väter) für die Entwicklung ihrer Kinder sprechen. ***Hast auch du Grund, Gott für liebevolle Eltern, Großeltern und Freunde zu danken?***

Gott verspricht uns: „Ich will euch **trösten**, wie einen seine **Mutter tröstet** …" Jesaja 66,13 (L12)

Was sagt die Bibel über Eltern? „Mein Kind, **gehorche der Belehrung** deines Vaters und **verlass nicht das Gebot** deiner **Mutter**." Sprüche 1,8 (nach L12)

[1] Endevelt-Shapira und Kollegen (2021).

B. Saurier und die Schöpfungswoche

Themen

Der Anfang von allem

Nun beschäftigen wir uns mit dem **Anfang der Bibel**, um den biblischen **Zeitzeugenbericht** zur Entstehung der Welt, des Lebens und der Dinosaurier genauer zu betrachten.

Unsere **wichtigste Quelle** über die Herkunft der Welt und der Lebewesen ist die Bibel, die Gott für uns aufschreiben ließ. Dort lesen wir, woher das Universum und unsere Welt gekommen sind:

Der Anfang aller Dinge: „Im Anfang **schuf Gott Himmel** und **Erde**. Die Erde war formlos und leer. Finsternis lag über der Tiefe, und der Geist Gottes schwebte über dem Wasser."
1. Mose 1,1-2 (NEÜ)

Im Anfang war Gott da. Gott ist ewig und allmächtig. Er ist so mächtig, dass die Dinge einfach **durch seine schöpferischen Befehle entstanden sind**, nachdem er sie sich **ausgedacht** hatte. Gott selbst aber ist nicht irgendwann entstanden – wie andere Götter, die sich Menschen ausgedacht haben –, sondern er war schon immer da und er wird immer da sein. Das bedeutet auch sein hebräischer Name **„JHWH"**, der übersetzt wird mit: „Ich bin, der ich bin" oder „Ich bin der Seiende" (= der, der immer ist).

Gott war schon immer da: „**Ehe** denn die Berge wurden und die Erde und die Welt geschaffen wurden, **bist du**, Gott, **von Ewigkeit zu Ewigkeit**." Psalm 90,2 (L17)

Alpha und Omega sind der erste und der letzte Buchstabe des griechischen Alphabets: „Ich bin das **Alpha** und das **Omega**, spricht der Herr, **Gott**, der da **ist** und der da **war** und der da **kommt**, der **Allmächtige**." Offenbarung 1,8 (ÜE)

Künstlerische Darstellung der 6 Schöpfungstage in 1. Mose 1

Wie ich es sehe: In diesem Buch betrachten wir **die Schöpfungstage** als **reale Tage vor** der **Entstehung der ersten Fossilien**. Wir werden noch sehen, warum.

Eines der Zehn Gebote wird mit den Tagen der Schöpfungswoche begründet: „Sechs Tage sollst du **arbeiten** und all dein Werk tun; aber der siebte Tag ist Sabbat [= Ruhetag] dem HERRN, deinem Gott … Denn **in sechs Tagen hat der HERR den Himmel und die Erde gemacht**, das Meer und **alles**, was in ihnen ist, und er **ruhte am siebten Tag**; darum segnete der HERR den Sabbattag und heiligte ihn."
2. Mose 20,9-11 (ÜE)

Vielleicht sah zu Beginn der Schöpfung die Erde vom Weltall aus gesehen so aus wie heute der Planet Neptun?
Bei **Neptun** entsteht die blaue Farbe allerdings nicht durch flüssiges Wasser, sondern durch das Gas Methan.

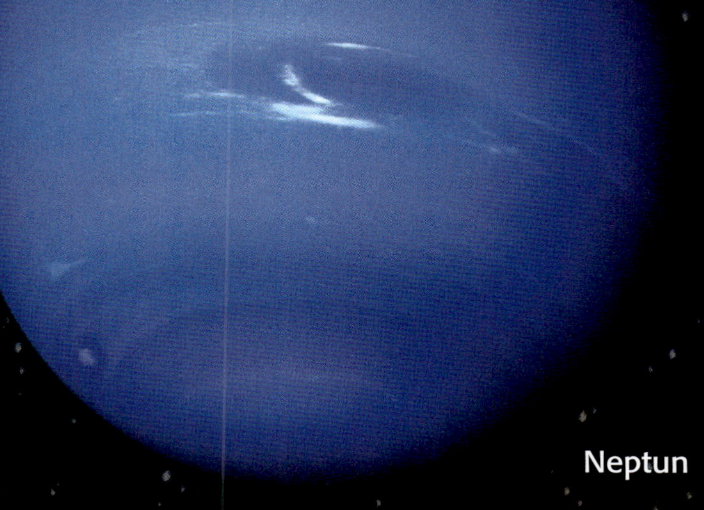

Neptun

Gott „programmiert“ die Welt

Gott hat die Welt wunderbar **aus dem Nichts heraus erschaffen**, damit es hier auch vielfältiges Leben geben kann: von einfachen und winzigen Bakterien bis hin zu gigantischen Dinosauriern oder Blauwalen.

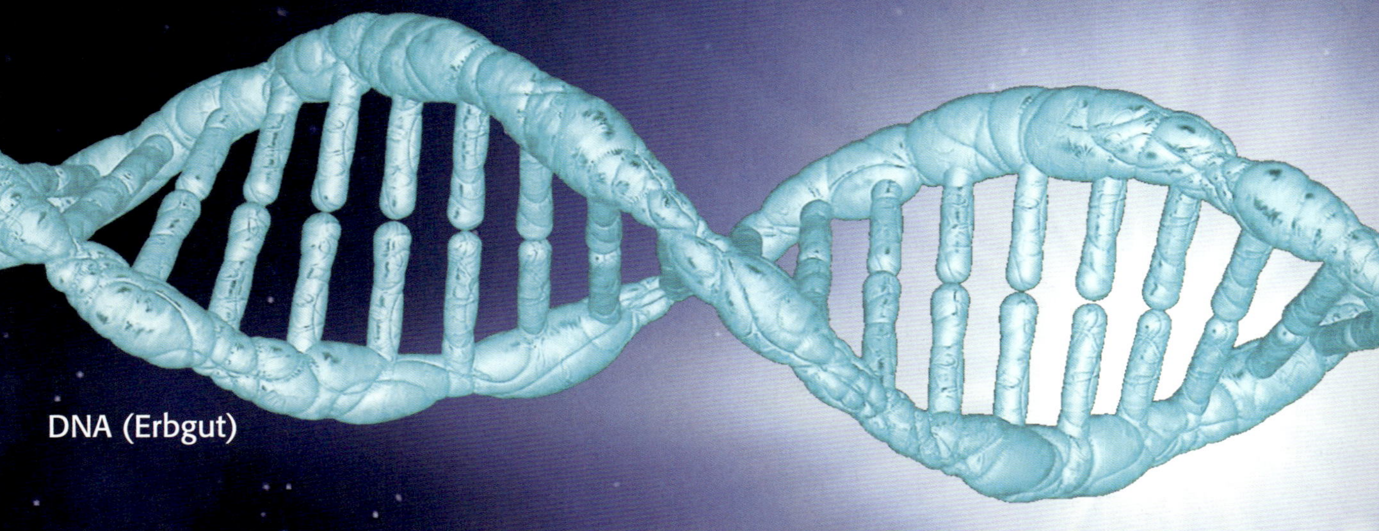

DNA (Erbgut)

Dass Gott bei der Schöpfung auch ähnlich wie ein Programmierer vorgegangen ist, können wir am **Erbgut** (der DNA) der Lebewesen sehen: Dort sind viele wichtige Informationen wie in einem **Computercode** codiert!

Gott, der **Schöpfer**, arbeitet dabei ähnlich wie ein kreativer, richtig genialer **Programmierer**: Zuerst wird ein **Plan** entworfen, dann wird alles in die Tat umgesetzt. So entsteht schließlich ein spannendes Computerspiel. Zu denken, dass Gott in seiner eigenen Schöpfung **keine Wunder** tun könne, ist daher **unlogisch**. Natürlich kann ein Programmierer auch die Regeln in seinem eigenen Computerspiel ändern! Der Unterschied zwischen Menschen, die etwas entwerfen, und Gott ist aber, dass **Gott** etwas auch **aus dem Nichts erschaffen** kann. Er kann einfach Dinge programmieren bzw. durch Worte ins Dasein rufen – und zack: Sie sind da.

Gottes Schöpferwort: „Und **Gott sprach**: Es werde Licht! Und es wurde **Licht**. Und Gott sah das Licht, dass es **gut** war; und Gott schied das Licht von der Finsternis. Und Gott nannte das Licht Tag, und die Finsternis nannte er Nacht. Und es wurde Abend, und es wurde Morgen: ein Tag."
1. Mose 1,3-5 (RE)

Wenn wir in der Bibel weiterlesen, erfahren wir im **ersten Kapitel** von 1. Mose, wie Gott an 6 Tagen die **Welt** erschaffen hat. Im **zweiten Kapitel** wird noch ergänzt, wie Gott den **paradiesischen Garten Eden** für den Menschen angelegt hat. Dabei wird klar, dass Gott alles **„sehr gut"** für die Menschen vorbereitet hat. Das Universum ist genau so geschaffen, dass es unseren Planeten geben kann. Und unser Planet Erde ist genau so gemacht, dass hier Leben möglich ist. Wissenschaftler nennen das **„Feinabstimmung"**. Es gibt viele Dinge, die genau zusammenspielen müssen, damit das Klima auf der Erde lebensfreundlich ist: das Verhältnis von Wasser und Land, die Ozonschicht, die Zusammensetzung der Atmosphäre und auch die Größe von Sonne und Mond sowie ihr Abstand zur Erde.

Der Anfang des Universums

War das Universum schon immer da, oder hatte es einen Anfang? Lange dachten Leute, die nicht an Gott glaubten, dass das Universum einfach schon immer da gewesen sein muss. Ausgerechnet ein katholischer Theologe und Astrophysiker namens Georges **Lemaître** entdeckte aber, dass das Universum einen **Anfang** hatte. Schließlich konnte er auch Albert Einstein überzeugen.

Lemaître und Einstein

Doch wo kam das Universum her und warum ist es da? Leider kann das kein Naturwissenschaftler beantworten. Denn die Naturwissenschaften können etwas erst untersuchen, wenn es schon da ist. Der allererste Ursprung von Materie und Energie kann daher prinzipiell **nicht naturwissenschaftlich erforscht** werden. Aber Gott weiß, wo das Universum herkam. Er ist der Einzige, der dabei war. Und – Gott sei Dank! – sagt er uns in der Bibel, was die Ursache und der Zweck des Universums ist.

Unser Universum und unser Planet Erde sind genau so gestaltet, dass es hier Leben geben kann. Noch einmal zur Erinnerung: Feinabstimmung des Universums bedeutet, dass dieses Universum mit allen seinen Naturgesetzen und Naturkonstanten genial ganz genau so geschaffen wurde, dass hier Leben – und zwar komplexes Leben – möglich ist.

Ein Zweck der Gestirne: „Der Himmel **verkündet** die **Herrlichkeit** Gottes und das Firmament **bezeugt** seine wunderbaren Werke."
Psalm 19,2 (NLB)

Ein Astronaut in der Schwerelosigkeit

Ein Beispiel: Die **Gravitationskraft**, also die Schwerkraft, ist **genau auf die starke Kernkraft**, die die Atome zusammenhält, **abgestimmt**. Nur dadurch können Planeten und Lebewesen im Universum existieren. Dass die Gravitationskraft allein durch Zufall genau so abgestimmt ist, ist **unwahrscheinlicher**, als mit 4 Lottoscheinen hintereinander gleich **4-mal „6 Richtige"** zu haben. Wer hat also die Grundlagen unseres Universums so genial festgelegt? Es gibt noch einige andere Beispiele, die zeigen, dass dieses Universum genau so gestaltet ist, dass hier Leben möglich ist. Dazu gehört beispielsweise auch die Verteilung von elektrischen Ladungen oder Masse im Universum.

Für „6 Richtige" im Lotto muss man im Durchschnitt **15,5 Mio. Lose kaufen**! Das kostet bei 1,20 Euro pro Lottolos ca. 18,6 Mio. Euro. Ein Gewinner bekommt aber durchschnittlich nur ca. 1 Mio. Euro! Lottospielen ergibt also schon allein aufgrund der **Wahrscheinlichkeit** gar keinen Sinn, und es kann auch noch süchtig machen. Außerdem findet man **wahres Glück** sowieso nicht im „Glücksspiel" – sondern bei Gott, dem Urheber des Universums.

Wahres Glück: „Ich aber darf dir immer **nahe sein**, das ist **mein ganzes Glück**! Dir vertraue ich, HERR, mein Gott; von deinen großen Taten will ich allen erzählen."
Psalm 73,28 (HFA)

Das Hintergrundbild stammt vom Weltraumteleskop „Hubble". Es zeigt einen Bereich der Großen Magellanschen Wolke, die eine Satellitengalaxie der Milchstraße ist. Man sieht den „Riesennebel NGC 2014" und seinen Nachbarn „NGC 2020".

Unser geniales Sonnensystem

Auch unser **Sonnensystem** ist exakt so beschaffen, dass hier auf unserer **Erde** Leben möglich ist. Die Erde ist wirklich eine **Perle im Universum**! Beipielsweise hat die Erde genau den **richtigen Abstand zur Sonne**: Sie befindet sich in der bewohnbaren Zone unseres Sonnensystems. Die Sonneneinstrahlung ist hier genau so stark, dass das Wasser auf der Erde überwiegend flüssig ist – und nicht gefroren wie auf dem Mars oder gasförmig wie auf der Venus.

Erde und Universum sind Gottes Handarbeit: „Du hast **vorzeiten** die **Erde gegründet**, und die **Himmel** sind deiner Hände Werk."
Psalm 102,26 (L17)

Unsere Erde … eine Perle im Universum!

Auch eine geeignete **Atmosphäre**, die uns Luft zum Atmen gibt, ist eine Voraussetzung für Leben. Wäre die Erde deutlich **kleiner**, hätten wir wie der Mond wegen der zu geringen Anziehungskraft keine Atmosphäre. Wäre die Erdmasse fünfzehnmal **größer**, wäre die Erde ein Gasriese wie der Saturn. Auf so einem Planeten könnten wir nicht leben!

Auch die **Neigung der Erdachse** um etwa 23,5°, die **Tageslänge** von 24 Stunden und der **Mond** sind wichtige Faktoren für das besonders lebensfreundliche **Klima** der Erde. Denn unser verhältnismäßig sehr großer Mond **stabilisiert** die Umlaufbahn der Erde.

Außerdem ist das **Verhältnis von Wasser- zu Landflächen** auf der Erde genau richtig. Denn wenn es mehr Landfläche und kleinere Ozeane gäbe, wären die Temperaturunterschiede zwischen Sommer und Winter gewaltig.

Ein weiteres wichtiges Merkmal unserer Erde ist der **Erdkern**, der aus flüssigem Eisen und Nickel besteht. Er erzeugt das **Magnetfeld der Erde**, welches das Leben vor zerstörerischer Strahlung aus dem All **schützt**. Diese Aufgabe hat auch die **Ozonschicht**. Sie schützt uns vor schädlichem UV-Licht, lässt aber genau jene Wellenlängen des Sonnenlichts durch, welche die Pflanzen zur Erzeugung von Nahrung und Sauerstoff mittels **Fotosynthese** brauchen.

Unser Mond – im Verhältnis zur Erde ziemlich groß! Der Mond (Durchmesser Ø 3474 km) ist etwa ein Viertel so groß wie die Erde (Ø 12 742 km) – und die Sonne (Ø 1 390 000 km) ist sogar 400-mal größer als der Mond.

Es gibt noch viel mehr spannende Beispiele von **Feinabstimmung** im Universum, im Sonnensystem, auf unserer Erde und sogar in der Chemie! Darüber wurden ganze Bücher geschrieben.[1]

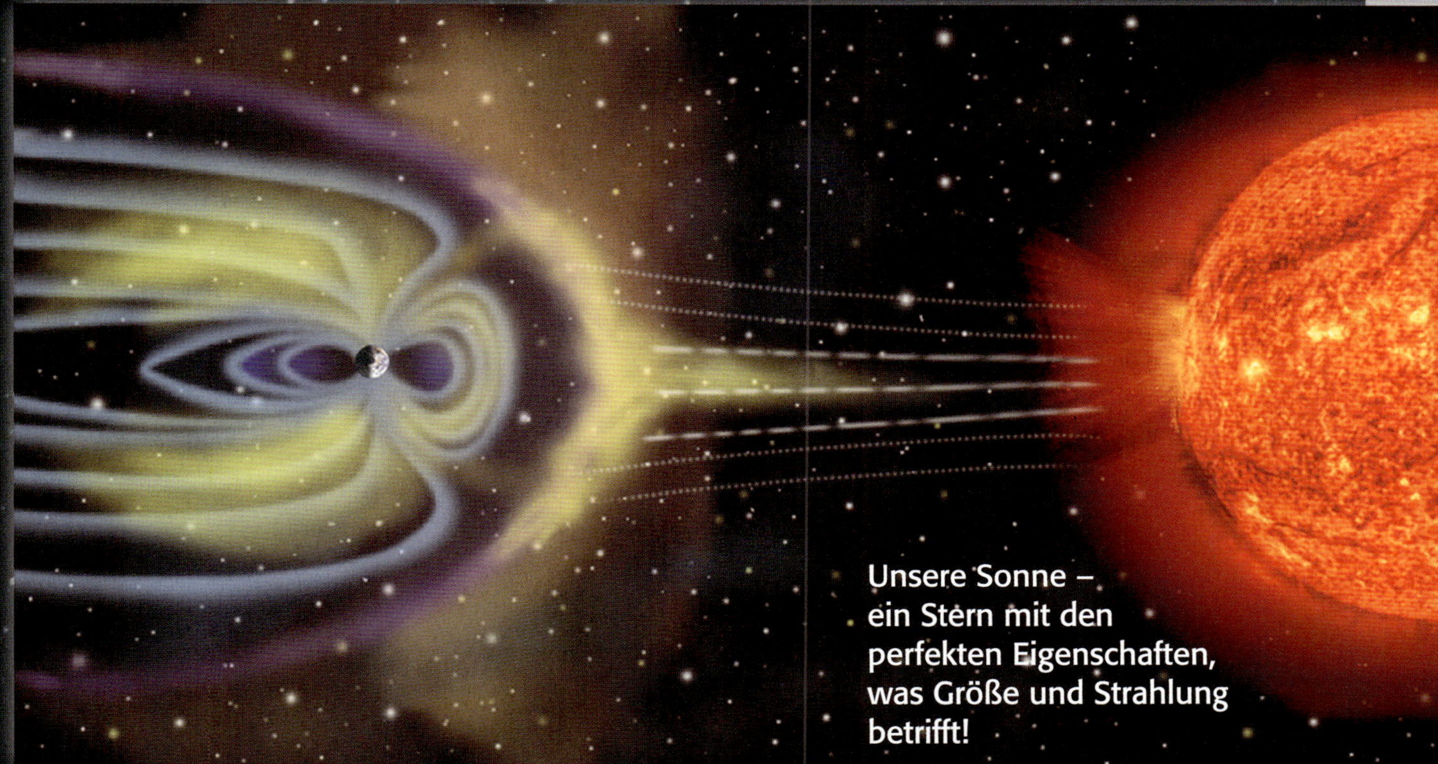

Unsere Sonne – ein Stern mit den perfekten Eigenschaften, was Größe und Strahlung betrifft!

Das Erdmagnetfeld schützt unsere Erde vor schädlicher Strahlung.

Gott dachte bei der Erschaffung der Gestirne auch daran, wie sie den Menschen helfen würden: „Und Gott sprach: Es sollen **Lichter** an der Himmelsausdehnung sein, **zur** Unterscheidung von Tag und Nacht, die sollen **als Zeichen** dienen und **zur Bestimmung** der Zeiten und der Tage und Jahre, und **als Leuchten** an der Himmelsausdehnung, **dass** sie die Erde **beleuchten**! Und es geschah so. Und Gott machte die zwei großen Lichter, das große Licht **zur Beherrschung** des Tages und das kleinere Licht zur Beherrschung der Nacht; dazu die Sterne."
1. Mose 1,14-16 (SLT)

[1] Z. B. das Buch „Das geplante Universum" von Markus Widenmeyer (2021).

Gott erschafft pflanzliches Leben

Nachdem Gott den Himmel und die Erde erschaffen und so vorbereitet hatte, dass es Luft, Wasser und Land gab, erschuf er am 3. Tag das **pflanzliche Leben**.

„**Erschaffung des pflanzlichen Lebens am 3. Schöpfungstag:** „Und Gott sprach: Die Erde lasse **Gras** hervorsprossen, **Kraut**, das Samen hervorbringt, **Fruchtbäume**, die auf der Erde Früchte tragen **nach ihrer Art**, in denen ihr Same ist! Und es geschah so. Und die Erde brachte Gras hervor, Kraut, das Samen hervorbringt **nach seiner Art**, und Bäume, die Früchte tragen, in denen ihr Same ist **nach ihrer Art**.
Und Gott sah, dass es gut war."
1. Mose 1,11-12 (RE)

Nach den Pflanzen wird im ersten Kapitel der Bibel noch von anderen Dingen berichtet, die Gott erschaffen hat. Doch bleiben wir zunächst beim Thema **Pflanzen**. Im zweiten Kapitel des Schöpfungsberichts sehen wir, dass Gott bereits bei der Erschaffung der Pflanzen an den Menschen gedacht hatte. Der Mensch sollte mit **leckeren Früchten** versorgt werden. Außerdem wurden im Garten Eden auch **zwei besondere Bäume** gepflanzt, mit denen wir uns noch ausführlicher beschäftigen werden.

„**Gott pflanzt den Garten Eden:** „Und Gott der HERR **pflanzte** einen **Garten** in **Eden** gegen Osten, und dorthin setzte er den **Menschen**, den er gebildet hatte. Und Gott der HERR ließ aus dem Erdboden **allerlei Bäume wachsen**, **lieblich** anzusehen und **gut zur Speise**; und den **Baum des Lebens** in der Mitte des Gartens, und den **Baum der Erkenntnis des Guten und Bösen**. Und ein Strom ging aus von Eden, um den Garten zu bewässern …"
1. Mose 2,8-10a (ÜE)

Unser heutiges Obst wurde aus kleineren **Wildformen gezüchtet** – oft auf Kosten von Inhaltsstoffen oder Geschmack. Dabei konnten die Züchter nur mit dem arbeiten, was Gott schon in das Erbgut **hineingelegt** hatte.
Man spricht von **Mikro-Evolution**.

Der Baum der Erkenntnis: „Und Gott der HERR gebot dem Menschen und sprach: Von **jedem Baum** des Gartens **darfst** du nach Belieben **essen**; aber von dem **Baum der Erkenntnis** des Guten und des Bösen **sollst** du **nicht essen**; denn an dem Tag, da du davon **isst**, musst du **gewisslich sterben**!“
1. Mose 2,16 (SLT)

Ein heutiger tropischer Regenwald

Besonders interessant ist, dass Gott den Menschen die **Wahl** lässt, ob sie in **Gemeinschaft** mit ihm im paradiesischen Garten Eden bleiben möchten oder nicht. Gott stellt das **Vertrauen** der Menschen zu ihm mit einem einzigen Gebot auf die Probe.

Der Baum der Erkenntnis trug wahrscheinlich **keine Äpfel**, sondern andere Früchte. Erst ein lateinisches Wortspiel – „malus“ **(Apfel)** und „malum“ **(das Übel)** – ließ aus der Frucht einen Apfel werden. Übrigens starben Adam und Eva nicht sofort, als sie die Frucht aßen, aber der **Sterbeprozess** ihrer Körper setzte ein. **Geistlich tot** – also **getrennt von Gott** und nach ihrem körperlichen Tod der ewigen Trennung von Gott in der Hölle ausgeliefert – waren sie jedoch bereits, als sie die Frucht aßen.

Die Pflanzennahrung der Dinosaurier

Natürlich war am 3. Schöpfungstag **noch niemand** zum Essen der **Pflanzen** da – keine Dinosaurier und auch keine Menschen. Aber Gott hatte die Pflanzen von Anfang an als Nahrungsgrundlage **geplant**. Welche Pflanzen bevorzugten Saurier, und vor allem die großen Langhälse, eigentlich?

Ein Wissenschaftlerteam hat berechnet, dass ein **11 Tonnen** schwerer *Diplodocus* pro Tag nur ca. **33 Kilogramm Farne** oder **24 Kilogramm Schachtelhalme** als Futter benötigte, gar nicht so viel wie gedacht. Ein heute lebender Elefant mit 7 Tonnen Gewicht müsste ein paar Kilo mehr fressen, um über die Runden zu kommen.[1]

Früher dachten Wissenschaftler, dass es zur Zeit der Dinosaurier, also bis dem **Erdmittelalter*** (Trias, Jura und Kreide) gar kein **Gras** gegeben hätte. Mittlerweile hat man aber verschiedene Grasarten in der oberen Kreide* gefunden. Mit versteinertem Kot aus Indien, der wahrscheinlich von Titanosauriern stammt, konnte nachgewiesen werden, dass Langhalssaurier auch Gras fraßen.

Wie ich es sehe: Gräser gab es seit dem 3. Tag und Dinosaurier seit dem 6. Tag der Schöpfungswoche. Die Fossilien, die man gefunden hat, stammen aber sicherlich nicht aus der Schöpfungswoche, sondern **aus späterer Zeit**. Damit Lebewesen **als Versteinerungen erhalten** bleiben, müssen sie bei einer Katastrophe verschüttet werden (s. Kapitel F).

Was die Dinosaurier im Garten Eden fraßen: „… allen Tieren der Erde und allen Vögeln des Himmels und allem, was sich regt auf der Erde, **allem**, in dem eine lebendige Seele ist, habe ich **jedes grüne Kraut zur Nahrung** gegeben! **Und es geschah so.**“
1. Mose 1,30
(SLT)

Ein junger Langhalssaurier, wahrscheinlich ein *Diplodocus*, beim Fressen von Farnen und Schachtelhalmgewächsen

Könnten Dinosaurier-Fossilien nicht auch schon vor dem Sündenfall im Garten Eden entstanden sein? Tierfossilien entstehen **allerdings nur** aus toten Tieren. Ein weiteres Problem ist, dass es selbst unter den frühesten versteinerten Sauriern Fleischfresser gab. Aber passt das dazu, was in **1. Mose 1,30** über die **Nahrung** der Tiere im Garten Eden steht? Mit der Frage, ob es den Tod der Tiere schon im Garten Eden gab oder nicht, beschäftigen wir uns noch später.

[1] Siehe Gill und Kollegen (2018).

Die Erschaffung der Meeressaurier

Gott erschuf am **5. Tag Wasser- und Lufttiere**. Wahrscheinlich zählten **keine Dinosaurier** im engeren Sinn dazu, aber dafür verschiedene Formen von Meeressauriern und im Wasser lebenden Reptilien. Sie wurden am selben Tag erschaffen wie die im Wasser lebenden Fische und wirbellosen Tiere. Auch die Wale, Delfine und Seekühe erschuf Gott wohl an diesem Tag. Im biblischen Sprachgebrauch zählen sie alle wegen ihres Lebensraums zu den „Fischen". *Welche Meeresbewohner fallen dir noch ein?*

Die Erschaffung der Wassertiere am 5. Schöpfungstag:
„Und Gott sprach: Es soll das Wasser **vom Gewimmel lebender Wesen** wimmeln ...! Und Gott schuf die **großen Seeungeheuer** und **alle sich regenden lebenden Wesen**, von denen das Wasser wimmelt, **nach ihrer Art** ... Und Gott sah, dass es gut war. Und Gott segnete sie und sprach: Seid fruchtbar und vermehrt euch, und füllt das Wasser in den Meeren ...!"
1. Mose 1,20-22 (RE)

Die größeren **Mosasaurier** wurden etwa 15–18 Meter lang. Biologen ordnen sie gemeinsam mit den Schlangen und Echsen bei den **Schuppenkriechtieren** ein. Mosasaurier waren eine eigene Gruppe, die fossil **plötzlich** ohne Vorläufer mit über 40 Gattungen in der oberen Kreide* auftaucht.

In Deutschland, Österreich und der Schweiz sind in den Gesteinsschichten von der Trias* bis zur Kreide* **verschiedene Ichthyosaurier-Arten** gefunden worden. Ichthyosaurier wurden bis zu 15 Meter lang und sind fossil seit der unteren Trias* bekannt.

Im Naturkundemuseum in Stuttgart gibt es ein Fossil eines **Ichthyosauriers** (Fischsauriers), welcher gerade ein Baby gebärt. Die Gattung heißt ***Stenopterygius*** und wurde bis zu 4 Meter lang.

Das Wort **Dinosaurier** („schreckliche Echsen") setzt sich aus den altgriechischen Wörtern *deinós* („schrecklich") und *sauros* („Echse") zusammen. Sir **Richard Owen** erfand den Namen „Dinosaurier" im Jahr 1842. Der Körper der Dinosaurier ruhte **senkrecht** auf ihren Beinen, daher sind **Meeressaurier** von Dinosauriern **unabhängig erschaffene Grundtypen** (im Schöpfungsbericht „Arten"), die sich dann in den Weltmeeren ausgebreitet haben.

Richard Owen erfand das Wort „Dinosaurier"

Der berühmte Fossilienforscher **Richard Owen** war übrigens ein erbitterter **Gegner** von Darwins **Evolutionstheorie**. Owen glaubte nämlich, dass die Lebewesen erschaffen worden sind und sich **nicht von allein ohne Schöpfer entwickelt** haben, wie Darwin meinte.

Mosasaurier

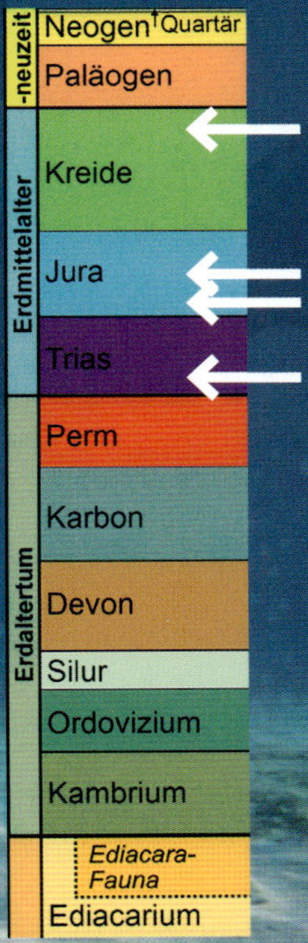

-neuzeit: Neogen, Quartär, Paläogen

Erdmittelalter: Kreide, Jura, Trias

Erdaltertum: Perm, Karbon, Devon, Silur, Ordovizium, Kambrium

Ediacara-Fauna

Ediacarium

Wie ich es sehe: Wenn man davon ausgeht, dass es in der Schöpfungswoche noch keinen Tod gab – auch nicht in der Tierwelt –, können wir erwarten, dass es **keine Fossilien aus der Zeit vor dem Sündenfall** gibt. Alle Fossilien, die man findet, müssten also nach der Schöpfungswoche entstanden sein. Da am Ende der Schöpfung alles **„sehr gut"** war und weil die Vergänglichkeit der Schöpfung (Tiere) erst später erwähnt wird (Römer 8,18-23), denke ich, dass auch die Meeressaurier am Anfang wohl Pflanzenfresser waren.

Die Erschaffung der Flugsaurier

Am 5. Tag wurden auch die **geflügelten** Tiere geschaffen – Tiere, die durch die Luft fliegen. Der hebräische Begriff, der auf Deutsch mit „Vögel" übersetzt wurde, ist eigentlich breiter gefasst und bezieht sich allgemein auf **fliegende Tiere**. Dies sieht man auch daran, dass in der Bibel Fledermäuse ebenfalls zu den Vögeln gerechnet werden (s. 3. Mose 11,13+19). Am 5. Tag wurden demnach auch die **Flugsaurier** erschaffen. Sie sind zwar keine Dinosaurier, aber diesen immer noch ähnlicher als Krokodile oder gar Meeressaurier.

Die Erschaffung der Lufttiere am 5. Schöpfungstag: „Und Gott sprach: … Vögel sollen über der Erde **fliegen** unter der Wölbung des Himmels! Und Gott schuf … alle **geflügelten Vögel, nach ihrer Art**. Und Gott sah, dass es gut war. Und Gott segnete sie und sprach: Seid fruchtbar und vermehrt euch, … und die **Vögel** sollen sich vermehren auf der Erde!" 1. Mose 1,20-22 (RE)

Scaphognathus

Rhamphorhynchus

Scaphognathus (Solnhofen)

Flugsaurier tauchen in der fossilen Überlieferung **fertig** und **flugfähig** auf. Der Fossilbefund liefert keine Hinweise auf einen sich schrittweise entwickelnden, evolutionären Ursprung der komplexen Flugfähigkeiten von Flugsauriern – abgesehen von ein paar unbedeutenden Ähnlichkeiten zum kleinen Archosaurier ***Scleromochlus*** aus der oberen Trias* in Schottland, der aber sicher nicht aktiv fliegen konnte.

***Scleromochlus*: kein Beweis für Flugsaurier-Evolution!**

Balaenognathus aus dem oberen Jura* bei Bamberg in Deutschland hat in seinem löffelartigen Maul mehr als 480 dünne, hakenförmige Zähne. Forscher vermuten, dass er damit **Plankton filterte** – ähnlich wie die Bartenwale. Eine solche überraschende Ähnlichkeit zweier nicht näher verwandter Tiergruppen nennt man **Konvergenz** (vgl. S. 19). Zahlreiche Konvergenzen sprechen gegen Evolution, aber für einen Schöpfer, der ähnliche Designprinzipien wiederverwendet hat. Tatsächlich ist das sogenannte **Konvergenzproblem der Evolution** sehr häufig. Auch der Schädel des Meeresreptils *Hupehsuchus* aus der unteren Trias* ist dem der Bartenwale sehr ähnlich, da wohl beide Plankton-Filtrierer sind. Es besteht aber ebenfalls keine Verwandtschaft zwischen ihnen.

Balaenognathus

Man vermutet, dass kleinere Flugsaurier – wie *Rhamphorhynchus* und *Scaphognathus* aus dem Solnhofener Plattenkalk (oberer Jura*) in Deutschland – **sehr gut fliegen** konnten. Größere Arten sind vielleicht eher gesegelt, ähnlich wie heutige Geier. Da Fliegen einen sehr hohen Energieaufwand bedeutet, vermutet man, dass Flugsaurier **„gleichwarm“** waren, also ihre Körpertemperatur halten konnten. Angebliche Federn auf ihrem Körper stellen aber eine Fehlinterpretation von **faserartigen** Strukturen der Flugsaurier dar. Mit Vogelfedern hat das nichts zu tun!

Wie ich es sehe:
Flugsaurier waren wahrscheinlich Fleisch- und Fischfresser. Sie könnten aber auch gelegentlich Obst gefressen haben.[1] Vor dem Sündenfall waren sie jedenfalls Vegetarier wie alle Tiere.

[1] Vgl. Joseph Castro (2022).

Die Erschaffung der Dinosaurier

Wann hat Gott die Dinosaurier erschaffen? Der Bibeltext macht klar, dass es **am 6. Schöpfungstag** war, also nach der Erschaffung der Luft- und Wassertiere, zu denen Flugsaurier und Meeressaurier gehören. Dinosaurier wurden gemeinsam mit allen anderen **Landtieren** erschaffen: Gott erschuf die **„kriechenden Tiere"** und die **„wilden Tiere"** auf dem Land, wie Spinnen, Käfer, Reptilien, Säugetiere und **Dinosaurier**. Manche Säugetiere hatte Gott von Anfang an in ihrem Erbgut darauf vorbereitet, von den Menschen gezähmt und genutzt zu werden (wie Schafe für Wolle und Kühe für Milch). Die Bibel nennt diese Tiere **„Vieh"**.

Die Erschaffung der Landtiere am 6. Schöpfungstag: „Und Gott sprach: Die Erde bringe lebende Wesen hervor **nach ihrer Art: Vieh** und **kriechende Tiere** und **wilde Tiere der Erde nach ihrer Art**! Und es geschah so." 1. Mose 1,24 (RE)

Parasaurolophus war ein Entenschnabelsaurier. Alle Entenschnabelsaurier ernährten sich von Pflanzen. Mit dem **breiten Schnabel** ließen sich Blätter gut abzupfen. Wahrscheinlich konnten sie mit den Kieferknochen kauen, was außerhalb der Säugetiere eine große Besonderheit darstellt. Alle anderen Tiere schlucken ihre Nahrung nämlich im Ganzen hinunter. Sie wird dann erst im Verdauungstrakt zerkleinert.

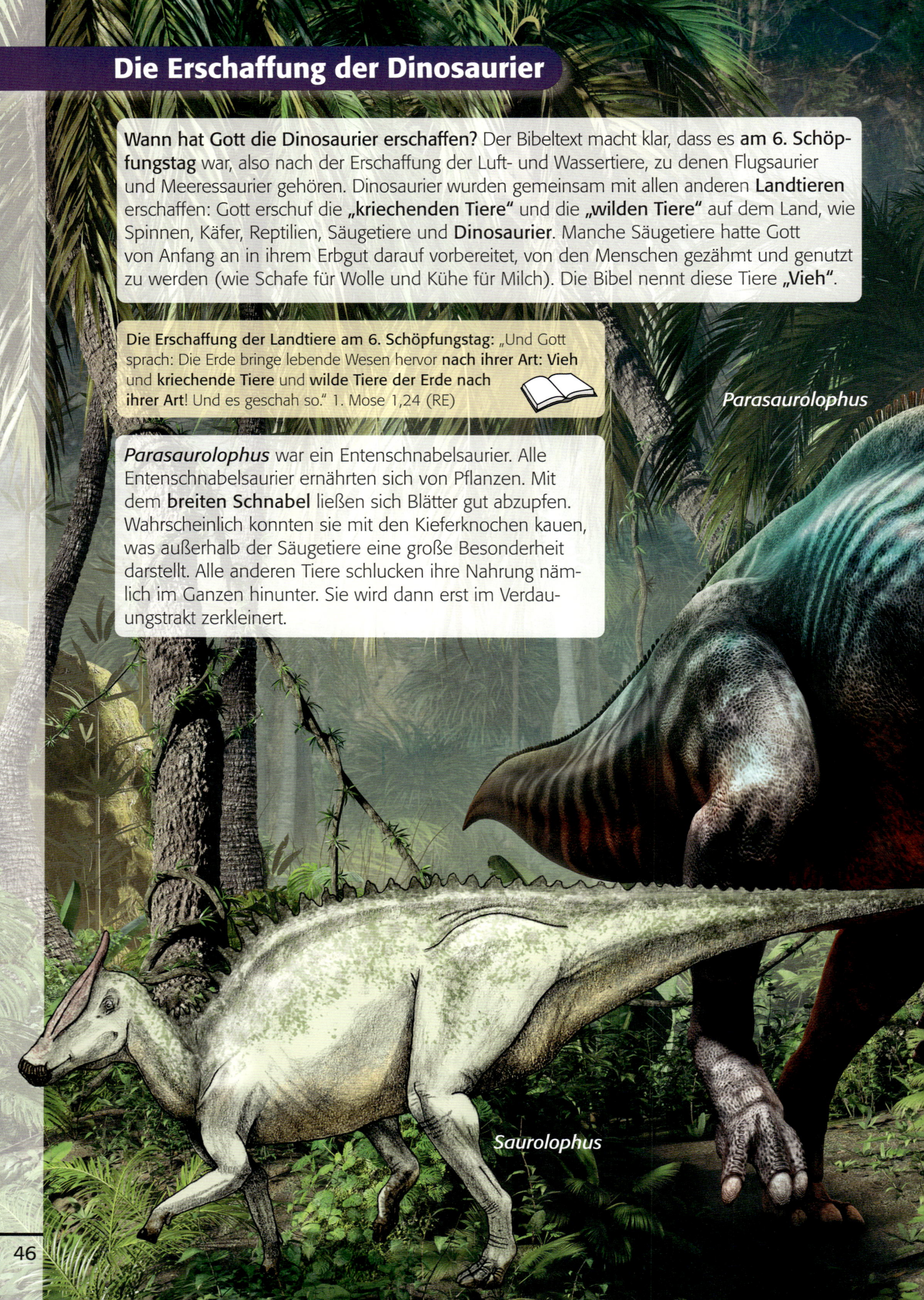

Parasaurolophus

Saurolophus

Es ist unklar, was ***Parasaurolophus*** mit dem **gewaltigen Knochenkamm** auf seinem Kopf gemacht hat. Eine beliebte Theorie ist, dass er damit laute Geräusche erzeugen konnte, die so ähnlich wie ein **Nebelhorn** klangen.

Im Jahr 1912 entdeckten Wissenschaftler einen Entenschnabelsaurier mit einem hornartigen Kamm auf dem Kopf. Wegen dieses Kamms nannten sie ihn ***Saurolophus*** – das heißt **„Echsenkrone"**. 10 Jahre später fanden sie einen sehr ähnlichen Dinosaurier mit einem noch größeren Kamm. Sie nannten ihn ***Parasaurolophus***, also „die andere Echsenkrone". *Parasaurolophus* wurde in Nordamerika in der oberen Kreide* entdeckt.

Parasaurolophus war meistens auf **vier Beinen** unterwegs. Falls er dafür nicht doch schon zu groß und schwer war – schließlich erreichte er eine Länge von bis zu 10 Metern und ein Gewicht von ca. 2 Tonnen –, konnte er sich aber wahrscheinlich auch auf seine Hinterbeine aufrichten. ***Charonosaurus*** war mit 12 Metern Länge ein noch größerer Entenschnabelsaurier.

Charonosaurus

Saurier und das Paradies

Symbolische Darstellung des Garten Edens

Am 6. Tag erschuf Gott nach den Landtieren, zu denen die Dinosaurier gehörten, auch die **Menschen**. Gottes Ziel war es, ein Wesen zu erschaffen, das Gott selbst in mancherlei Hinsicht ähnlich ist. Gott wollte nämlich eine **tiefe, liebevolle Beziehung** zu den Menschen haben.

So wichtig ist der Mensch für Gott: „Und Gott schuf den Menschen in seinem **Bild**, im **Bild Gottes** schuf er ihn; als Mann und Frau schuf er sie." 1. Mose 1,27 (SLT)

In 1. Mose 2 wird genauer berichtet, wie die Erschaffung der Menschen ablief. Gott **formte** Adam aus dem Staub des Erdbodens. Dann hauchte er ihm den Atem des Lebens ein. **(1)**

Gott setzte Adam in den Garten Eden, den er extra zu diesem Zweck gepflanzt hatte. Adams erste Aufgabe war es, alle **Tiere zu benennen. (2)**

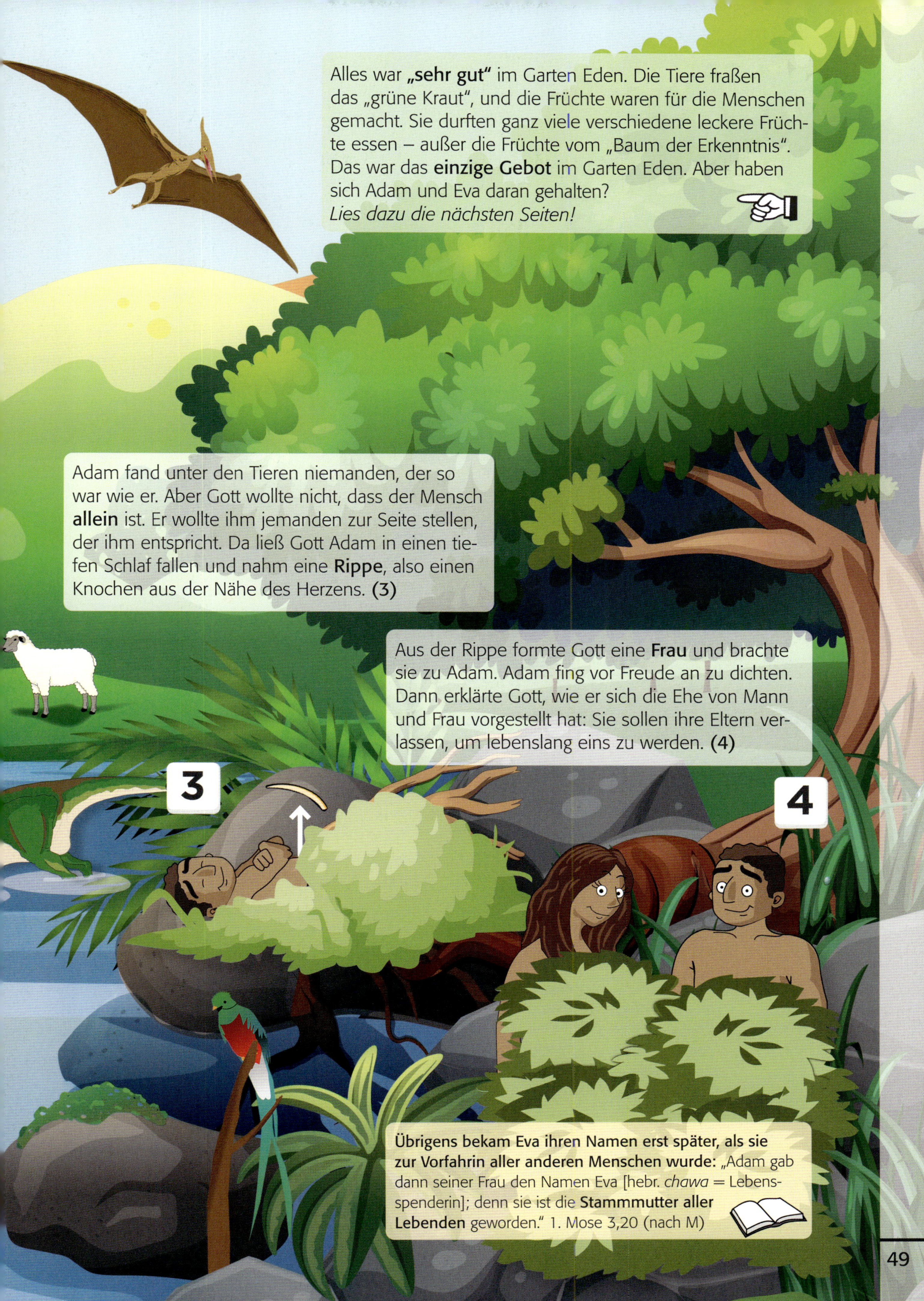
Alles war „sehr gut“ im Garten Eden. Die Tiere fraßen das „grüne Kraut“, und die Früchte waren für die Menschen gemacht. Sie durften ganz viele verschiedene leckere Früchte essen – außer die Früchte vom „Baum der Erkenntnis“. Das war das einzige Gebot im Garten Eden. Aber haben sich Adam und Eva daran gehalten?
Lies dazu die nächsten Seiten!
Adam fand unter den Tieren niemanden, der so war wie er. Aber Gott wollte nicht, dass der Mensch allein ist. Er wollte ihm jemanden zur Seite stellen, der ihm entspricht. Da ließ Gott Adam in einen tiefen Schlaf fallen und nahm eine Rippe, also einen Knochen aus der Nähe des Herzens. (3)
Aus der Rippe formte Gott eine Frau und brachte sie zu Adam. Adam fing vor Freude an zu dichten. Dann erklärte Gott, wie er sich die Ehe von Mann und Frau vorgestellt hat: Sie sollen ihre Eltern verlassen, um lebenslang eins zu werden. (4)
3
4
Übrigens bekam Eva ihren Namen erst später, als sie zur Vorfahrin aller anderen Menschen wurde: „Adam gab dann seiner Frau den Namen Eva [hebr. chawa = Lebensspenderin]; denn sie ist die Stammmutter aller Lebenden geworden.“ 1. Mose 3,20 (nach M)

C. Saurier und der Sündenfall

Themen

Liopleurodon

Liopleurodon war ein gigantischer Meeressaurier aus der Gruppe der Pliosaurier. Allein der gewaltige Schädel mit den riesigen Zähnen war bis zu 1,5 Meter groß. Der mächtige Fleischfresser wurde wahrscheinlich mehr als 10 Meter lang. Gefunden wurde er im mittleren Jura*, unter anderem in Deutschland. In diesem Kapitel geht es um die Frage, woher solche Raubtiere kommen.

Die Katastrophe: Der Sündenfall

In 1. Mose 3 erfahren wir, wie es nach der Schöpfung weiterging. Im Paradies erschien eine **listige Schlange**. Aus Offenbarung 12,9 wissen wir, dass es der **Teufel** selbst war, der als Schlange – oder durch die Schlange – zu Eva sprach. Der Teufel ist ein von Gott abgefallenes Geistwesen (vgl. Hiob 1,6; Offenbarung 12,9; Hesekiel 28,14-16), das alles durcheinanderbringen und zerstören will, was Gott Gutes geschaffen hat.

„Aber die **Schlange** war **listiger** als alle Tiere des Feldes, die Gott der HERR gemacht hatte; und sie sprach zu der Frau: **Sollte Gott wirklich gesagt haben**, dass ihr von keinem Baum im Garten essen dürft?" 1. Mose 3,1 (SLT)

Die Schlange fragte die Frau, ob Gott **wirklich** gesagt hatte, dass sie von keinem Baum des Gartens essen dürften. Die Frau antwortete, dass das Verbot nur für den „Baum der Erkenntnis" in der Mitte des Gartens galt. Wenn sie davon **essen** würden, müssten sie **sterben**. Die Schlange entgegnete, dass sie gewiss nicht sterben würden. Damit redete die Schlange Eva ein, dass Gott ein gemeiner Lügner sei, der den Menschen nichts gönne: „Ihr werdet sicherlich nicht sterben. Wenn ihr davon esst, werden eure Augen aufgetan, und ihr werdet **sein wie Gott** und wissen, was gut und böse ist." **(1)**

Die Frau aß von der Frucht. Sie gab auch ihrem Mann davon, und er aß ebenso. Sofort erkannten sie ihre Verletzlichkeit und Nacktheit. Darum machten sie sich Schurze aus Blättern. Sie fürchteten sich und **versteckten** sich vor Gott. Gott ging im Garten spazieren und **rief** nach dem Menschen: „Wo bist du?“ Adam antwortete Gott, aber er **schob die Schuld** für das Essen vom verbotenen Baum auf seine Frau. Diese **schob die Schuld** auf die Schlange. **(2)**

Der Sündenfall hatte **Auswirkungen** auf die gesamte Schöpfung, auch auf die Tier- und Pflanzenwelt. Auf dieser Seite ist das durch die Fleischfresser (statt den Pflanzenfressern auf S. 48) angedeutet. Sünde bedeutet die Übertretung von Gottes Geboten, also Ungehorsam. Sie zerstört die Beziehung zu Gott.

Die Folge der Sünde: Der Fluch

Gott, der ein **gerechter Richter** ist, musste die Sünde bestrafen. Die Schlange musste von nun an auf dem Bauch kriechen. Die Frau würde von nun an Schmerzen bei der Geburt haben, und das Verhältnis von Männern und Frauen würde ab jetzt schwierig sein. Außerdem würde Feindschaft zwischen der **Schlange** und ihren Nachkommen und dem ***einen*** **Nachkommen** der Frau herrschen. Dieser würde der Schlange den Kopf zertreten. Doch die Schlange würde ihm die Ferse durchbohren (1. Mose 3,15). Genau das ist geschehen, als Jesus unsere Sünde auf sich nahm und ans **Kreuz** von Golgatha genagelt wurde. Sünde und Tod wurden dort **besiegt** (s. S. 225)!

Adam musste mit Eva den Garten Eden **verlassen**. Gott ließ den Eingang von Cherubim-Engeln und einem **Feuerschwert** bewachen. Von nun an musste Adam **hart** auf dem Acker arbeiten. Es würde Dornen und Disteln geben, es war also **nicht** mehr alles **sehr gut**. Schließlich würden die Menschen sterben und wieder zu **Staub** werden.

Die Folgen der Sünde Adams: „Deshalb, wie durch ***einen*** **Menschen** die **Sünde** in die Welt gekommen ist und der Tod durch die Sünde, so ist der **Tod zu allen Menschen** durchgedrungen, weil sie alle gesündigt haben … Dennoch **herrschte der Tod von Adam an** bis Mose auch über die, die nicht gesündigt hatten durch die gleiche Übertretung wie Adam, welcher ist ein Bild dessen, der kommen sollte [= Jesus]." Römer 5,12-14 (L84)

Und so leben wir bis heute in einer **gefallenen Welt**, die eben nicht mehr der Garten Eden ist. Wie gut, dass es durch Jesus eine **Hoffnung** auf Leben nach dem Tod gibt!

Die Folgen der Vergebung durch Jesus:
„Aber es verhält sich mit der **Gnadengabe** nicht wie mit der Übertretung. Denn wenn durch die **Übertretung des Einen** [= Adam] die Vielen **gestorben** sind, wie viel mehr ist die Gnade Gottes und das Gnadengeschenk **durch den einen Menschen Jesus Christus** in überströmendem Maß zu den Vielen gekommen … Denn wenn **infolge der Übertretung** des Einen der **Tod zur Herrschaft** kam durch den **Einen**, wie viel mehr werden die, welche den **Überfluss der Gnade** und das Geschenk der **Gerechtigkeit** empfangen, im Leben herrschen durch den Einen, **Jesus Christus**!" Römer 5,15+17 (nach SLT)

Woher kommen die Raubsaurier?

In der Bibel wird in Römer 5 ab Vers 12 erklärt, dass **der Tod der Menschen durch Adam** in die Welt kam. Der Text spricht aber nicht direkt davon, ob Tiere schon vor dem Sündenfall der Menschen **sterben** konnten. Auch sonst gibt es in der Bibel keinen Hinweis auf den Tod der Tiere vor dem Sündenfall. Da Gott die Schöpfung als „**sehr gut**" bezeichnete und sich die Tiere in der Schöpfungswoche pflanzlich ernährten (1. Mose 1,30), ist es ziemlich klar, dass sich Tiere vor dem Sündenfall nicht gegenseitig umbringen mussten. Auch in der Zukunft, wenn Jesus wiederkommt, wird es wohl keine Fleischfresser mehr geben (s. S. 232).

Einen Hinweis darauf, dass es in der gesamten Schöpfung **massive Veränderungen** gab, findet man in Römer 8 ab Vers 19. Dort steht, dass die Schöpfung, also auch die Tiere, der **Vergänglichkeit – Sterben und Tod –** unterworfen wurde. Seither wartet die Schöpfung auf Befreiung. Sie wird erlöst, wenn Jesus wiederkommt. Es steht nicht genau da, was passiert ist oder wer die Schöpfung unterworfen hat, aber es hat wahrscheinlich mit dem Sündenfall zu tun.

Triceratops

So kam der Tod in die Schöpfung: „Die Schöpfung ist nämlich **der Vergänglichkeit unterworfen**, nicht freiwillig, sondern **durch den, der sie unterworfen hat**, auf Hoffnung hin, dass auch die Schöpfung selbst befreit werden soll von der **Knechtschaft der Sterblichkeit** zur Freiheit der Herrlichkeit der Kinder Gottes."
Römer 8,20-21 (SLT)

Zu den Tötungsmechanismen der Raubsaurier gehörte oft ein **gefährlicher Biss**. ***Tyrannosaurus rex*** war ca. 12–13 Meter lang und wog ungefähr 6–7 Tonnen. *T. rex* ist wohl der berühmteste aller Dinosaurier. Berechnungen zufolge hatte er eine gewaltige Beißkraft: Er konnte mit einem Druck von fast **6 Tonnen Gewicht** zubeißen. Das wäre 3-mal mehr als heute beim Weißen Hai. Ein Zahn eines *T. rex* zeugt davon: Er steckte noch im Rücken eines Entenschnabel-Sauriers fest. Als **„duellierendes Duo"** bezeichnen Forscher einen anderen Fossilfund aus Nordamerika: *T. rex* und *Triceratops* sind quasi ineinander verschlungen. Wahrscheinlich wurden zwei auf Leben und Tod kämpfende Dinosaurier durch eine geologische Katastrophe versteinert – das wird aber noch erforscht.

Tyrannosaurus rex

Nach dem Sündenfall wird von **Dornen und Disteln** berichtet, also von Abwehrmechanismen der Pflanzen. Vielleicht hat Gott nach dem Sündenfall also auch die Tiere verändert. Möglicherweise hat er **genetische Verschaltungen** geändert (z. B. mittels sogenannter **Transposons** – das sind im Erbgut bewegliche genetische Elemente) oder **direkt eingegriffen**. Wir wissen es nicht! Wahrscheinlich entstanden damals die vielen Tötungsmechanismen, über die Fleischfresser wie die Raubsaurier verfügen. Die Beutetiere hingegen wurden mit **Verteidigungsmechanismen** ausgestattet. Übrigens erfahren wir in 2. Mose 8,12-13, dass Gott Stechmücken auch direkt aus Staub erschaffen kann.

Die ältesten bekannten fleischfressenden Dinos

Zu den **in den tiefsten Gesteinsschichten** gefundenen Dinosauriern gehören neben *Plateosaurus* (s. S. 16) auch andere Dinosaurier, von denen viele Fleischfresser waren, z. B. *Herrerasaurus* und ***Coelophysis*** aus der Trias*. Sie waren allerdings kleiner als manche Amphibien und Krokodil-Verwandte, die auch in der Trias* gefunden wurden. Der älteste fossile Dinosaurier könnte möglicherweise ***Nyasasaurus*** gewesen sein. Das ist aber schwierig zu entscheiden, weil sich Dinosauromorpha (dinosaurierähnliche Reptilien) und Dinosaurier ziemlich ähnlich sehen. Außerdem hat man von *Nyasasaurus* nur ein paar Knochen gefunden.

Oberarmknochen von *Nyasasaurus*

Coelophysis

Herrerasaurus lebte in Südamerika. Er war ca. 3 Meter lang und so schwer wie ein Löwe. Es wird angenommen, dass er einer der ältesten bekannten **Raubsaurier** (Theropoden) war. Ähnlich alt ist *Eoraptor*. *Eoraptor* war mit 1 Meter Länge aber nicht besonders groß.

Eudimorphodon war ein langschwänziger Flugsaurier mit etwa 1 Meter Flügelspannweite. Er besaß über 100 kleine, spitze Zähne im Maul und stammt aus der Obertrias*.

Fleischfresser als Folge des Sündenfalls?
„Und Gott sah die Erde, und siehe, sie war **verdorben**; denn **alles Fleisch** hatte seinen Weg **verdorben** auf der Erde."
1. Mose 6,12 (ÜE)

Herrerasaurus
(verkleinert)

Der „König" der Dinosaurier

Tyrannosaurus **(„Herrscher der Echsen")** ist der Name einer Gattung von fleischfressenden Raubsauriern. Die bekannteste Art ist *Tyrannosaurus rex* (*rex* bedeutet **„König"**). Von *T. rex* hat man in Nordamerika in der obersten Kreide* mehr als 30 fossile Exemplare gefunden.
T. rex wurde bis zu 12–13 Meter lang, war an der Hüfte etwa 4 Meter hoch und somit eines der größten Landraubtiere aller Zeiten. Er musste den schweren und 1,5 Meter langen **Schädel** mit einem langen Schwanz ausbalancieren. Wissenschaftler vermuten übrigens seit Neuestem, dass die Zähne von *T. rex* hinter Lippen verborgen gewesen sein könnten. Seine **Arme** mit nur zwei Klauen waren im Vergleich zur Körpergröße ziemlich klein (1 Meter lang).

Wer ist der wahre König? „Und Jesus … sprach: Mir ist gegeben **alle Macht** im Himmel und auf Erden." Matthäus 28,18 (SLT)

Daspletosaurus-Schädel

T. rex war wahrscheinlich der **Top-Räuber** seines Ökosystems. Es ist umstritten, ob er Entenschnabel- und Hornsaurier jagte oder hauptsächlich Aas fraß. Für eine Lebensweise als aktiver Jäger sprechen jedoch die Ausrichtung seiner Augen nach vorne sowie Hinweise darauf, dass er in Familienverbänden lebte. Außerdem fand man einen *T.-rex*-Zahn in der verheilten Wunde eines *Edmontosaurus*. Wahrscheinlich konnte *T. rex* mit seinem riesigen Maul mit einem Biss mehr Fleisch herausreißen als andere Raubsaurier. Die **gefährlichste Waffe** des *T. rex* waren seine scharfen und gigantisch langen Zähne von der Größe einer Banane.

Im Dezember 2023 wurde bekannt, dass im Magen eines 7 Jahre alten ***Gorgosaurus* Beinknochen** zweier Raubsaurier gefunden wurden. Dieser junge *Gorgosaurus* wog nur ca. 300 Kilogramm und musste daher viel kleinere Beute jagen als seine älteren Artgenossen, die 8 bis 9 Meter lang und 2 bis 3 Tonnen schwer wurden. *Gorgosaurus* gehörte innerhalb der Familie der Tyrannosaurier zur Unterfamilie der Albertosaurier.

Eine gefährliche Sippe: Einige wenige Forscher halten *Tarbosaurus bataars* aus Asien für eine weitere Art von *Tyrannosaurus*. Ein weiterer Verwandter des *T. rex* namens ***Daspletosaurus*** wurde ca. 9 Meter lang und über 3 Tonnen schwer. Bissspuren an ihren Schädeln weisen auf **gewalttätige Kämpfe** unter Artgenossen hin.

Andere „Königsechsen"?

Neben *T. rex* gab es viele andere große Raubsaurier, die ihm den Rang als „König der Herrscherechsen" streitig machen könnten. Viele davon gehören zur Überfamilie der **Allosaurier** (Allosauroidea), von denen man auch Fossilien in **Frankreich** gefunden hat.

Giganotosaurus-Schädel

Zur Familie der Allosaurier gehört natürlich auch der bekannte Namensgeber: ***Allosaurus***. Man kann ihn gut an den kleinen, hornartigen Fortsätzen oben am Schädel erkennen. *Allosaurus* (die „andersartige Echse") wurde wie *T. rex* in Nordamerika gefunden und war etwa 8 Meter lang – Rekonstruktionen schwanken zwischen 6 und 10 Metern. Seine Fossilien wurden aber nicht – wie die von *T. rex* – in den weiter oben liegenden geologischen Schichten der Kreide* gefunden, sondern stammen aus dem oberen Jura*. *Allosaurus* hatte **sehr bedrohliche, lange und sägeartige Zähne**. Spuren davon finden sich vermutlich in der Nackenplatte eines *Stegosaurus*-Fossils.

Giganotosaurus

Allosaurus

Mit einem Gewicht von über 6 Tonnen gehörte *T. rex* neben *Spinosaurus* und ***Giganotosaurus*** zu den **größten und schwersten Landraubtieren** aller Zeiten. *Giganotosaurus* war ein Carcharodontosaurier und wurde in der oberen Kreide* in Südamerika gefunden. Er war mit 13 Metern wohl **etwas größer als *T. rex*** und möglicherweise auch schneller als dieser. Laut Berechnungen – die aber natürlich ziemlich unsicher sind, da vergleichbare Tiere heute fehlen – könnte *Giganotosaurus* bis zu 50 km/h **schnell** gewesen sein, so schnell wie ein heutiger Hirsch.

So gefährlich wie Spitzenraubtiere – egal, ob *Giganotosaurus* oder Löwe – ist der Teufel. Doch Gott ist noch stärker, und bei ihm können wir uns bergen: „Seid nüchtern und wacht! Denn euer **Widersacher**, der **Teufel**, geht umher wie ein brüllender **Löwe** und sucht, wen er **verschlingen** kann; dem **widersteht fest im Glauben** … Der **Gott aller Gnade** aber, der uns berufen hat zu seiner ewigen Herrlichkeit in Christus, der wird euch nach einer **kurzen Leidenszeit** vollkommen machen, festigen, stärken und gründen."
1. Petrus 5,8-10 (nach SLT+M)

Gemeinsam stark?

Deinonychus* („schreckliche Kralle")** bekam seinen Namen nicht zu Unrecht: Seine Klauen waren sehr lang und dienten zum Zerfetzen bzw. Festhalten der Beute. An den Hinterbeinen hatte er eine **ca. 13 Zentimeter lange Kralle**. Sie war somit noch ca. 3 Zentimeter länger als die eines heutigen Tigers. Um seine längste Zehenkralle beim Laufen nicht abzuwetzen, konnte er sie wohl nach oben einklappen. Mit 70 Zähnen hatte der *Deinonychus* übrigens mehr als doppelt so viele Zähne wie ein Löwe. Er wurde in der unteren Kreide* in Nordamerika gefunden und gehörte zur Familie der Dromaeosauridae, die umgangssprachlich einfach **„Raptoren"** (d. h. „Räuber") genannt werden. Auch der kleinere ***Velociraptor („schneller Räuber") gehört zu den Dromaeosauridae – er wog ca. 15 Kilogramm.

Besonders berühmt ist der Fund eines *Velociraptors* aus der Mongolei, dessen **Todeskampf** mit einem *Protoceratops* versteinert wurde. Die beiden Saurier sind ineinander verbissen. Dies ist wieder ein Hinweis auf katastrophische Fossilienentstehung.

Protoceratops

Velociraptor mit Arm-Federn

Velociraptor ohne Federn

Velociraptor mit Federn

Gemeinsam stark? Wissenschaftler diskutieren, ob Raptoren aus der Familie der Dromaeosauridae im **Rudel jagten**, um auch viel größere Beute erlegen zu können. In China fand man Spuren von Deinonychosauriern, die alle in dieselbe Richtung führten – die Dinos waren wohl gemeinsam unterwegs. Im Jahr 2015 entdeckte man dann in Utah (USA) 6 **Utah-Raptoren** gemeinsam mit einem Verwandten von *Iguanodon* – vielleicht haben sie diesen friedlichen Pflanzenfresser gemeinsam gejagt. Die großen Utah-Raptoren aus der unteren Kreide* wurden **6 Meter** lang!

***Deinonychus*-Skelett**

Als Jesus Christus am Kreuz für unsere Schuld starb, da wurde er von seinen Feinden umringt und angeklagt – wie von einem Rudel Raubtiere. Danach losten die Soldaten aus, wer sein Gewand bekommen sollte, wie schon in Psalm 22 vorhergesagt war: „Denn **Hunde** umringen mich, eine **Rotte von Übeltätern** umgibt mich; sie haben meine **Hände und meine Füße durchgraben**. Ich kann alle meine Gebeine zählen; sie schauen her und sehen mich (schadenfroh) an. Sie teilen meine Kleider unter sich und **werfen das Los über mein Gewand**." Psalm 22,17-19 (SLT)

Velociraptor aus der oberen Kreide* in Nordamerika war etwa 2 Meter lang. Er hatte eine ca. 9 Zentimeter lange Fußkralle. Sein Name wurde in den „Jurassic Park"-Filmen für den größeren *Deinonychus* verwendet, da er „cooler" klang. Im Jahr 2007 fand man bei *Velociraptor* am Ellenknochen zwölf Strukturen, die man als Ansätze für **Federkiele** interpretierte. Dann hätte *Velociraptor* wenigstens z. T. Federn gehabt und nicht nur Schuppen. Manche Schöpfungswissenschaftler bleiben aber skeptisch, ob das wirklich Federkielansätze richtiger Federn sind.[1]

[1] Siehe Cserhati und Kollegen (2020).

Raubsaurier in Deutschland

Juravenator-Skelett aus Eichstätt

In **Deutschland** wurden folgende **Raubsaurier** entdeckt: Im oberen Jura* die beiden kleinen Raubsaurier *Juravenator* und ***Compsognathus***. *Procompsognathus* war auch so klein wie *Compsognathus* und wurde in der oberen Trias* gefunden. ***Liliensternus*** (aus dem oberen Jura*) und *Sciurumimus* (aus der oberen Trias*) waren beide über 5 Meter lang. ***Wiehenvenator*** aus der Familie der Megalosaurier erreichte sogar eine Länge von **8–10 Metern**. Allein sein Schädel war 1 Meter lang. Diesem riesigen Fleischfresser aus dem mittleren Jura* wäre man wohl lieber nicht begegnet. Da er bei Minden gefunden wurde, wird er auch **„das Monster von Minden"** genannt.

Liliensternus

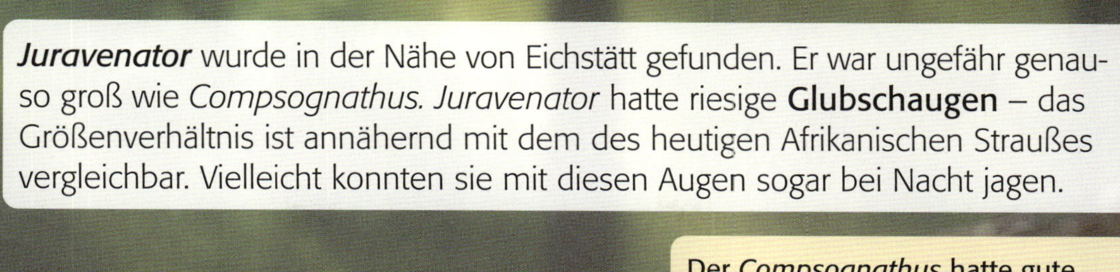

Juravenator wurde in der Nähe von Eichstätt gefunden. Er war ungefähr genauso groß wie *Compsognathus. Juravenator* hatte riesige **Glubschaugen** – das Größenverhältnis ist annähernd mit dem des heutigen Afrikanischen Straußes vergleichbar. Vielleicht konnten sie mit diesen Augen sogar bei Nacht jagen.

Wiehenvenator

Der *Compsognathus* hatte gute Augen – aber Gott sieht wirklich alles. Nichts entgeht ihm: „Ich will frohlocken und mich freuen in deiner Güte; denn du [= Gott] hast mein Elend **angesehen**, hast Kenntnis genommen von den Bedrängnissen meiner Seele."
Psalm 31,8 (ÜE)

Compsognathus

Compsognathus („zierlicher Kiefer") gehörte zu den **schnellsten** Raubsauriern überhaupt. In seinem Magen fanden sich die Reste kleiner, flinker Echsen. Je nach Art war *Compsognathus* zwischen 0,5 und 3 Kilogramm schwer und etwa 1 Meter lang – ungefähr so groß wie eine Pute. Ein vollständiges Fossil wurde schon vor über 150 Jahren im Solnhofener Plattenkalk in **Bayern** gefunden. Lange Zeit galt er als der **kleinste** Dinosaurier, aber *Parvicursor* war noch kleiner und nur taubengroß. *Compsognathus* hatte, wie auch andere schlanke und schnelle Saurier namens *Troodon*, *Deinonychus* und ***Ornithomimus***, ein relativ **großes Gehirn**. Ob diese Dinosaurier daher besonders schlau waren, kann man aber nicht mit letzter Sicherheit sagen, da die **Gehirngröße allein** nicht ausschlaggebend ist.

Ornithomimus

Auch bei **Menschen** ist die **Gehirngröße** in Abhängigkeit vom Klima sehr unterschiedlich – diese Unterschiede sagen aber nichts über Intelligenz aus.

Gewaltige Panzerung zur Verteidigung

In Anbetracht der vielen Raubsaurier brauchten Pflanzenfresser Verteidigungsmechanismen. ***Ankylosaurus*** besaß zum Schutz Hunderte Knochenplatten, sodass er unglaublich gut gepanzert war. Dazu passt auch die Bedeutung seines Namens – „verschmolzene Echse“ –, weil viele Knochen in seinem Skelett miteinander verwachsen sind. Er war etwa 6–9 Meter lang, wog ca. 3–5 Tonnen und wurde in der obersten Kreide* in Nordamerika gefunden.

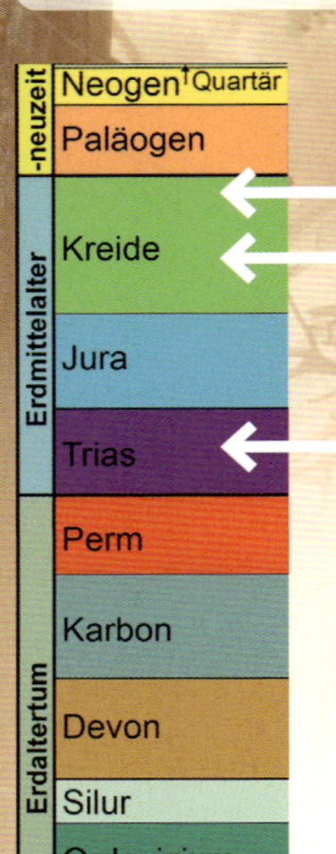

Struthiosaurus

Die **Ankylosaurier** sind nahe mit den **Nodosauriern** verwandt, zu welchen auch der 2 Meter lange *Struthiosaurus* aus Europa gehörte. Der wesentliche Unterschied ist, dass die einen am Schwanz eine Schwanzkeule besaßen und die anderen nicht. Deshalb nennt man die Ankylosaurier auch **„Keulenschwänze“**. Durch Hin- und Herschwingen dürfte die Knochenkeule eine gefährliche Waffe gewesen sein – ein Schlag hätte sicherlich auch einem ausgewachsenen *T. rex*, der ebenso in der obersten Kreide* in Nordamerika gefunden wurde, gewaltigen Schaden zugefügt. Die größte Schwachstelle von *Ankylosaurus* war aber vermutlich sein Bauch, weil dieser nicht gepanzert war.

Gastonia

Der mittelgroße Ankylosaurier ***Gastonia*** erreichte eine Länge von 4–6 Metern. Er hatte zur Verteidigung auf Kopf und Schwanz dicke Knochenplatten sowie mehrere Reihen von Stacheln auf dem Rücken. ***Minmi*** war hingegen ein kleiner Ankylosaurier aus der unteren Kreide*, der nicht einmal 1 Meter hoch und 3 Meter lang wurde.

Minmi

Mambachiton

Übrigens besaß auch der ca. 1,5 bis 2 Meter lange Archosaurier ***Mambachiton***, dessen Fossilien in der mittleren Trias* gefunden wurden, eine **Panzerung**. Bis zum Jahr 2023 hatten Evolutionsbiologen aber gedacht, dass so etwas nur bei sehr „modernen" Dinosauriern, wie eben *Stegosaurus* und *Ankylosaurus*, vorkommen würde. Wenn ähnliche Merkmale ohne gemeinsame Evolution auftreten, deuten Evolutionsbiologen das als Zufall (= wieder ein **Konvergenz-Problem**). Schöpfungswissenschaftler sehen es aber als Hinweis auf einen gemeinsamen Schöpfer, der **Merkmale** beim Erschaffen der Lebewesen **frei zuteilen** kann.

Wie alle Keulenschwänze war *Ankylosaurus* vermutlich ein **Pflanzenfresser**, der sich von tiefwachsenden Pflanzen wie Farnen und Sträuchern ernährte. Es gibt allerdings auch die Theorie, dass er sich – so ähnlich wie Wildschweine – durch den Boden wühlte, um sowohl Wurzeln als auch Würmer und Insekten zu verspeisen.

Ankylosaurus

Der Glaube an Jesus schützt uns Christen wie ein Panzer: „Wir aber, die wir Kinder des Tages [und nicht der Finsternis] sind, wollen nüchtern sein, angetan mit dem **Panzer des Glaubens** und der Liebe und mit dem Helm der Hoffnung auf das Heil."
1. Thessalonicher 5,8 (L17)

Riesige Platten und Stacheln

Zwergen-Hirn: ***Stegosaurus*** aus dem oberen Jura* in Nordamerika hatte im Verhältnis zu seiner Körperlänge von ca. 9 Metern und einem Gewicht von ca. 5–7 Tonnen nur ein winziges **Gehirn**: Es war so groß wie eine **Zitrone**.

Stegosaurus

Der Name *Stegosaurus* bedeutet **„Dachechse"**. Er wurde so genannt, weil man ursprünglich dachte, die **Platten** auf seinem Rücken würden flach wie Dachziegel aufeinander liegen. Tatsächlich standen sie allerdings aufrecht auf dem Rücken. Zusätzlich haben Stegosaurier typischerweise auch Stacheln am Schwanz, weswegen man sie auch **„Stachelschwänze"** nennt. Wozu die Platten auf dem Rücken der Stegosaurier dienten, ist noch nicht wirklich klar. Die beliebtesten Theorien sind, dass sie zum Aufwärmen durch Sonnenstrahlen oder für die Kommunikation (ähnlich wie beim Kopfschmuck mancher Vogelarten) genutzt wurden.

Wie alle Stegosaurier war *Stegosaurus* ein **Pflanzenfresser**. Er konnte bis zu 9 Meter lang werden. Aufgrund von Fußabdrücken wissen wir, dass er in Herden unterwegs war. Wir wissen auch, dass Stegosaurier häufig **mit Allosauriern gekämpft** haben, denn man hat sie nicht nur an denselben Orten gefunden, sondern einige Fossilien weisen auch Kampfspuren auf, die vermutlich vom jeweils anderen zugefügt wurden: Rückenplatten von Stegosauriern sehen so aus, als hätte ein *Allosaurus* ein Stück herausgebissen, und Knochen von Allosauriern haben Löcher, in die die Schwanzstacheln von *Stegosaurus* perfekt hineinpassen.

Übrigens hat man Fossilien von *Stegosaurus* nicht nur in Nordamerika, sondern auch in **Europa** gefunden – und zwar in Portugal.

Wie ein ins Bein gerammter Stachel eines *Stegosaurus* – so ist die Sünde, also alles, was wir Böses denken und tun und was uns von Gott trennt. Aber Jesus starb am Kreuz stellvertretend für unsere Sünde: Wenn wir an ihn glauben und einmal auferstehen, „dann wird erfüllt werden das Wort, das geschrieben steht: ‚Der Tod ist verschlungen in den **Sieg**. Tod, wo ist dein Sieg? **Tod, wo ist dein Stachel?**' Der **Stachel des Todes** aber ist die **Sünde**, die Kraft aber der Sünde ist das **Gesetz**. Gott aber sei Dank, der uns den **Sieg** gibt durch unsern Herrn Jesus Christus!" 1. Korinther 15,54b-57 (L17)

Wasserfloh mit und ohne Abwehrstacheln

Wie ich es sehe: Verteidigungsstrukturen wie Panzer und Stacheln waren **erst nach dem Sündenfall notwendig**. Ob Gott solche Merkmale bereits in den Lebewesen genetisch **vorprogrammierte** und nach dem Sündenfall aktivierte oder ob das Erbgut komplett **umprogrammiert** wurde, wissen wir nicht. Daten aus der Molekulargenetik zeigen aber, dass bereits vorprogrammierte, komplexe genetische Module bei Bedarf **an- und abgeschaltet werden können** – wie z. B. die Ausbildung von Helmstachel und verlängertem Schwanzstachel beim **Wasserfloh** in Anwesenheit von Fressfeinden.

Der Stegosaurier ***Kentrosaurus*** besaß zusätzlich zu den Knochenplatten auch gewaltige **Stacheln** an der Seite, am unteren Rücken und am Schwanz. Wenn der stachelige Schwanz gegen einen Angreifer eingesetzt wurde, war er sicherlich eine verheerende Waffe.

Kentrosaurus

Ein Säugetier jagt Dinosaurier

Repenomamus frisst ein *Psittacosaurus*-Jungtier

Repenomamus ist ein Säugetier aus der ausgestorbenen Gruppe der Eutriconodonta. Es war eine Sensation, als bekannt wurde, dass es mit seinem starken Kiefer und den scharfen Zähnen ein wahrer **Dinosaurier-Jäger** war. Zunächst fand man Knochen von Dinosaurier-Babys im Bauch des bis zu 1 Meter langen Säugetiers. Im Sommer 2023 entdeckten Forscher in China ein Fossil aus der unteren Kreide*: *Repenomamus* im Todeskampf mit einem fast ausgewachsenen *Psittacosaurus*, einem Ceratopsier. Der dachsartige Säuger lag auf dem Dinosaurier, hielt dessen Unterkiefer mit der Pfote fest und versenkte seine Zähne tief in die Rippengegend des Dinosauriers.

Repenomamus versucht, einen *Psittacosaurus* zu töten

Gott versorgte die Menschen nach dem Sündenfall mit dem Fell eines Säugetiers: „Und Gott der HERR machte Adam und seiner Frau **Kleider aus Fell** und bekleidete sie." 1. Mose 3,21 (ÜE)

Es wird deutlich, dass das **Erdmittelalter* keineswegs nur „das Zeitalter der Dinosaurier"** war, da auch verschiedenste Säugetiere in diesen Schichten gefunden wurden. Allerdings bleibt es aus Schöpfungsperspektive eine wichtige **Frage**, warum dort außer Schnabeltieren keine heutigen Säugetier-Ordnungen gefunden wurden. Lebten sie etwa nur in Gebieten, in denen keine Fossilien entstanden sind?

Volaticotherium

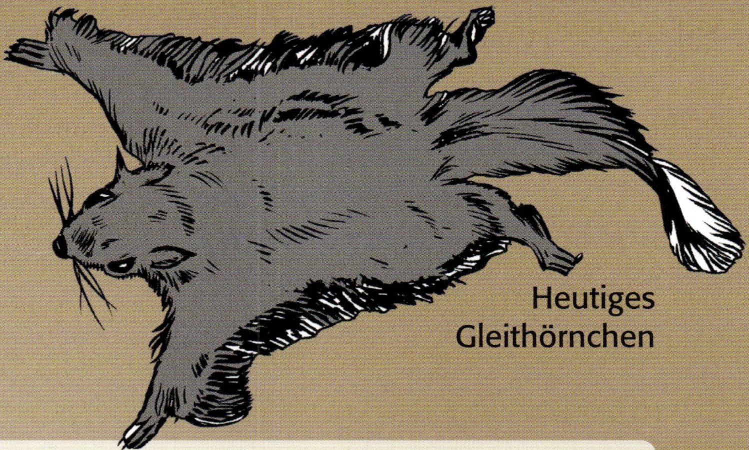

Heutiges Gleithörnchen

Auch ***Volaticotherium*** wurde in der unteren Kreide* gefunden und gehörte wie *Repenomamus* zur ausgestorbenen Säuger-Gruppe der Eutriconodonta. Es war 12–14 Zentimeter lang, hatte Flughäute und ähnelte hinsichtlich Größe und **Gleitflug** wohl dem heutigen Gleithörnchen. Es ist aber weder mit diesem noch mit anderen gleitenden Tieren wie den australischen Gleitbeutlern verwandt. Daher nehmen Evolutionsbiologen eine mehrfache, unabhängige Entstehung des Gleitflugs bei Säugern an. Das ist aber im Rahmen von Evolution, die ja keine Ziele kennt, nicht zu erwarten (noch ein **Konvergenz-Problem**).

Castorocauda

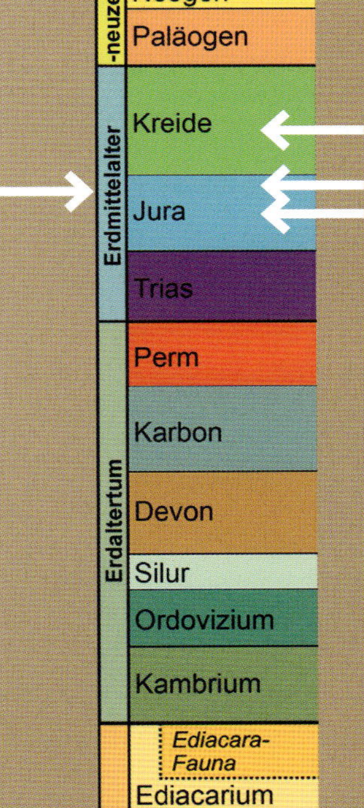

Der **biberartige** und im Wasser lebende ***Castorocauda*** („Biberschwanz") aus der Gruppe der ausgestorbenen Docodonta ist fossil aus dem mittleren Jura* bekannt. Trotz seines Aussehens ist er aber nicht mit dem Biber verwandt – wieder eine **Konvergenz**. Neben dem gleichalten *Megaconus* ist er der älteste fossile Nachweis für ein Tier mit Fell.

Als **älteste fossile Plazentatiere** bzw. Höhere Säugetiere gelten die mausähnlichen Fossilien ***Eomaia*** aus der unteren Kreide* bzw. ***Juramaia*** aus dem oberen Jura*. Bei Plazentatieren entwickeln sich die Jungen lange in der Gebärmutter – anstatt in Eiern oder im Beutel der Mutter.

Eomaia

Juramaia

D. Genial designte Saurier und lebend

Themen

Fossilien

Flugsaurier: Geniale Flieger

Trotz des Sündenfalls zeigen immer noch viele Merkmale bei heutigen und fossilen Lebewesen, dass Gott ein **weiser Schöpfer** ist. Auch die **Flügel** der Flugsaurier wurden für ihren Zweck **genial** erschaffen. Die Knochen waren normalerweise **hohl** und **dünnwandig**. Luftgefüllte Bereiche verringerten das Gewicht. Die Knochenbälkchen verstärkten vor allem die Enden der Knochen. Eine solche leichte und dennoch stabile Konstruktion ermöglichte das Fliegen der **größten und schwersten Flugtiere** aller Zeiten!

Sinomacrops

Besonders **klein** war dagegen der Flugsaurier ***Sinomacrops*** aus dem oberen Jura* mit nur ca. 30 Zentimetern Flügelspannweite. Er hatte riesige Augen und eine flache Schnauze. Damit erinnert er irgendwie an eine seltsame Fledermaus.

Die Auflistung, welche Tiere die Juden nicht essen durften, zeigt, dass die Bibel mit „Vögel" am 5. Schöpfungstag wohl auch alle anderen Flugtiere meint – auch Flugsaurier: „Und diese von den **Vögeln** sollt ihr verabscheuen – sie sollen nicht gegessen werden, etwas Abscheuliches sind sie: den Adler und den Lämmergeier … und den Storch und den Fischreiher nach seiner Art und den Wiedehopf und die **Fledermaus**. Alles geflügelte Kleingetier … soll euch etwas Abscheuliches sein."
3. Mose 11,12-13+19-20 (RE)

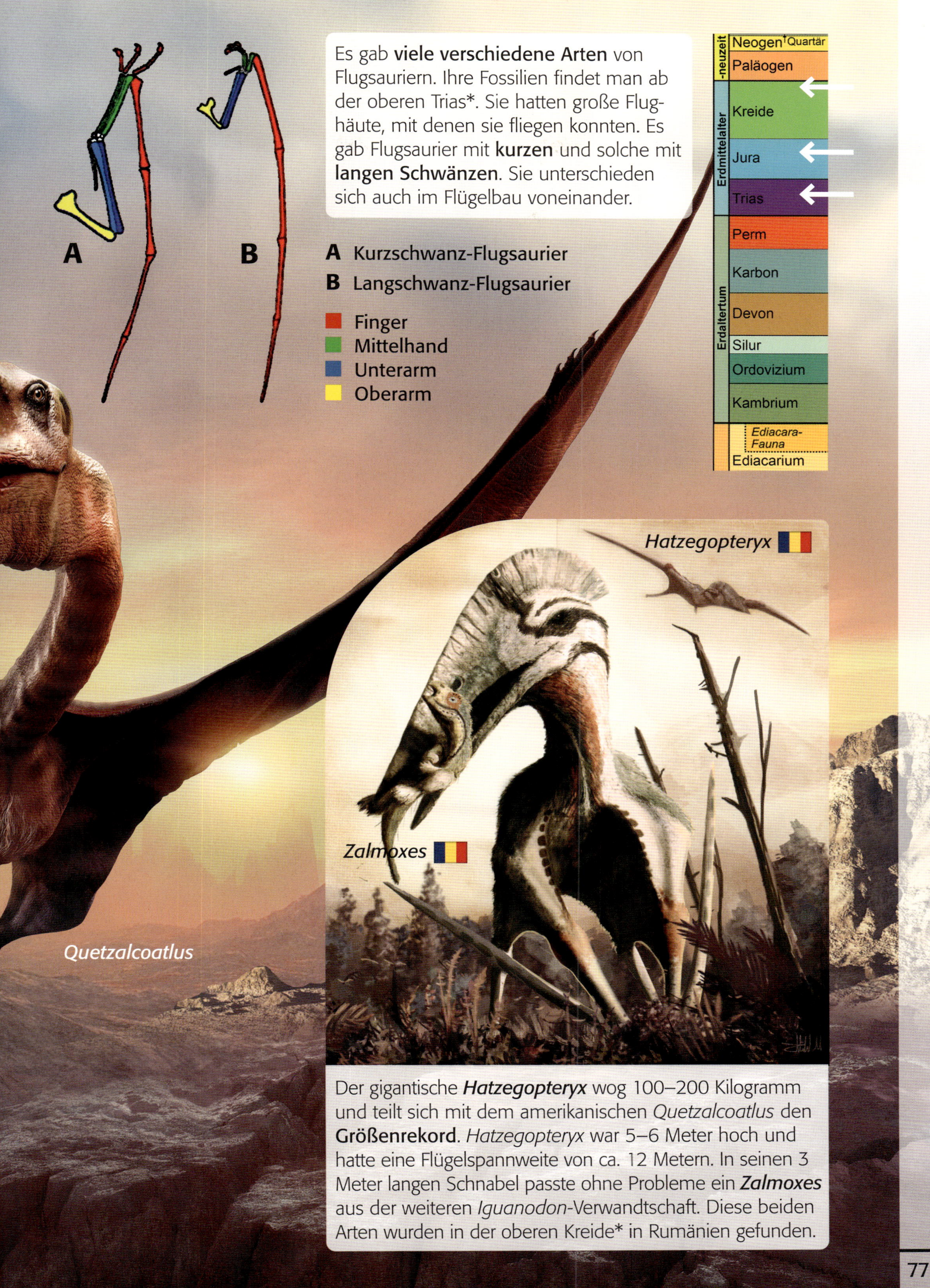

Es gab **viele verschiedene Arten** von Flugsauriern. Ihre Fossilien findet man ab der oberen Trias*. Sie hatten große Flughäute, mit denen sie fliegen konnten. Es gab Flugsaurier mit **kurzen** und solche mit **langen Schwänzen**. Sie unterschieden sich auch im Flügelbau voneinander.

Der gigantische ***Hatzegopteryx*** wog 100–200 Kilogramm und teilt sich mit dem amerikanischen *Quetzalcoatlus* den **Größenrekord**. *Hatzegopteryx* war 5–6 Meter hoch und hatte eine Flügelspannweite von ca. 12 Metern. In seinen 3 Meter langen Schnabel passte ohne Probleme ein ***Zalmoxes*** aus der weiteren *Iguanodon*-Verwandtschaft. Diese beiden Arten wurden in der oberen Kreide* in Rumänien gefunden.

Der „Urvogel“ *Archaeopteryx*

Auch die **Vögel** im biologischen Sinn sind **Meister der Lüfte**. In unterschiedlichen Farben, Formen und Größen vollbringen sie erstaunliche Flugleistungen: vom schwirrenden Kolibri über den wendigen Habicht bis hin zum majestätisch segelnden Seeadler, der kaum noch die Flügel bewegt.

Aus Jura* und Kreide* sind fossil zahlreiche **ausgestorbene Vögel** bekannt. Der ***Archaeopteryx*** ist der **berühmteste** und auch **einer der ältesten**. Er wurde im oberen Jura* im Solnhofener Plattenkalk in Deutschland entdeckt. Das Exemplar aus dem Museum für Naturkunde in **Berlin** gilt als eines der berühmtesten Fossilien weltweit.

Die Vögel aus Jura* und Kreide* besitzen viele für uns **seltsam wirkende Merkmale**, die heutige Vögel nicht haben. Der *Archaeopteryx* hat eine lange Schwanzwirbelsäule und Zähne – ähnlich wie Raptoren. Viele Knochen sind nicht so miteinander verschmolzen wie die der heutigen Vögel. Dazu zählen die Bauchrippen, Teile des Beckens sowie die Mittelhand- und Mittelfußknochen. Außerdem besitzt *Archaeopteryx* drei Fingerklauen. Allerdings haben auch Jungvögel des heutigen **Hoatzins** an den Flügeln **Klauen** zum Klettern.

Hoatzins gibt es heute nur noch in **Südamerika**. Fossilien dieser schlechten Flieger wurden aber auch in **Afrika** und **Frankreich** gefunden. Das kann man eigentlich nur so erklären, dass es sie schon gab, **bevor** die Kontinente in der Kreide* auseinander drifteten. Auch **Kolibris** und **Seriemas** gibt es fossil in Europa, obwohl sie heute nur in Amerika leben.

Trotz der Unterschiede zu heute lebenden Vögeln können wir den *Archaeopteryx* als **ausgestorbenen Vogel** einordnen, da seine Schlüsselbeine zum sogenannten Gabelbein verschmolzen sind. Zudem hat er eine (seitlich) rückwärts orientierte erste Zehe.

Besonders typisch sind aber die **asymmetrischen Schwungfedern**, die auch heutige Vögel zum Fliegen haben. Mittlerweile mehren sich die Hinweise, dass *Archaeopteryx* nicht nur gleiten, sondern auch **aktiv fliegen** konnte.

Prinzipiell kann man den *Archaeopteryx* auf zwei Arten **interpretieren**: Entweder ist er eine evolutionäre **Übergangsform** von Raptoren (kleinen Raubsauriern) zu Vögeln, oder er ist eine **Mosaik-Form** – wie z. B. das **Schnabeltier** (s. S. 107) –, bei der der **Schöpfer** ganz **verschiedene Merkmale** verwendet hat. Wichtig ist: Die Einteilung in „Vögel" und „Reptilien", zu denen auch Dinosaurier gehören, ist prinzipiell menschengemacht.

Jesus vergleicht sich mit einem Vogel, der schützend seine Flügel ausbreitet und die Küken dazu einlädt, bei ihm Schutz zu suchen. Aber er überlässt uns die Wahl:
„Jerusalem, Jerusalem, das du die Propheten tötest und die zu dir Gesandten steinigst! Wie oft habe ich deine Kinder um mich **sammeln wollen**, wie eine **Henne** ihre **Küken** unter ihre **Flügel** sammelt; doch ihr habt **nicht gewollt**."
Matthäus 23,37
(nach M)

Tatsächlich scheint es, dass Gott beim **Erschaffen** verschiedener Tiergruppen bei Vögeln zwar **meistens** – aber wohl nicht immer – **typische Vogelmerkmale** verwendet hat. Warum ausgerechnet solche raptorähnlichen Vögel wie der *Archaeopteryx* ausgestorben sind, oder warum alle heutigen Vögel keine Zähne mehr haben, sind für **Schöpfungswissenschaftler offene Fragen**. Für **Evolutionsbiologen** wiederum ist es ein **ungelöstes Problem**, warum die Vogelmerkmale bei Fossilien in den Gesteinsschichten nicht ansatzweise in der Reihenfolge auftreten, wie man sie aus Evolutionsperspektive erwarten würde.

Vögel: Ingenieurskunst bis ins Detail

Damit ein Vogel **fliegen** kann, muss sein Federkleid, aber auch sein ganzer Körper, bis in alle Feinheiten **speziell konstruiert** sein:

1. Baumaterial: **Flugfedern** sind trotz ihrer erstaunlichen **Leichtheit** zugleich auch sehr **robust**, **biegsam**, **drehbar** und **knickfest**. Sie kombinieren also sehr unterschiedliche Eigenschaften. Dafür ist zunächst geeignetes **Baumaterial** erforderlich. Bei Federn sind das vor allem lange Proteinfasern aus einem speziellen Eiweiß-Stoff namens Beta-Keratin.

2. Feinbau: Außerdem muss das Keratin in **Federschaft**, **Federästen und Federstrahlen** auf eine ganz bestimmte, passende Weise „verbaut" sein. Die Fasern stehen zum Teil **über Kreuz**. Einzelne Faserzüge zweigen in die Federäste ab, diese „wurzeln" also sozusagen im Schaft. Das trägt zu ihrer **Stabilität** und **Knickfestigkeit** bei.

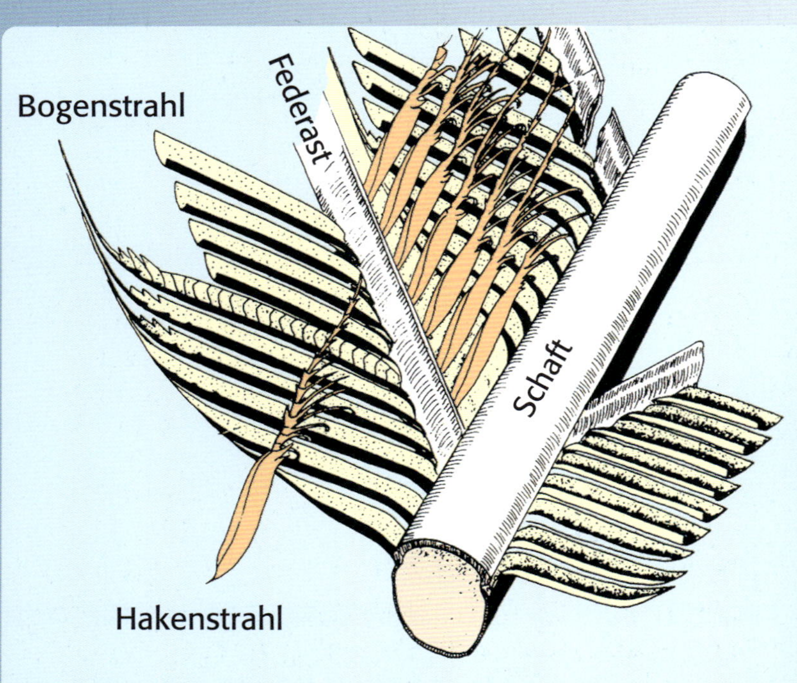

3. Reißverschluss-Verfahren: Auch die **Federstrahlen** sind ganz speziell gebaut: Sie gehen jeweils vom Federast nach beiden Seiten hin ab und haben sogenannte **Hakenstrahlen** mit winzigen Haken, die sich mit den Federstrahlen des benachbarten Astes wie bei einem **Reißverschluss** verhaken. Sie schließen dabei so dicht, dass die Federfahne **luftundurchlässig** ist. Bei zu starker Belastung kann der Reißverschluss dadurch kontrolliert aufreißen, ohne dass die Feder beschädigt wird.

Gott sagt über Israel nach dem Auszug aus Ägypten:
„Ihr habt erlebt, dass ich euch **wie auf Adlerflügeln** getragen und bis hierher zu mir gebracht habe."
2. Mose 19,4 (NEÜ)

4. Reparatur & Pflege: Ein Vogel kann die Feder mithilfe des Schnabels putzen und dabei wieder in Ordnung bringen. Dazu braucht er neben entsprechenden Verhaltensmustern auch Drüsensekrete zum **Einfetten** der Federn – vor allem bei schwimmenden Vögeln.
5. Genialer Schaft: Auch der **Schaft** hat es in sich: In seinem Inneren befindet sich ein **schaumartiges Netzwerk** von Fasern. Diese Fasern sind mit einem chemischen Stoff beschichtet, der Gase bindet. Das führt dazu, dass der Federschaft unter **schwachem Druck** steht. So kann er nicht so leicht geknickt werden und springt – wenn er verbogen wurde – wieder in die normale Form zurück.

Als größter deutscher Greifvogel hat der Seeadler eine Spannweite von fast 2,5 Metern. Aufgrund von Naturschutzbemühungen gibt es bei uns heute wieder ca. 1000 Brutpaare.

6. Verankerung: Es wird auch eine zweckmäßige Verankerung der Federn im Körper benötigt. Dabei dürfen sie nicht zu locker und nicht zu fest sitzen. Dafür sorgen Bindegewebe und Fettpolster.
7. Bewegung: Am eingesenkten Teil der Feder, der Federspule, setzt ein Muskelgeflecht an. Damit können die Federn koordiniert bewegt werden.
8. Versorgung: Damit diese Muskeln arbeiten können, sind wiederum Blutgefäße nötig.

9. Wahrnehmung: Außerdem registrieren **Sinneskörperchen** und spezielle Fadenfedern die Positionen der einzelnen Federn. Dazu sind sie mit Blutgefäßen sowie mit **Nervenbahnen** verbunden.
10. Steuerung: Die Informationen der Sinneskörperchen werden ans **Gehirn** gemeldet, damit von dort aus die Bewegungen der Muskeln und somit der Federn genau passend gesteuert werden können. Zum Flug müssen die Federn so ausgerichtet werden, dass insgesamt **tragfähige Flügelflächen** entstehen.
11. Federkleid: Damit ein Vogel fliegen kann, muss aus **unterschiedlich geformten Federn** ein passendes Federkleid ausgebildet sein. Dieses erfordert wiederum eine exakte Steuerung, bei der die einzelnen Teile des Federkleids und zahlreiche Muskelpartien zusammenwirken.
12. Leichtbau-Skelett: Das ganze Skelett muss **leicht**, sehr **robust** und relativ **starr** gebaut sein, dabei aber der kräftigen Flugmuskulatur passende Ansatzstellen bieten.

Vögel: Meisterwerke Gottes

Wie wir auf den vorherigen Seiten gesehen haben, sind Federn und vor allem der insgesamt flugtaugliche Körperbau eines Vogels äußerst komplexe Konstruktionen, die nur **im Zusammenspiel aller Teile** das Fliegen ermöglichen. Das allein ist schon erstaunlich genug. Aber alle diese Einzelelemente müssen bereits im Vogelei angelegt und ausgebildet werden. Die **Ausbildung der Federn** im Vogelei ist ein höchst anspruchsvoller Vorgang, den Wissenschaftler voller Begeisterung mit **einem äußerst komplexen Tanz** verglichen haben: Zunächst entsteht eine Aufwölbung der Haut. Deren Zentrum wird dann eingesenkt und später schräg gestellt. Anschließend bildet sich ein mehrschichtiger Zylinder. Dieser wird später hohl und schließlich in die Anlagen der zukünftigen Federäste und Federstrahlen zerteilt. Dabei müssen das Wachstum und die Modellierung so erfolgen, dass eine Hauptachse – also der zukünftige Schaft – und alle zukünftigen Elemente der Feder entstehen.

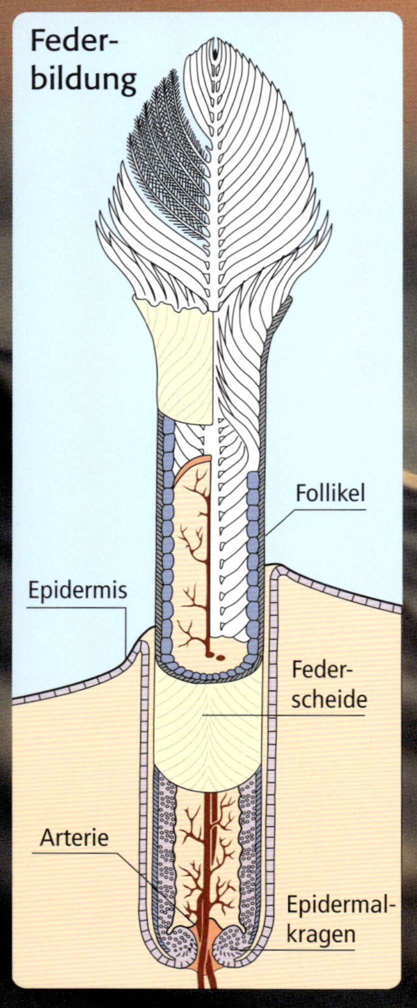

Die große Herausforderung beim Vogelflug ist, dass viele verschiedene Bestandteile **zusammenwirken** müssen. Nimmt man nur einen davon weg, ist Fliegen trotz Federn kaum noch denkbar. Ein so komplexes Gebilde, bei dem man nicht einfach Dinge wegnehmen kann, ohne dass die Funktion verloren geht, nennt man **„nichtreduzierbar komplex"**. Das Problem für die Evolution besteht nun darin, dass eben nicht nur kleine Erbgut-Änderungen – die zufällig entstehen können – vonnöten sind, damit flugfähige Vögel entstehen. Im Gegenteil: Es braucht ganz viele, extrem komplexe genetische Änderungen auf einmal, denn sonst fliegt der Vogel nicht und hat diesbezüglich auch keinen Überlebensvorteil! Verschiedene „Bauteile" müssen aus dem richtigen Material bestehen, **zur richtigen Zeit am richtigen Ort** sein und koordiniert zusammenwirken.

Wie ich es sehe: Vögel mit **Federn** weisen auf einen **genialen Schöpfer** hin! Denn **flugfähige Vögel** mit Federn können nicht einfach so **von allein** durch Evolution entstehen.

Gansus

Confuciusornis stammt aus der Unterkreide* in China. Sein Schnabel hatte keine Zähne. Außergewöhnlich für Vögel war sein diapsider Schädel mit 2 Schädellöchern (s. S. 14). Wie gut er fliegen konnte, wird heiß diskutiert.

Gott versorgte auch den *Archaeopteryx*: „Seht die Vögel des Himmels an: Sie säen nicht und ernten nicht, sie sammeln auch nicht in die Scheunen, und euer **himmlischer Vater ernährt sie** doch. Seid ihr nicht viel mehr wert als sie?"
Matthäus 6,26 (SLT)

Gänse aus den Gesteinsschichten der Kreide*? Seit mehr als 25 Jahren diskutieren Evolutionsbiologen, ob man **heutige Vogelgruppen** wie z. B. **Gänsevögel**, **Hühnervögel** und **Papageien** fossil in der Kreide* entdeckt hat. Einzelne Knochenfunde sehen zwar so aus, werden aber nicht von allen Evolutionsbiologen so eingeordnet. Allgemein anerkannt sind unter der großen Vielzahl an kürzlich entdeckten Vögeln aus der Kreide* jedoch Funde wie z. B. ***Gansus***: Dieser Wasservogel aus der unteren Kreide* war heutigen Vögeln im Körperbau ziemlich ähnlich. In gewissen Merkmalen **ähnelt** er besonders den **Eistauchern**. Übrigens gab es in der Kreide* auch Vögel mit **Zähnen**, mit **Schnabel** oder sogar mit **beidem**.

Diese **Frage bleibt** sowohl für Schöpfungswissenschaftler als auch für Evolutionsbiologen **offen**: Warum überlebten bis heute nur **Vögel ohne Zähne**? „Wir wissen nicht genau, warum."[1]

[1] Stephen Brusatte (2018, S. 225f).

Das sind aber viele Hörner …

Der Name **Ceratopsier** heißt wörtlich übersetzt **„Horngesichter"** – vereinfacht kann man sie auch **„Hornsaurier"** nennen. Ihr typisches Merkmal sind die großen Hörner. Kleinere Ceratopsier waren nur 1–2 Meter lang und wogen nur einige Kilogramm. Die großen erreichten ca. 8–9 Meter Länge und ein Gewicht von bis zu 9 Tonnen.

Der Begriff „Horn" bedeutet in der Bibel so viel wie „Macht". Dies passt gut zu heutigen Büffeln – und auch zu ausgestorbenen Hornsauriern: „Der HERR ist mein Fels und meine Burg und mein Retter; mein **Gott**, **mein Schutz**, zu ihm werde ich Zuflucht nehmen, mein Schild und das **Horn meines Heils**, meine hohe Festung." Psalm 18,3 (ÜE)

Psittacosaurus

Styracosaurus („Stachelechse") war ein mittelgroßer Horndinosaurier (Ceratopsier) von ca. 5 Metern Länge und 3 Tonnen Gewicht. Er wurde in der oberen Kreide* in Nordamerika gefunden. Er hatte ein zentrales „Nasenhorn" und eine Reihe weiterer **Knochenspitzen**, die aus der knochigen Halskrause herauswuchsen. Die vier längsten dieser Kragenstacheln sowie das imposante „Nasenhorn" waren so lang wie ein menschlicher Arm. *Styracosaurus* konnte sich damit wahrscheinlich gut verteidigen. Die gewaltigen Hörner könnten auch dazu gedient haben, Fortpflanzungspartner anzulocken oder Rivalen abzuschrecken – so wie beim Geweih heutiger Hirsche.

Styracosaurus

Ein kleiner Hornsaurier ist ***Psittacosaurus*** („Papageiensaurier"). In einem Gelege der kleinen Ceratopsier konnten bis zu 35 Eier sein. ***Psittacosaurus*** hatte zwar keine Hörner, aber wie alle Ceratopsier einen spitzen, papageienförmigen Schnabel. Man hat sogar Reste ihrer **Hautbedeckung** in Fossilien entdeckt: Es gab unregelmäßig angeordnete große und viele kleine Schuppen. An der Oberseite des Schwanzes von *Psittacosaurus* befanden sich viele hohle, borstenartige Gebilde, die ihm sein einzigartiges Aussehen verliehen. Sie spielten vielleicht eine Rolle bei der Temperaturregulation oder der Kommunikation. Farbstoff-Rückstände weisen auf eine **dunkle Oberseite** und eine **helle Bauchseite** hin, wie dies heute bei Waldtieren typisch ist.

Dino mit „Anhängerkupplung"

Torosaurus war ebenfalls ein Ceratopsier. Er besaß einen besonders großen Schädel, der inklusive **Nackenschild** über 2,5 Meter lang war!

Aquilops ist sowohl der älteste als auch der kleinste gefundene **Hornsaurier**, auch wenn bei ihm in Bezug auf Hörner nicht viel los war. Er wog nur so viel wie ein Kaninchen – das sind **nur 0,2 Prozent des Gewichts von *Triceratops***. Auch bei heutigen Hunden gibt es einen **gewaltigen Größenunterschied**, obwohl sie alle gemeinsam mit den Wölfen und anderen wilden Hunden zur selben erschaffenen Art gehören: Die kleinsten Hunde (z. B. Chihuahuas) wiegen weniger als 0,5 Prozent des Gewichts der größten Hunde (z. B. Doggen). Die Zucht durch Menschen hat hier das bereits vorhandene genetische Potenzial freigesetzt.

Der **Condylus occipitalis** ist ein Gelenk, das den Verbindungspunkt zwischen Schädel und Wirbelsäule bildet. Beim *Triceratops*, der einen gewaltigen Schädel von etwa einer Tonne Gewicht trug, war dieser Condylus occipitalis fast perfekt rund geformt. Er war also genauso genial designt wie eine von Menschen gemachte **Anhängerkupplung**, mit der ein Anhänger am Auto befestigt wird. So ermöglichte er eine gute Beweglichkeit und Stabilität des riesigen Schädels.

Condylus occipitalis eines *Triceratops* an der Schädel-Hinterseite

Der starre „Nacken" ist in der Bibel oft ein Bild für Ungehorsam. Daher hat Gott sein Volk oft vorher schon gewarnt, was die Folgen von Ungehorsam sein würden: „Weil ich wusste, dass du **starrsinnig** bist, dein **Nacken** wie aus **Eisen** ist und deine Stirn wie aus Erz, so habe ich dir **alles vorher schon gesagt**."
Jesaja 48,4-5a (NEÜ)

Triceratops („Drei-Horn-Gesicht") wurde ca. 9 Meter lang und hatte **drei Hörner**. Seine Fossilien wurden in der obersten Kreide* in Nordamerika gefunden. Möglicherweise setzte *Triceratops* seine **Hörner** zur Verteidigung ein. Aber auch die Verwendung von Hörnern und Nackenschild im Kampf gegen Artgenossen ist denkbar. Dinosaurierforscher **streiten** sich darüber, ob *Torosaurus* vielleicht ein ausgewachsener *Triceratops* gewesen sein könnte.

Triceratops
(verkleinert)

Überblick dank langem Hals

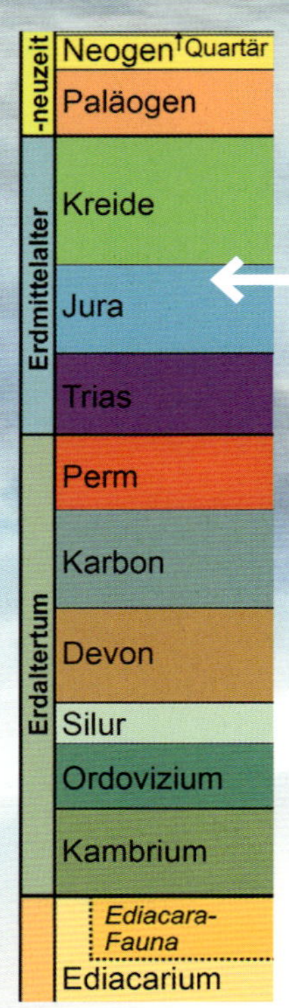

Der Name ***Apatosaurus*** bedeutet in etwa „trügerische Echse". Er bekam diesen seltsamen Namen, weil die ersten Knochen, die man von ihm ausgebuddelt hatte, auf den ersten Blick wie die eines Meeressauriers und nicht wie die eines Dinosauriers aussahen. *Apatosaurus* wurde im oberen Jura* in Nordamerika gefunden. Er gehört zur Gruppe der **Sauropoden**, die häufig auch **Langhälse** genannt werden. *Apatosaurus* war ca. 21–26 Meter lang und mindestens 20 Tonnen schwer. Mit einem so langen Hals verliert man nie den Überblick, aber es ist sicher auch anstrengend, ihn ständig auf und ab zu bewegen …

Stell dir vor, du müsstest einen Langhals-Saurier mit einem bis zu 14 Meter langen Hals **konstruieren** – wie ihn der *Mamenchisaurus* hatte. Das ist 6-mal so lang wie der Hals einer Giraffe!
Welches Material würdest du für einen so langen Hals verwenden, damit er stabil bleibt?

Mamenchisaurus

Das Baumaterial für einen bis zu **14 Meter langen Hals** wie bei *Mamenchisaurus* muss stabil und doch leicht sein, damit es nicht zu viel Energie verbraucht, den Hals hochzuheben. Tatsächlich waren viele Wirbel der Sauropoden in Form und Aufbau genial konstruiert. In **Hohlräumen** enthielten sie ca. 50 bis 60 % Luftanteil. Das reduzierte das Gesamtgewicht des langen Halses um bis zu 10 % – also um mehrere Tonnen. Ein Forscher schrieb ganz begeistert über Sauropoden: „Sie waren **Wunder der biologischen Ingenieurskunst**, und diese **Effizienz des Designs** zeigt sich besonders deutlich an ihren Wirbeln, den Knochen, aus denen die Wirbelsäule besteht."[1]

1 Matthew Wedel (2017, 2)

Gott braucht keinen langen Hals, um den Überblick zu behalten: „Der HERR hat vom Himmel **herniedergeschaut** auf die Menschenkinder, um zu **sehen**, ob ein Verständiger da sei, einer, der Gott suche."
Psalm 14,2 (SLT)

Wie alle Langhälse war *Apatosaurus* ein **riesiger Pflanzenfresser** mit vier kräftigen Beinen, einem superlangen Hals und einem ebenso langen Schwanz. Er war insgesamt ungefähr so lang wie ein Schwimmbadbecken.

Apatosaurus

Langhälse sind definitiv die **größten Landtiere**, die wir bisher gefunden haben. Um ein so gewaltiges Tier wie *Apatosaurus* zu versorgen, war eine Menge Futter nötig. Forscher gehen davon aus, dass Langhälse den ganzen Tag nichts anderes gemacht haben, als zu fressen. Im Fall von *Apatosaurus* bestand die Pflanzennahrung vermutlich aus Gräsern, Farnen, Schachtelhalmen und Algen aus flachen Gewässern. Im Gegensatz zu den Sauropoden mit längeren Hälsen, wie *Brachiosaurus*, waren *Apatosaurus* und seine Verwandten nämlich wahrscheinlich eher auf Bodenpflanzen als auf Baumwipfel spezialisiert.

Geniales Sauropoden-Design

Zu den **genial geschaffenen Merkmalen** der **Sauropoden** zählen:[1]

Gewichtsverteilung: Sauropoden verfügten über ein geniales System von **Luftsäcken**, die Hals und Körper leichter machten. Die Luftsäcke füllten große Bereiche des Körpers aus und waren teilweise mit der Lunge verbunden. So ähnlich ist das auch bei heutigen Vögeln. Da die Sauropoden teilweise mehr als zehn Afrikanische Elefanten wogen, brauchten sie **vier starke Beine**, auf die das Gewicht wie auf Säulen verteilt werden konnte. Dabei ruhte das meiste Gewicht wohl auf den Hinterbeinen. Wissenschaftler vermuten, dass die Gelenke von dicken Knorpelkappen geschützt werden mussten. Wahrscheinlich brauchten die Sauropoden auch **Fersenpolster** mit Fetteinlagerungen wie heutige Elefanten, um das Gewicht beim Auftreten gut zu verteilen. Die schwergewichtigen großen Sauropoden hatten im Vergleich zu kleineren Sauropoden mehr Kreuzbeinwirbel. Außerdem hatten ihre Wirbelbögen verlängerte Stiele. Beides diente zur besseren **Gewichtsverteilung**.

Mamenchisaurus-Skelett im Chicago Field Museum

Klimaanlage: Die **Luftsäcke** der Sauropoden dienten wahrscheinlich nicht nur zur Gewichtsreduzierung, sondern sie ermöglichten wohl auch ein **vogelähnliches Atmungssystem**. Vor allem bei großen Sauropoden reichten die riesigen und weitverzweigten Luftsäcke manchmal sogar bis in die Schwanzwirbel und sorgten für ausreichend Sauerstoffzufuhr. Außerdem war das Atmen auf diese Weise nicht so anstrengend. Zudem bewahrte das Luftsack-System die Sauropoden wohl vor dem Überhitzen, da sie **wahrscheinlich gleichwarme** (endotherme) Tiere waren. Große gleichwarme Tiere erzeugen nämlich viel Körperwärme, die irgendwie abgegeben werden muss – Afrikanische Elefanten z. B. sorgen durch das Bewegen ihrer großen, gut durchbluteten Ohren für Abkühlung. Die langen Hälse und großen Luftsäcke könnten bei den Sauropoden wie eine eingebaute Klimaanlage gewirkt haben, sodass **überschüssige Körperwärme** ausgeatmet wurde.

[1] Die folgenden 4 Seiten basieren auf Anna Manz (2022).

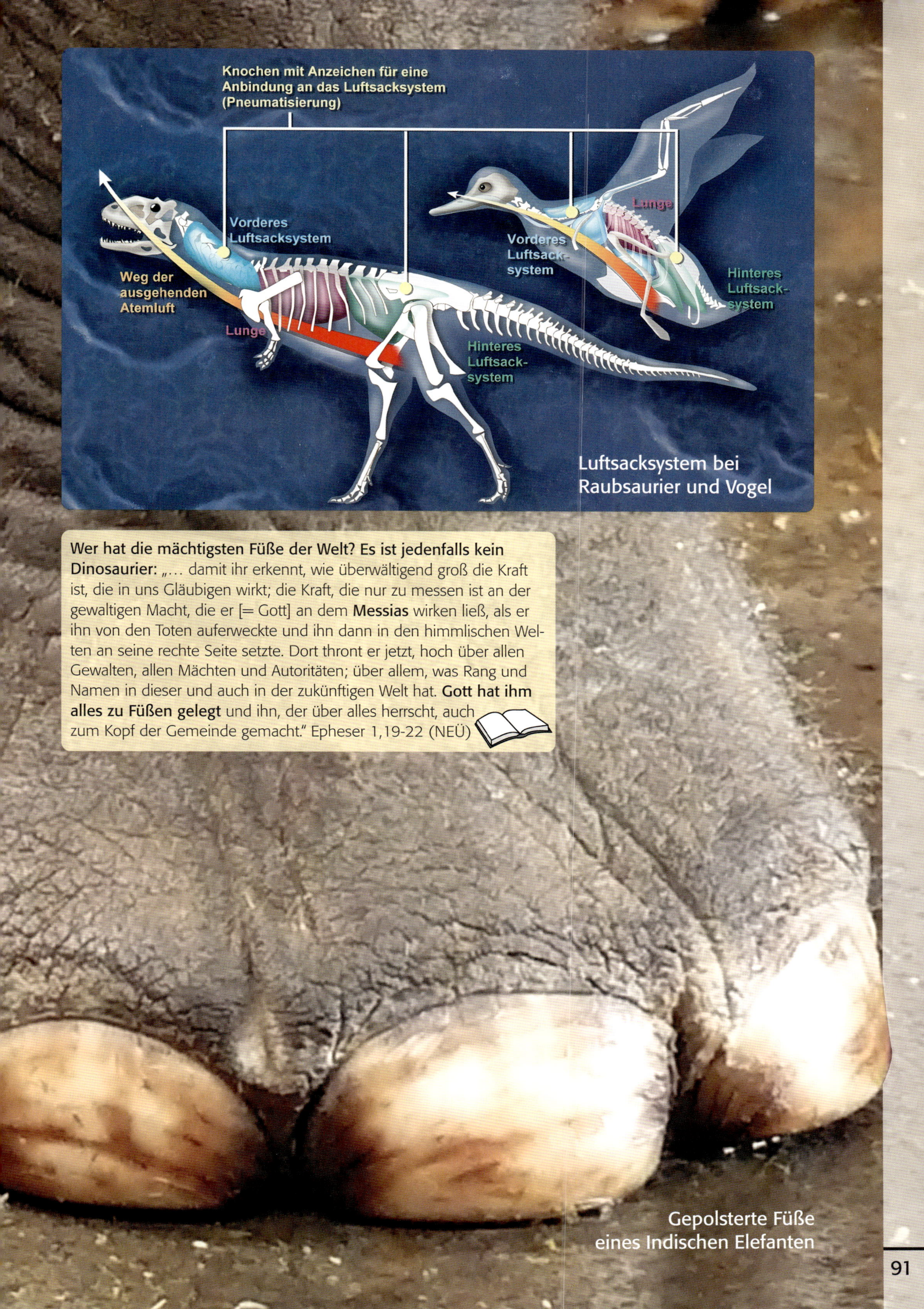

Luftsacksystem bei Raubsaurier und Vogel

Wer hat die mächtigsten Füße der Welt? Es ist jedenfalls kein Dinosaurier: „… damit ihr erkennt, wie überwältigend groß die Kraft ist, die in uns Gläubigen wirkt; die Kraft, die nur zu messen ist an der gewaltigen Macht, die er [= Gott] an dem **Messias** wirken ließ, als er ihn von den Toten auferweckte und ihn dann in den himmlischen Welten an seine rechte Seite setzte. Dort thront er jetzt, hoch über allen Gewalten, allen Mächten und Autoritäten; über allem, was Rang und Namen in dieser und auch in der zukünftigen Welt hat. **Gott hat ihm alles zu Füßen gelegt** und ihn, der über alles herrscht, auch zum Kopf der Gemeinde gemacht." Epheser 1,19-22 (NEÜ)

Gepolsterte Füße eines Indischen Elefanten

Sauropoden: Viel Luft und nix dahinter?

Starke Pumpe: Aufgrund der langen Hälse der Sauropoden stellt sich die Frage, wie das **Blut senkrecht** bis zu 14 Meter hoch **ins Gehirn gepumpt** werden konnte. Dazu gibt es verschiedene Ideen. Hatten Langhals-Saurier besonders große Herzen, oder waren gar mehrere Herzen über den Hals verteilt? Experimente mit Schläuchen weisen jedoch darauf hin, dass das zurückfließende Blut in der Vene gleichzeitig den Blutfluss nach oben in der Arterie unterstützt haben könnte. Arterie und Vene beeinflussten sich dann gegenseitig. Durch diesen Ausgleich stellt die Schwerkraft kein Problem mehr dar. Das nennt man **„Siphon-Hypothese"**. Berechnungen zeigen, dass Sauropoden unter diesen Voraussetzungen einen ähnlichen Blutdruck wie heutige Giraffen gehabt haben könnten.

Vorteilhafte Vermehrung: Interessant ist auch, dass Sauropoden besonders unter wechselnden Umweltbedingungen einen Vorteil bei der Vermehrung hatten, weil sie – wie die meisten Reptilien – **viele Eier legten**. Auch ohne aufwendige elterliche Fürsorge überlebten einige der geschlüpften Jungtiere, außer wenn die Bedingungen sehr schlecht waren. Bei Säugetieren stellt die Schwangerschaft eine Einschränkung für das Weibchen dar. Auch die elterliche **Brutpflege** bedeutet für die meisten Säugetiere und Vögel einen hohen Energieaufwand. Diese Energie fehlt den Tieren, wenn die Lebensbedingungen wechselhaft und schlecht sind, sodass zu wenige Nachkommen überleben.

Geniales Design: „HERR, welche **Vielfalt** hast du geschaffen! In deiner **Weisheit** hast du sie alle **gemacht**. Die Erde ist voll von deinen Geschöpfen." Psalm 104,24 (NLB)

Brachiosaurus-Skelett außerhalb des Chicago Field Museums

Steuerung: Früher dachte man, dass Sauropoden ein zweites Gehirn gehabt hätten, aber das stellte sich als Fehldeutung heraus. Stattdessen hatten sie wahrscheinlich **sehr lange Nervenzellfortsätze**. Das gibt es auch bei heutigen Blauwalen, wobei Nervenzellen bis zu 30 Meter lang sein könnten.

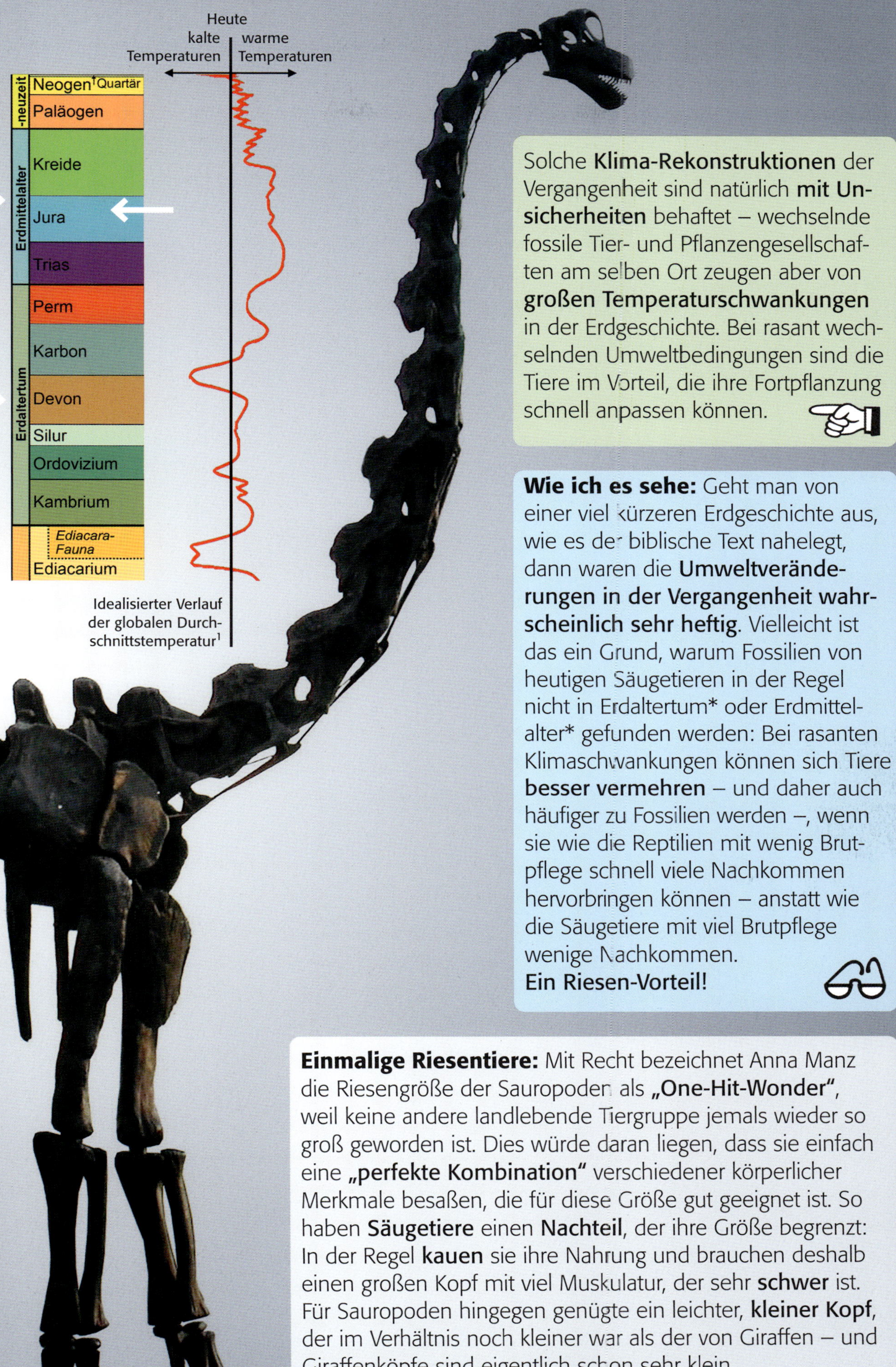

Solche **Klima-Rekonstruktionen** der Vergangenheit sind natürlich **mit Unsicherheiten** behaftet – wechselnde fossile Tier- und Pflanzengesellschaften am selben Ort zeugen aber von **großen Temperaturschwankungen** in der Erdgeschichte. Bei rasant wechselnden Umweltbedingungen sind die Tiere im Vorteil, die ihre Fortpflanzung schnell anpassen können.

Wie ich es sehe: Geht man von einer viel kürzeren Erdgeschichte aus, wie es der biblische Text nahelegt, dann waren die **Umweltveränderungen in der Vergangenheit wahrscheinlich sehr heftig**. Vielleicht ist das ein Grund, warum Fossilien von heutigen Säugetieren in der Regel nicht in Erdaltertum* oder Erdmittelalter* gefunden werden: Bei rasanten Klimaschwankungen können sich Tiere **besser vermehren** – und daher auch häufiger zu Fossilien werden –, wenn sie wie die Reptilien mit wenig Brutpflege schnell viele Nachkommen hervorbringen können – anstatt wie die Säugetiere mit viel Brutpflege wenige Nachkommen.
Ein Riesen-Vorteil!

Einmalige Riesentiere: Mit Recht bezeichnet Anna Manz die Riesengröße der Sauropoden als **„One-Hit-Wonder"**, weil keine andere landlebende Tiergruppe jemals wieder so groß geworden ist. Dies würde daran liegen, dass sie einfach eine **„perfekte Kombination"** verschiedener körperlicher Merkmale besaßen, die für diese Größe gut geeignet ist. So haben **Säugetiere** einen **Nachteil**, der ihre Größe begrenzt: In der Regel **kauen** sie ihre Nahrung und brauchen deshalb einen großen Kopf mit viel Muskulatur, der sehr **schwer** ist. Für Sauropoden hingegen genügte ein leichter, **kleiner Kopf**, der im Verhältnis noch kleiner war als der von Giraffen – und Giraffenköpfe sind eigentlich schon sehr klein.

[1] Grafik nach Barry Saltzmann (2002, Fig. 1-3).

Lebende Fossilien unter der Sauriernahrung

Die **pflanzenfressenden** Dinosaurier wie Langhälse ernährten sich logischerweise von Pflanzen. Auch einige Verwandte der heute lebenden Krokodile waren Vegetarier. Aber wusstest du, dass auf ihrem Speiseplan auch **Pflanzen** standen, die wir **heute noch kennen**?

Zwar zeugen die Erdschichten davon, dass weltweit früher andere Pflanzen als heute vorherrschten. Viele von ihnen sind ausgestorben. Allerdings gibt es auch heute noch Pflanzen, die fossil mindestens seit dem **Erdmittelalter*** bekannt sind. Sie haben sich wenigstens **auf Familienebene im Aussehen kaum verändert** und sind somit **„lebende Fossilien"**. Familien entsprechen nach bisheriger Forschung am ehesten dem, was der Schöpfungsbericht mit den geschaffenen „Arten" meint. Die Beispiele auf dieser Seite zeigen, dass sich viele Pflanzen (im weiteren Sinn) über geologische Zeiträume **kaum verändert** haben.

Die heutige **Grünalgen-Familie** Codiaceae ist mit *Protocodium* bereits aus dem Ediacarium* bekannt – und ähnelt der heutigen Grünalge *Codium* bis in viele mikroskopische Details. Aus der Sicht von Evolutionsbiologen hätte sich diese Alge in angeblich 540 Mio. Jahren Evolutionsgeschichte also nicht wesentlich verändert!

Oben: *Protocodium* aus dem Ediacarium*
Unten: *Codium* von heute

Der mächtigste Baum der Welt: Der Riesenmammutbaum *General Sherman*

Die **Zypressengewächse** (Cupressaceae) und auch die **Mammutbäume** (Sequoioideae) sind seit dem unteren Jura* fossil bekannt. Dazu gehören die Riesenmammutbäume *(Sequoia)* mit bis zu ca. 90 Metern Höhe, 13 Metern Durchmesser, 1500 Kubikmetern Holz und einer Lebensdauer von 3300 Jahren. Diese Gattung wurde z. B. im mittleren Jura* in China gefunden – dort gibt es auch heute noch ein Restvorkommen der Urweltmammutbäume.

Farngewächse sind fossil seit dem oberen Devon* nachgewiesen. Die **Königsfarngewächse** (Osmundaceae) sind seit dem oberen Perm* belegt – und zwar in Form der heutigen Unterfamilie Osmundoideae. Die heutige Gattung ***Claytosmunda*** ist seit der mittleren Trias* als Fossil bekannt und hat sich seitdem kaum verändert. Sogar die **heutige Form des Zellbaus** der Königsfarne ist seit dem unteren Jura* nachgewiesen.

Die heutige Farngattung *Claytosmunda*

Herbstblätter von *Ginkgo biloba* und ein Fossil aus dem mittleren Paläogen*

Die Familie der **Ginkgos** (Ginkgoaceae) ist aus dem unteren Perm* bekannt, ginkgoähnliche Blätter sogar aus dem Karbon*. Sie tauchen völlig ohne evolutionäre Vorläufer auf – so, als wären sie einfach erschaffen worden. Aus der mittleren Trias* in Frankreich ist sogar ein Fossil bekannt, das mit dem heutigen ***Ginkgo biloba*** „quasi identisch" ist.[1]

„Es gibt **weder** direkte **fossile Belege noch** einen **Konsens** über **den Ursprung der Ginkgoales** [= „Ginkgo-Verwandte"] und ihre stammesgeschichtlichen Beziehungen zu anderen Samenpflanzen."[2]

[1] Bauer und Kollegen (2013). [2] Zhi-Yan Zhou (2009).

Viele Fische sind „lebende Fossilien“ aus dem Erdmittelalter

Auch unter den Fischen gibt es viele **lebende Fossilien**, die in denselben Schichten wie Dinosaurier als Fossilien überliefert worden sind.

Die Gattung der heutigen **Hechte** tritt fossil zum ersten Mal im unteren Paläogen* auf – kurz nach dem Aussterben der Dinosaurier. Die Familie der **Flösselhechte** und die heutige Stör-Gattung ***Acipenser*** sind aber in gleich alten geologischen Schichten gefunden worden wie die Dinosaurier der oberen Kreide*. Aus der unteren Kreide* ist die Familie der **Katzenhaie** fossil bekannt, die auch heute noch durch die Ostsee schwimmen.

Doch selbst im unteren Jura* wurden noch Vertreter heutiger Fisch-Familien gefunden. Dazu gehören die **Pflugnasenchimären** – seltsame Knorpelfische – und die **Australischen Lungenfische**. Selbst die Gattung der heutigen **Sechskiemerhaie** ist fossil aus dem unteren Jura* bekannt. Damit hätten sie sich nach evolutionären Vorstellungen in über 200 Mio. Jahren nicht wesentlich verändert.

Pflugnasenchimäre

Australischer Lungenfisch

Sechskiemerhai

Hecht

Kahlhechte sind als Familie, je nach Zuordnung, fossil aus dem oberen Jura* oder sogar der oberen Trias* bekannt.

Kahlhecht aus dem oberen Jura*

Kahlhecht heute

Die heutige Familie der **Quastenflosser** ist fossil aus der mittleren Trias* bekannt und gilt damit sogar als etwas älter als die Dinosaurier. Auf der Ebene der Tierklasse sind Quastenflosser schon **seit dem mittleren Devon*** bekannt.

Der Quastenflosser *Holophagus penicillatus* aus dem oberen Jura* von Painten in Bayern

Tatsächlich ist die **Mehrheit** der heutigen **Knorpelfisch-Familien**, zu denen Haie, Rochen und Chimären gehören, **fossil aus dem Erdmittelalter*** bekannt. Knorpelfische zählen also mehrheitlich zu den „lebenden Fossilien" aus der Dinosaurier-Zeit. Bei den **Knochenfischen** gilt dies immerhin für die **Mehrheit der Ordnungen**. Dies spricht für Anpassung im Rahmen von Mikro-Evolution statt für Makro-Evolution im Sinne Darwins (s. S. 122).

Schildkröten: Gemächliche Reptilien

Auch **Schildkröten** sind lebende Fossilien. Schildkröten mit ihrem typischen Panzer sind fossil mit ***Proganochelys*** mindestens seit der **oberen Trias*** bekannt – also fast so lange wie Dinosaurier. Seither hat sich der **grundsätzliche Bauplan** der Schildkröten **kaum verändert**. Übrigens wurde *Proganochelys* zusammen mit Plateosauriern in der oberen Trias* in Halberstadt (Deutschland) gefunden. Wissenschaftler sind sich aber oft nicht einig, wie sie fossile Schildkröten aus dem Erdmittelalter einordnen sollen.

Proganochelys

Einige Wissenschaftler meinen, dass **Alligatorschildkröten**, **Weichschildkröten** und Papua-Weichschildkröten mindestens **seit der Kreide*** fossil nachgewiesen sind. Sie sind also **lebende Fossilien**. Ähnliches gilt auch für Schildkröten-Überfamilien: Testudinoidea (Sumpfschildkröten, Landschildkröten und Großkopfschildkröte), Chelonioidea (Meeresschildkröten und Lederschildkröte) und Kinosternoidea (Schlammschildkröten und Tabascoschildkröte).

Die Geierschildkröte gehört zu den Alligatorschildkröten, die seit der Kreide* fossil bekannt sind.

Es kann schnell passieren, dass wir durchs Leben hetzen und auf unsere eigenen Werke schauen statt auf Jesu Gnade – denn bei Jesus können wir zur Ruhe kommen: „Kommt her zu mir, alle ihr **Mühseligen** und **Beladenen**, und ich werde euch **Ruhe** geben." Matthäus 11,28 (ÜE)

Auf dem Hintergrundbild siehst du die **gigantische** Halswenderschildkröte ***Carbonemys***, die in Kolumbien im unteren Paläogen* gefunden worden ist – also nur wenig oberhalb der ausgestorbenen Dinosaurier. Der Rückenpanzer war ungefähr so lang wie ein erwachsener Mensch: über 170 Zentimeter.

Carbonemys

Äußerlich ähneln Weichschildkröten, wie hier die Indische Weichschildkröte, der fossilen Weichschildkröte *Hutchemys* aus der oberen Kreide*.

Ein urtümliches Reptil: Die Brückenechse

Diese lebenden Fossilien sehen ziemlich drachenartig aus: die heutigen **Brückenechsen**, die ausschließlich in Neuseeland vorkommen. Sie wiegen ca. 1 Kilogramm und werden 75 Zentimeter lang. Brückenechsen gelten als urtümliche Reptilien und als **die letzten Überlebenden** einer Gruppe, die im **Erdmittelalter*** sehr weit verbreitet war. Ihre Ordnung der **Sphenodontia** („Keilzahnige") ist fossil schon seit der Trias* bekannt. Aus evolutionärer Sicht starb sie aber vor über 60 Mio. Jahren bis auf die Brückenechse aus. Evolutionsbiologen wundern sich, dass von den Keilzahnigen ausgerechnet die ältesten fossilen Funde zu den „modernen" Formen gehören.[1] Die allerältesten Fossilfunde dieser Gruppe stammen übrigens aus der mittleren Trias* in Deutschland (Vellberg).

Die **Sphenodontia** gehören zusammen mit den anderen ca. 9000 Arten von **Schuppenkriechtieren** (z. B. Schlangen und „Echsen") zu den **Schuppenechsen**. Im Gegensatz zu den Schuppenkriechtieren haben Brückenechsen zwei vollausgebildete Schläfenbögen – sie besitzen also eine zusätzliche **„Brücke"** über ein Loch im Schädel.

Vereinfachte Systematik der Reptilien:

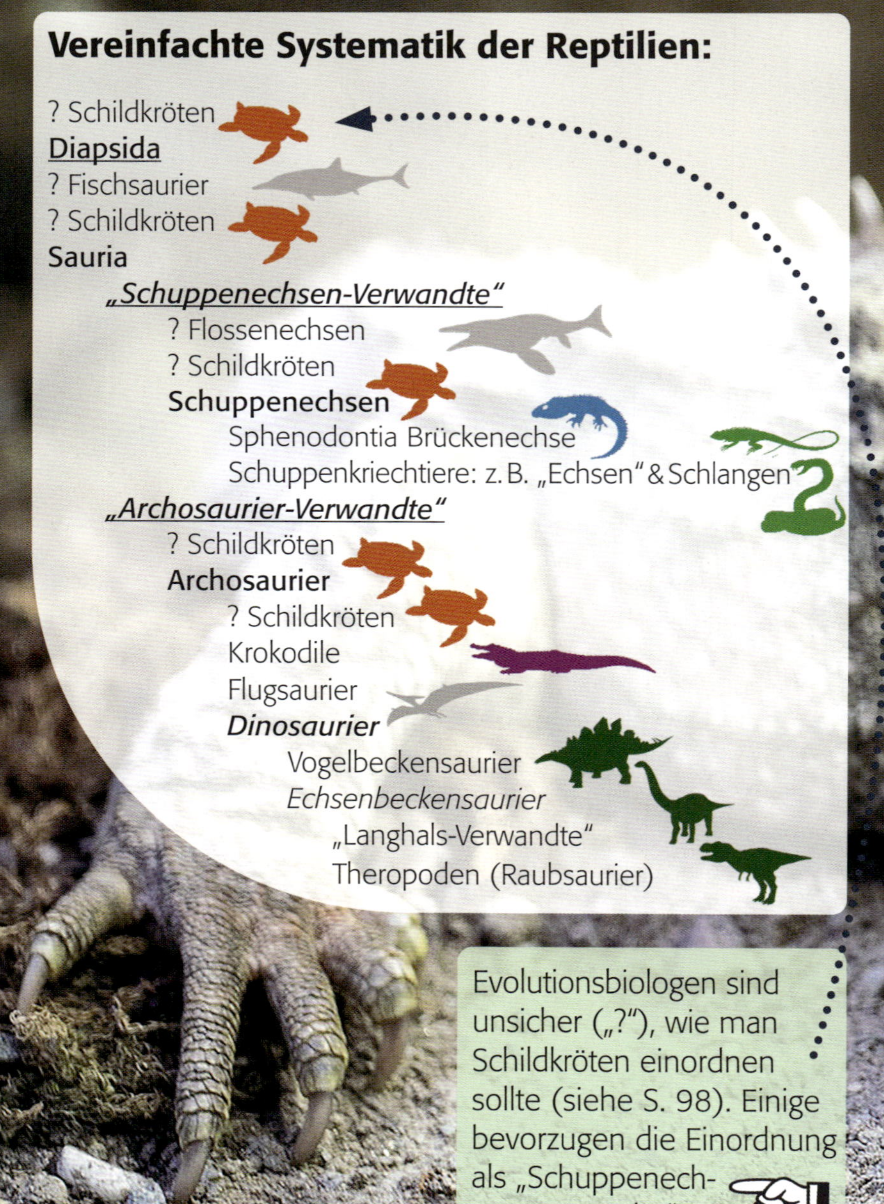

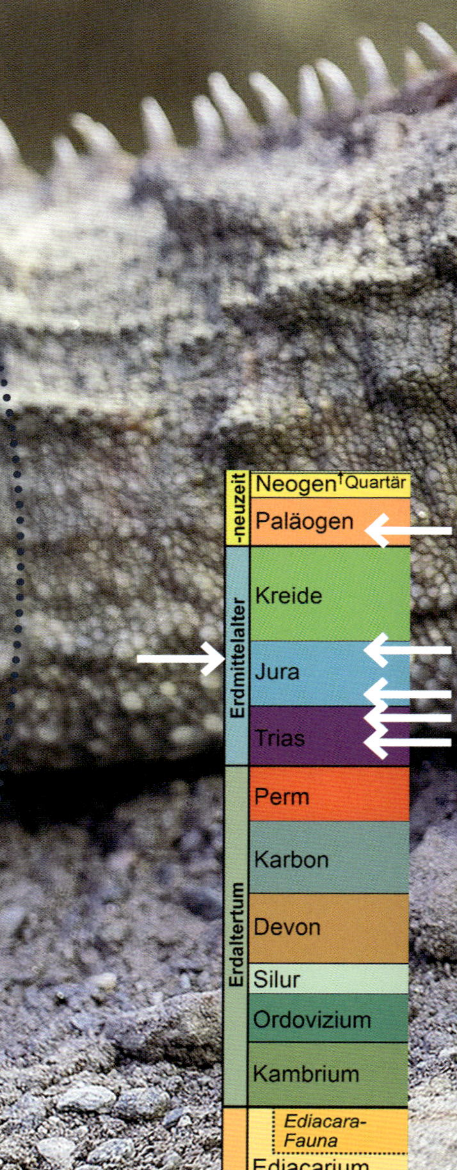

[1] Jones und Kollegen (2013). – [2] Becker und Kollegen (2010).

Die **Brückenechsen haben zwar das Aussterben der Dinosaurier überlebt, aber ewig leben kann man nur, wenn man Jesu Worten vertraut:** „Wer mein [= Jesu] **Wort hört** und **glaubt** dem, der mich gesandt hat [= Gott], der **hat das ewige Leben** und kommt nicht in das Gericht, sondern er ist **vom Tode zum Leben** hinübergegangen." Johannes 5,24 (nach L12)

Sphenofontis aus dem oberen Jura* in Deutschland (Brunn)

Sogar die **heutige Familie der Brückenechsen** ist fossil seit dem Erdmittelalter* bekannt. Zu dieser Familie gehört *Sphenotitan* aus der oberen Trias* in Argentinien. Zur selben **Unterfamilie** wie die heutige Brückenechse gehören *Navajosphenodon* aus dem unteren Jura* in den USA und auch ***Sphenofontis*** aus dem oberen Jura* in Deutschland.

Schnabeltiere als Nachbarn der Saurier

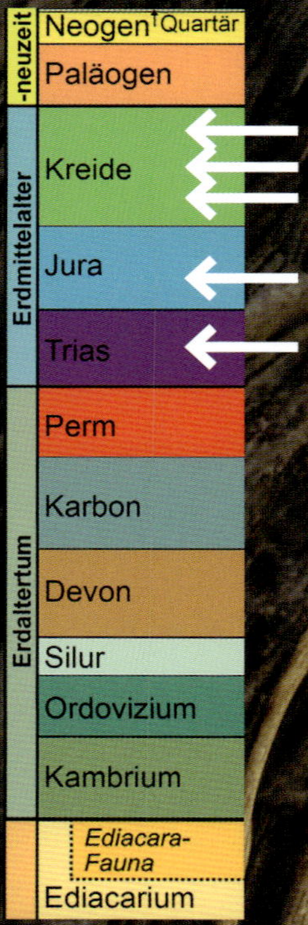

Erdneuzeit: Quartär, Neogen, Paläogen
Erdmittelalter: Kreide, Jura, Trias
Erdaltertum: Perm, Karbon, Devon, Silur, Ordovizium, Kambrium
Ediacara-Fauna, Ediacarium

Wie der Name schon sagt, erkennt man **Säugetiere** daran, dass sie ihre Jungen **säugen**. Die Mütter produzieren Milch, die von den Jungen gesaugt bzw. aufgeleckt wird. Säugetiere besitzen außerdem ein Fell und können ihre Körpertemperatur regulieren (endotherm = „innen warm"). Bis auf **Kloakentiere** wie das **Schnabeltier**, die Eier legen, sind Säugetiere lebend gebärend. Bei **Beuteltieren** kommen allerdings nur winzige Embryos zur Welt, die erst einmal im Beutel der Mutter Schutz suchen. Alle übrigen Säugetiere, die größere Junge zur Welt bringen und weder Eier legen noch einen Beutel haben, nennt man **Plazentatiere** oder Höhere Säugetiere.

Fossil wurden die **ersten Säugetiere im weiteren Sinn** (Mammaliaformes) in der frühen oberen Trias* gefunden und tauchen somit **ungefähr zeitgleich mit den Dinosauriern** in der Fossilüberlieferung auf. Sie hatten wohl ebenfalls ein **Fell**, unterschieden sich aber in manchen anderen Merkmalen von heutigen Säugetierarten. Leider wissen wir nicht, warum sie ausgestorben sind.

Schnabeltiere sind aus der Kreide* fossil bekannt. Auf Ordnungsebene sind sie also „lebende Fossilien". ***Steropodon*** stammt aus der mittleren Kreide* und ist ein ca. 50 Zentimeter langes Schnabeltier, das heute meist in eine eigene Schnabeltier-Familie gestellt wird. Es gibt aber auch Fossilien aus der Kreide*, die von manchen Wissenschaftlern sogar der heutigen Schnabeltierfamilie zugeordnet werden.

Steropodon

Heutiges Schnabeltier

Alle **heutigen Säugetiere** haben im Innenohr **drei Gehörknöchelchen** namens Hammer, Amboss und Steigbügel, um den Schall beim Hören zu übertragen und zu verstärken. Die Gehörknöchelchen treten unter den Fossilien so ungleichmäßig verteilt auf, dass Evolutionsbiologen allen Ernstes behaupten, diese seien **mehrmals unabhängig** voneinander entstanden **(= Konvergenzen)**. Das ist aber sehr unwahrscheinlich! Für Schöpfungswissenschaftler stellt sich hingegen die Frage, warum ausgestorbene Säugetiergruppen andere Konstruktionen als die drei typischen Gehörknöchelchen im Mittelohr hatten.

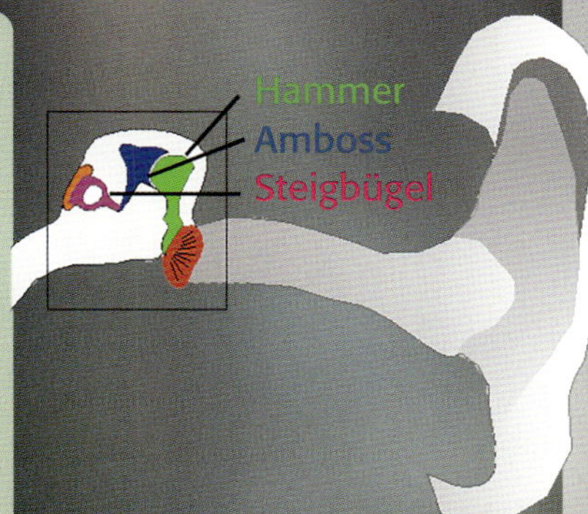

Alphadon

Gott hört uns zu, wenn wir beten: „Ich rufe zu dir, denn du, o Gott, wirst mich erhören; neige dein Ohr zu mir, **höre** meine Rede!"
Psalm 17,6 (SLT)

Neben den Kloakentieren tauchen auch die Beuteltiere und Plazentatiere im **unteren Jura*** auf. ***Alphadon*** war wohl ein kleiner Verwandter der Beuteltiere aus der oberen Kreide*, der ca. 30 Zentimeter groß war und einem heutigen Opossum geähnelt haben dürfte. *Asiatherium* aus der oberen Kreide* in der Mongolei sowie möglicherweise auch ***Sinodelphys*** aus der unteren Kreide* in China gelten nach Ansicht mancher Wissenschaftler als weitere alte, fossile Beuteltiere.

Sinodelphys

Chilesaurus: Der „Puzzle"-Dino

Auf einer Forschungsreise mit seinen Eltern fand der 7 Jahre alte **Diego Suarez** in **Chile** einen Dinosaurier, der ihm zu Ehren ***Chilesaurus diegosuarezi*** genannt wurde. Er entpuppte sich als einer der spannendsten Dinosaurier überhaupt, wie wir noch sehen werden. Wissenschaftler nennen *Chilesaurus* auch einen **„Puzzle-Dino"**, da er aussieht, als wäre er aus Teilen anderer Dinosaurier zusammengebaut. Der 3 Meter lange Pflanzenfresser hatte winzige Arme wie ein *T. rex*, aber stumpfe Finger anstelle von Klauen. Seine Hinterbeine ähnelten den Sauropoden bzw. ihnen ähnlichen Tieren wie *Plateosaurus*.

Chilesaurus

Der lange Hals, der hornartige Schnabel und die flachen Zähne von *Chilesaurus* eigneten sich wohl zum Fressen von Pflanzen. Wissenschaftler haben in den letzten Jahren sehr verschiedene Theorien aufgestellt, mit welchen Dinosauriern *Chilesaurus* verwandt sein könnte. Ihre **Stammbaum-Rekonstruktionen** haben sich aber **massiv widersprochen**. Evolutionsbiologen bezeichnen *Chilesaurus* daher etwas genervt als „bizarren" Dinosaurier oder **„Schnabeltier der Dinosaurier"**, weil auch das Schnabeltier aus evolutionärer Sicht widersprüchliche Merkmale verschiedener Tiergruppen vereint.[1] Aus Schöpfungsperspektive ist dies nicht überraschend, da es Gott als Schöpfer frei steht, bei der Erschaffung von verschiedenen Grundtypen **Merkmale beliebig zu kombinieren**.

Gott weiß mehr als alle Professoren dieser Welt: „Denn die **Weisheit dieser Welt** ist **Torheit vor Gott**; denn es steht geschrieben: ‚Er fängt die **Weisen** in ihrer **List**'. Und wiederum [heißt es in der Bibel]: ‚Der Herr kennt die Gedanken der Weisen, dass sie nichtig sind'." 1. Korinther 3,19-20 (nach SLT)

[1] Mehr zum *Chilesaurus* erfährst du hier: Scholl & Junker (2024).

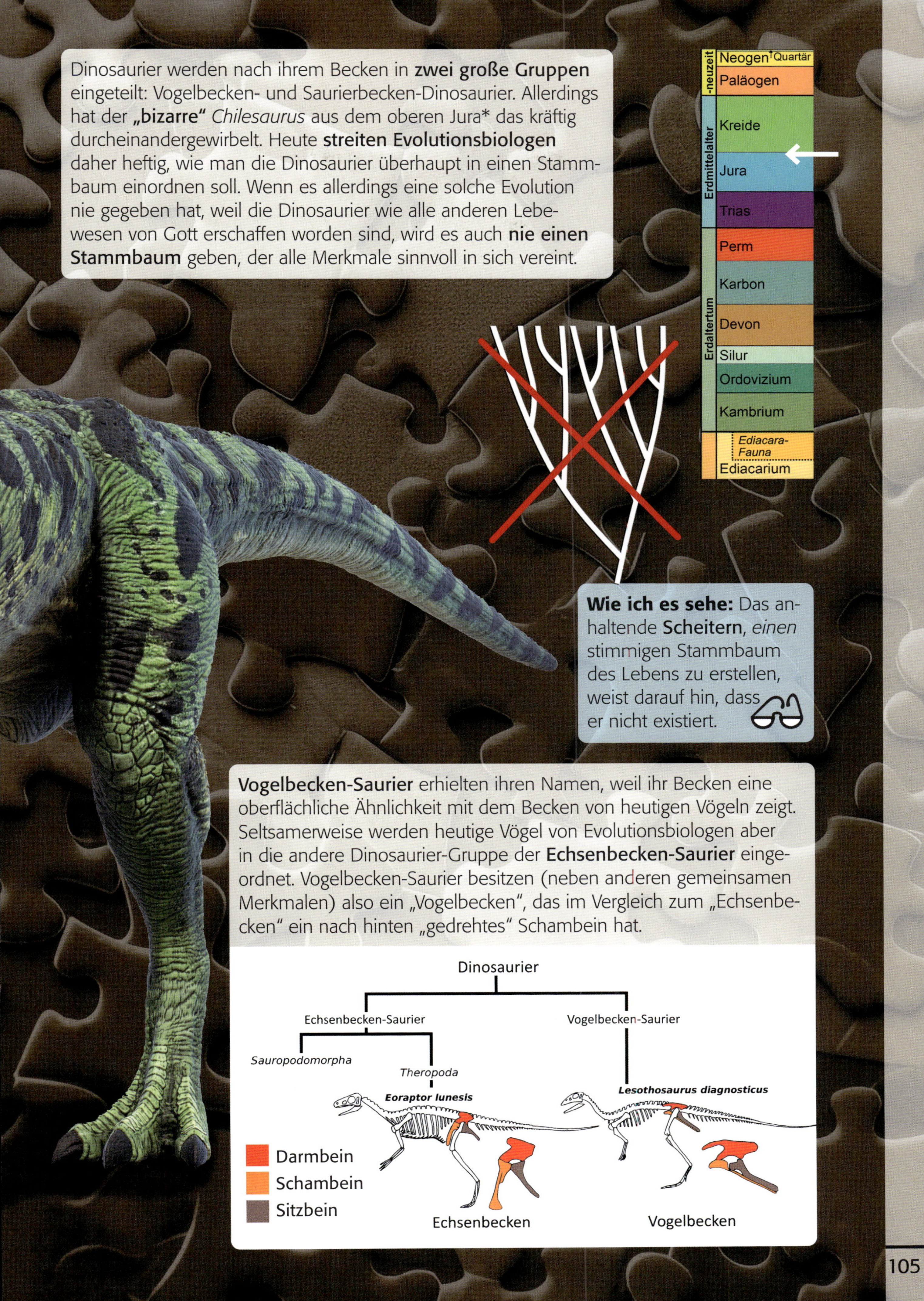

Dinosaurier werden nach ihrem Becken in **zwei große Gruppen** eingeteilt: Vogelbecken- und Saurierbecken-Dinosaurier. Allerdings hat der **„bizarre"** *Chilesaurus* aus dem oberen Jura* das kräftig durcheinandergewirbelt. Heute **streiten Evolutionsbiologen** daher heftig, wie man die Dinosaurier überhaupt in einen Stammbaum einordnen soll. Wenn es allerdings eine solche Evolution nie gegeben hat, weil die Dinosaurier wie alle anderen Lebewesen von Gott erschaffen worden sind, wird es auch **nie einen Stammbaum** geben, der alle Merkmale sinnvoll in sich vereint.

Wie ich es sehe: Das anhaltende **Scheitern**, *einen* stimmigen Stammbaum des Lebens zu erstellen, weist darauf hin, dass er nicht existiert.

Vogelbecken-Saurier erhielten ihren Namen, weil ihr Becken eine oberflächliche Ähnlichkeit mit dem Becken von heutigen Vögeln zeigt. Seltsamerweise werden heutige Vögel von Evolutionsbiologen aber in die andere Dinosaurier-Gruppe der **Echsenbecken-Saurier** eingeordnet. Vogelbecken-Saurier besitzen (neben anderen gemeinsamen Merkmalen) also ein „Vogelbecken", das im Vergleich zum „Echsenbecken" ein nach hinten „gedrehtes" Schambein hat.

Chilesaurus und das Baukastensystem der Schöpfung

Der ***Chilesaurus*** erweckt den Eindruck, als wäre er aus ganz verschiedenen Bauteilen unterschiedlichster Dinosaurier-Gruppen **zusammengebaut** worden.

Dies entspricht **dem Schöpfungsindiz „Baukastensystem"**: Viele Merkmale der Lebewesen sind so unsystematisch verteilt, dass es häufig **quasi unmöglich** ist, **widerspruchsfreie** evolutionäre Stammbäume zu rekonstruieren. Oft erscheinen die Merkmale verschiedener Grundtypen (erschaffener Arten), als wären sie nach einem Baukastensystem zusammengesetzt. Dies zeigt sich zunehmend auch in der Organisation des Erbguts der Lebewesen. Im Rahmen eines Schöpfungsmodells ist ein Baukastensystem gut verstehbar, da Gott als **Schöpfer** Merkmale **frei kombinieren** konnte, wie er wollte.

Eine andere Rekonstruktion von *Chilesaurus*

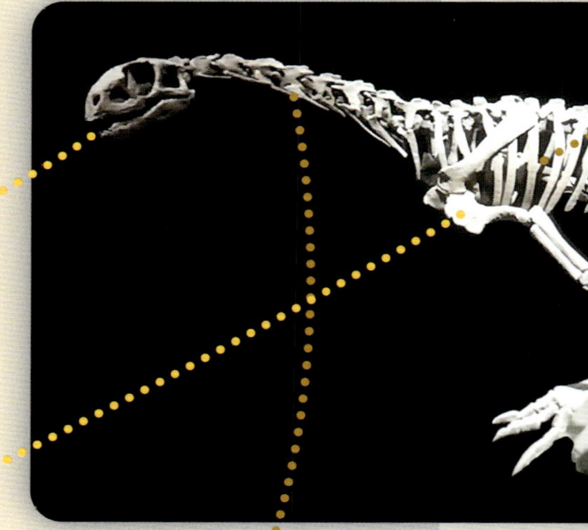

… viele Zahnmerkmale wie beim seltsamen Vogelbeckensaurier *Heterodontosaurus*

… Vorderbeine und Schultergürtel, die gebaut sind wie bei Raubsauriern, z. B. *Allosaurus*

… einen langen Hals und langhalsähnliche Hinterbeine wie z. B. *Plateosaurus*

Auch das **Schnabeltier** wirkt wie **zusammengewürfelt**: In Körperbau und Genetik vereint es in sich **Säugermerkmale** (Milchdrüsen, Haare) und Reptilienmerkmale (Kloake, legt Eier). Im Erbgut hat es auch vogelähnliche Merkmale. Als im Wasser lebendes Tier hat es außerdem einen Ruderschwanz, Schwimmhäute und Elektrosensoren zum Fangen der Beute. Männchen haben sogar noch einen Giftstachel. Solange sie nur ausgestopfte und keine lebenden Tiere gesehen hatten, dachten Wissenschaftler früher sogar, dass das Schnabeltier aus verschiedenen Tierteilen **zusammengenäht** worden wäre. 🙂 Als evolutionäre Übergangsform von Repitlien zu Säugern eignet sich das Schnabeltier aber wegen seiner **einzigartigen Merkmale** nicht – dazu zählen Elektrosensoren, Giftstachel und **fünf Paare Geschlechtschromosomen** statt der üblichen zwei (XX = weiblich, XY = männlich).

Heutiges Schnabeltier

Gott teilt nicht nur den Lebewesen ihre Eigenschaften zu, sondern auch uns unsere Begabung: „Denn ich sage kraft der Gnade, die mir gegeben ist, jedem unter euch, dass er **nicht höher von sich denke**, als sich zu denken gebührt, sondern dass er auf Bescheidenheit bedacht sei, **wie Gott jedem Einzelnen das Maß des Glaubens zugeteilt hat**." Römer 12,3 (SLT)

… einen Rumpf wie z. B. *Ceratosaurus*

… ein Becken ähnlich wie *T. rex* und verwandte Raubsaurier

E. Passten die Saurier in die Arche?

Themen

Eigentlich brachte die Taube das Olivenblatt erst, nachdem das Wasser abgelaufen war (1. Mose 8,11).

Die Sintflut wird angekündigt

Was geschah eigentlich **nach dem Sündenfall**, nachdem sich die Menschen, die nun **nicht mehr im Paradies** lebten, auf der Welt vermehrt hatten?

Die Menschheit war böse: „Als aber der HERR sah, dass die **Bosheit** des Menschen **sehr groß** war auf der Erde und alles Trachten der Gedanken seines Herzens allezeit **nur böse**, da reute es den HERRN, dass er den Menschen gemacht hatte auf der Erde, und es betrübte ihn in seinem Herzen. Und der HERR sprach: Ich will den Menschen, den ich erschaffen habe, vom Erdboden **vertilgen**, vom Menschen an bis zum Vieh und bis zum Gewürm und bis zu den Vögeln des Himmels; denn es reut mich, dass ich sie gemacht habe! **Noah** aber fand **Gnade** in den Augen des HERRN … Noah, ein gerechter Mann, war untadelig unter seinen Zeitgenossen; **Noah wandelte mit Gott.**" 1. Mose 6,5-9 (SLT)

Bilder wie dieses hier sind **totaler Unfug**. Erstens war die Arche **viel größer**. Zweitens sahen die Tiere auf der Arche wahrscheinlich **nicht exakt** so aus, wie wir sie heute kennen. Es waren stattdessen ähnliche Tiere derselben Grundtypen („erschaffene Arten"). Drittens: Deswegen war vermutlich z. B. nur **ein einziges Paar** des Katzen-Grundtyps auf der Arche – nicht wie abgebildet verschiedene Raubkatzenarten. Viertens gab es auch **Tierarten**, die **heute ausgestorben** sind. Und fünftens war die **Arche dreistöckig** und **überdacht**.

„Da sprach Gott zu Noah: Das **Ende alles Fleisches** ist bei mir beschlossen; denn die Erde ist durch sie mit Gewalttat erfüllt, und siehe, ich will sie samt der Erde **vertilgen**! Mache dir eine **Arche** aus Tannenholz; in **Räume** sollst du die Arche teilen und sie innen und außen **mit Pech überziehen**. Und so sollst du sie machen: **300 Ellen lang** soll die Arche sein, **50 Ellen breit**, **30 Ellen hoch**. Eine **Lichtöffnung** sollst du für die Arche machen, eine Elle hoch ganz oben (an der Arche) sollst du sie ringsherum herstellen; und den Eingang der Arche sollst du an ihre Seite setzen. Du sollst ihr ein **unterstes**, **zweites** und **drittes Stockwerk** machen. Denn siehe, ich will die **Wasserflut** über die Erde bringen, **um alles Fleisch**, das **Lebensodem** in sich hat, zu **vertilgen** unter dem ganzen Himmel; **alles**, was auf der Erde ist, soll **umkommen**! Aber mit dir will ich meinen **Bund** aufrichten, und du sollst in die Arche gehen, du und deine Söhne und deine Frau und die Frauen deiner Söhne mit dir." 1. Mose 6,13-18 (nach SLT)

Der Bau der Arche

Gott hatte auch schon einen **Rettungsplan**. Noah sollte eine Arche bauen, die 300 Ellen lang, 50 Ellen breit und 30 Ellen hoch sein sollte. Eine Elle konnte je nach Kultur unterschiedlich lang sein: Die „kleinere Elle" war ca. 45 Zentimeter und die „größere Elle" ca. 52 Zentimeter lang. Damit kann man die Größe des Schiffes berechnen: **Die Länge der Arche betrug also ungefähr 135 bis 155,5 Meter, ihre Breite 22,5 bis 26 Meter und ihre Höhe 13,5 bis 15,5 Meter.** Damit hat die ganze Arche **ca. 41 000 bis 63 300 Kubikmeter (m^3) Volumen**. Verkleinert auf die Größe von PLAYMOBIL®-Figuren wäre die Arche immer noch ca. 6 Meter lang! Laut Wissenschaftlern ist die Form der Arche Noah **optimal geeignet, um sicher zu schwimmen** (s. S. 117).

Weil **alles Fleisch böse** war – womit natürlich die damals lebenden **Menschen** und vielleicht auch die Tiere gemeint waren –, beschloss Gott, dem Leben auf der Erde ein Ende zu setzen. Aber Gott fand *einen* Menschen, an dem er kein Strafgericht üben wollte. Es war **Noah**. Er war gerecht in Gottes Augen und lebte im Vertrauen auf Gott. Darum wollte Gott ihn und seine Familie retten.

Passte *T. rex* auch in die Arche? Lies dazu die folgenden Seiten!

Gott wollte auch die Landtiere retten, die im Wasser nicht überleben konnten, und zwar jeweils ein Paar: „Und von **allem**, was lebt, von **allem** Fleisch, sollst du **je zwei** in die Arche führen, dass sie mit dir am Leben bleiben, und zwar sollen es ein **Männchen** und ein **Weibchen** sein; von **jeder Art** der **Vögel** und von jeder Art des **Viehs** und von allem **Gewürm** des Erdbodens nach seiner Art, von allen sollen je **zwei von jeder Art** zu dir kommen, damit sie am Leben bleiben. Du aber nimm dir von **jeglicher Nahrung**, die gegessen werden kann, und **sammle** sie bei dir an, dass sie dir und ihnen zur Speise diene! Und Noah machte es so; er machte alles **genau so**, wie es ihm Gott geboten hatte." 1. Mose 6,19-22 (SLT)

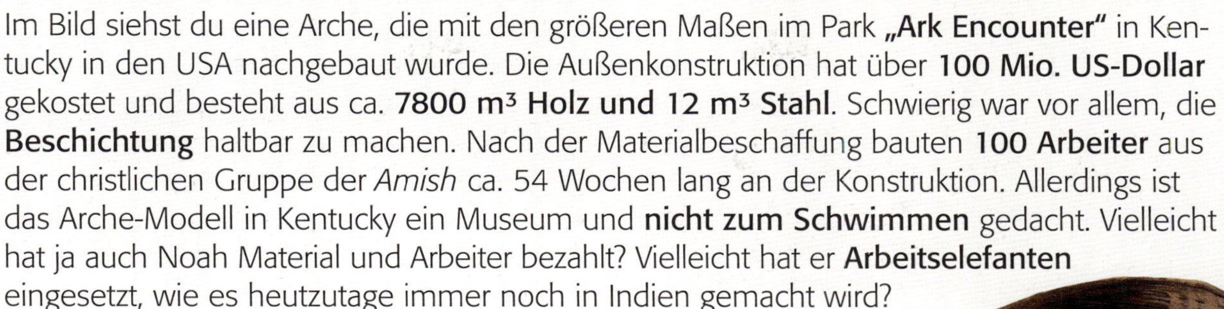

Im Bild siehst du eine Arche, die mit den größeren Maßen im Park **„Ark Encounter"** in Kentucky in den USA nachgebaut wurde. Die Außenkonstruktion hat über **100 Mio. US-Dollar** gekostet und besteht aus ca. **7800 m³ Holz und 12 m³ Stahl**. Schwierig war vor allem, die **Beschichtung** haltbar zu machen. Nach der Materialbeschaffung bauten **100 Arbeiter** aus der christlichen Gruppe der *Amish* ca. 54 Wochen lang an der Konstruktion. Allerdings ist das Arche-Modell in Kentucky ein Museum und **nicht zum Schwimmen** gedacht. Vielleicht hat ja auch Noah Material und Arbeiter bezahlt? Vielleicht hat er **Arbeitselefanten** eingesetzt, wie es heutzutage immer noch in Indien gemacht wird?

15 Meter hoch mit 3 Stockwerken

Rechne die Maße der Arche selber nach: einmal mit kleiner Elle (45 Zentimeter) und einmal mit großer Elle (52 Zentimeter).

Noah machte sich an den **beschwerlichen Bau** der Arche. Später erklärte Gott ihm noch genauer, dass er von den **„reinen Tieren"** und von den **Vögeln** „je sieben und sieben" mitnehmen sollte, womit wahrscheinlich sieben Paare gemeint waren (1. Mose 7,1-3+9).

Kannst du dir vorstellen, wie es ist, viele Jahre auf dem Trockenen an einem Schiff zu bauen? Hättest du das gemacht? Noah aber vertraute Gott …

Der Sintflutbericht – nur abgeschrieben?

Es wird immer wieder behauptet, der Sintflutbericht in der Bibel sei nur **abgeschrieben**, und die Sintflut habe sich sowieso nicht so ereignet. Woher kommen solche Behauptungen?

Das sogenannte **Gilgamesch-Epos** aus dem antiken Babylonien erzählt auf Tafel 11 auch von einer Flut, die die Götter schickten, um alle Menschen zu vernichten. Diese Geschichte hat im Nahen Osten zum Teil noch ältere Parallelen aus dem 2. Jahrtausend vor Christus im sogenannten **Atrahasis-Epos**. Auf der alten, sogenannten **„Arche-Tafel"** soll die Arche sogar ein riesiges, **rundes, flaches Boot** aus **geflochtenen Pflanzenfasern** gewesen sein.

Die Tafel 11 des Gilgamesch-Epos stammt aus der „Tontafel-Bibliothek" des **Assyrerkönigs Assurbanipal**. Er lebte im 7. Jahrhundert vor Christus und war ein Zeitgenosse des biblischen Königs Manasse von Juda. Die Hauptperson dieser Geschichte heißt **Utnapischti**. Er sollte auf Geheiß des Gottes Ea eine **Arche** bauen. Diese Arche wird **würfelförmig** beschrieben – je 120 Ellen breit, hoch und lang. Beladen wurde die Arche mit Proviant und „Lebenssamen" – das waren Utnapischtis Familie und alle seine Hausgenossen, Feldtiere, Wildtiere und auch alle Handwerker. In dieser Erzählung kommt die **Zahl Sieben** auffällig oft vor: Die Arche hatte sieben Stockwerke. Die Bauzeit betrug sieben Tage. Die Sintflut dauerte sieben Tage, und die Arche lag sieben Tage lang auf dem Berg fest. Dann ließ Utnapischti **Taube**, **Schwalbe und Rabe** ausfliegen. Schließlich ging er hinaus und opferte den Göttern.

Es ist **nicht glaubwürdig**, dass das Gilgamesch-Epos die **Vorlage** des biblischen Sintflutberichts darstellt. Dafür sprechen sowohl literarische als auch naturwissenschaftliche Gründe. Die **Bauzeit** ist dort unrealistisch. Und die **Schwimmstabilität** einer würfelförmigen Arche ist schlecht. Wir werden noch sehen, dass die Angaben der Bibel zur Arche viel realistischer sind.

Was denkst du: Wer hat von wem abgeschrieben? Oder hat gar niemand abgeschrieben? Aus vielen Völkern der Welt sind Sagen über die Sintflut und auch über den Turmbau zu Babel bekannt.[1] Vielleicht stammen sowohl der biblische Bericht von Noah als auch die altorientalischen Sintflut-Sagen daher, dass die **Vorfahren aller heute lebenden Menschen an Bord der Arche waren** und die Sintflut wirklich erlebt haben? Durch Gottes Wirken wäre dann in der Bibel der wahre Bericht aufgeschrieben worden, während die **Details** bei anderen Völkern mit der Zeit **abgeändert** und verfälscht wurden.

[1] Mehr dazu findest du bei Fred Hartmann (1999 und 2007).

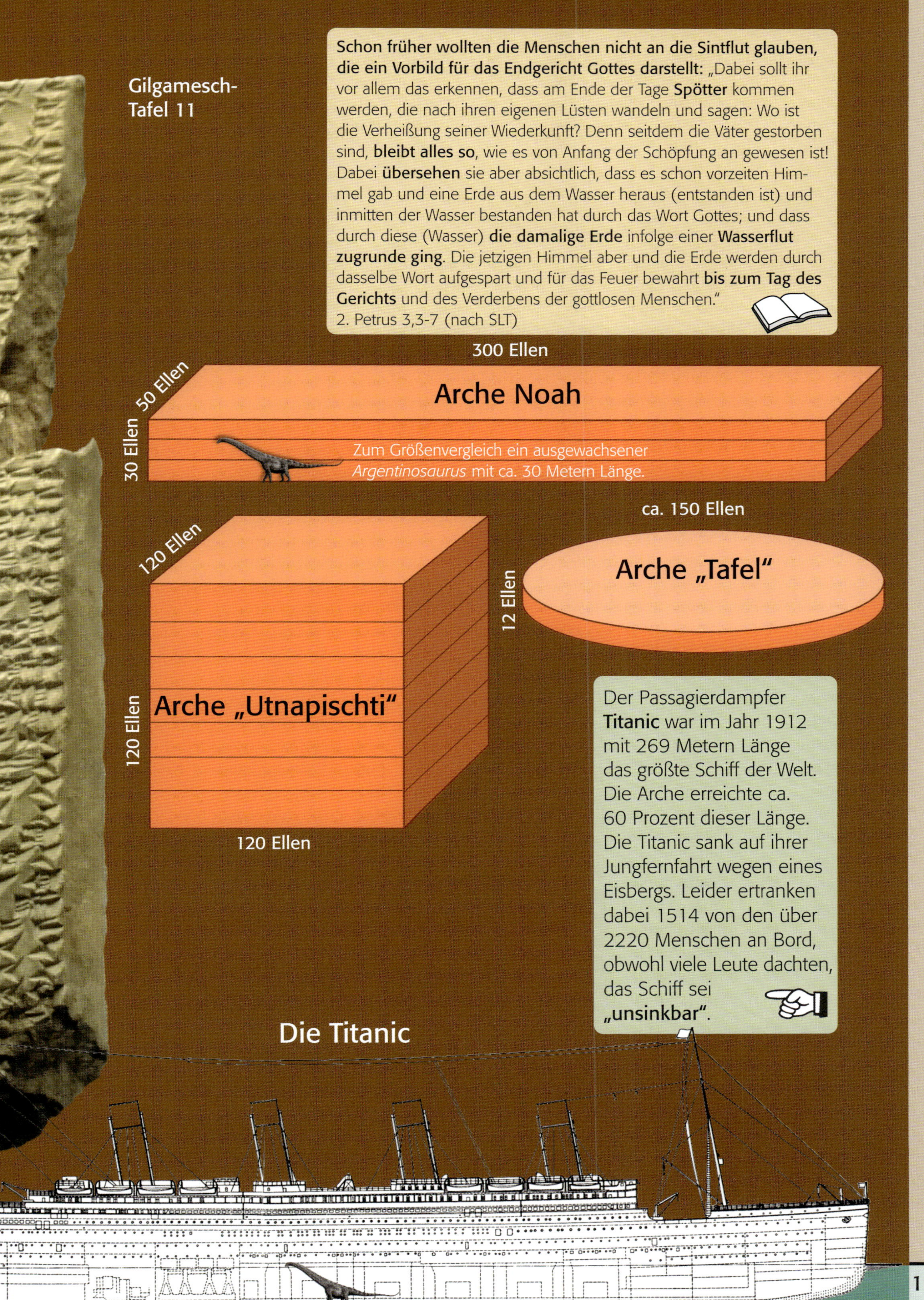

Schon früher wollten die Menschen nicht an die Sintflut glauben, die ein Vorbild für das Endgericht Gottes darstellt: „Dabei sollt ihr vor allem das erkennen, dass am Ende der Tage **Spötter** kommen werden, die nach ihren eigenen Lüsten wandeln und sagen: Wo ist die Verheißung seiner Wiederkunft? Denn seitdem die Väter gestorben sind, **bleibt alles so**, wie es von Anfang der Schöpfung an gewesen ist! Dabei **übersehen** sie aber absichtlich, dass es schon vorzeiten Himmel gab und eine Erde aus dem Wasser heraus (entstanden ist) und inmitten der Wasser bestanden hat durch das Wort Gottes; und dass durch diese (Wasser) **die damalige Erde** infolge einer **Wasserflut zugrunde ging**. Die jetzigen Himmel aber und die Erde werden durch dasselbe Wort aufgespart und für das Feuer bewahrt **bis zum Tag des Gerichts** und des Verderbens der gottlosen Menschen."
2. Petrus 3,3-7 (nach SLT)

Der Passagierdampfer **Titanic** war im Jahr 1912 mit 269 Metern Länge das größte Schiff der Welt. Die Arche erreichte ca. 60 Prozent dieser Länge. Die Titanic sank auf ihrer Jungfernfahrt wegen eines Eisbergs. Leider ertranken dabei 1514 von den über 2220 Menschen an Bord, obwohl viele Leute dachten, das Schiff sei **„unsinkbar"**.

Konnte die Arche schwimmen?

„Hätte die Arche überhaupt schwimmen können?", wollte ein Team von **Physik-Studenten** der Universität Leicester wissen.[1] Sie fragten sich, ob Gott wohl die dafür nötigen physikalischen Eigenschaften berücksichtigt hatte oder nicht. Also stellten sie **Berechnungen** für die Auftriebskraft an. Die Studenten verwendeten die biblischen Maße. Für eine Elle nahmen sie eine Länge von 48 Zentimetern an, womit die Arche 145 Meter lang gewesen wäre. Da nicht klar ist, welches Holz das als Baumaterial genannte „Gophernholz" ist, verwendeten sie für ihre Berechnungen die Dichte von Zedernholz. Auch Kiefernholz hat eine vergleichbare Dichte.

Die Studenten schätzten das Gewicht des für die **Konstruktion** der Arche **nötigen Zedernholzes auf ca. 1200 Tonnen**. Damit die Arche schwimmstabil war und angemessen tief im Wasser lag, hätte sie ein maximales Gewicht von ca. 51 750 Tonnen haben dürfen. Es hätten also problemlos **noch 50 540 Tonnen zugeladen** werden können. Bei einem Durchschnittsgewicht von 23,5 Kilogramm pro Schaf entspricht das 2 150 000 Schafen! Die Studenten schlussfolgerten **zu ihrer eigenen Überraschung**: „Wir glauben, dass die Arche **ausreichend Auftrieb** hatte."[2] Die Rechnung zeigt: Gott hat die Physik berücksichtigt! Was den Auftrieb betrifft, hätte die Beförderung von ein paar Tausend oder auch Zehntausend Tieren samt Nahrung daher kein Problem dargestellt.

Das Gesetz des Archimedes für schwimmende Körper:
Ein schwimmender Körper verdrängt gerade so viel von der Flüssigkeit, in der er schwimmt, wie er selbst wiegt.

Jesus glaubte offensichtlich an die Sintflut – er war damals ja auch dabei: „Und wie es in den **Tagen Noahs** geschah, so wird es auch in den Tagen des Sohnes des Menschen sein [= bei Jesu Wiederkunft]: Sie aßen, sie tranken, sie heirateten, sie wurden verheiratet, bis zu dem Tag, als **Noah** in die **Arche** ging; und die **Flut** kam und **brachte alle um**." Lukas 17,26-27 (ÜE)

[1] Youle und Kollegen (2013). [2] Laut Interview mit Sarah Knapton (2014).

Auch der Informatikprofessor und Schöpfungswissenschaftler **Werner Gitt** hat Berechnungen zur Arche angestellt. Er meint, dass wir mit heutigen Berechnungsmethoden nachweisen können, dass die Arche in Bezug auf die zwei wichtigsten Baumerkmale eines Schiffes bestmöglich konstruiert war: **hohe Schwimmstabilität** bei gleichzeitig **sparsamem Materialeinsatz**. Gitt schlussfolgert sogar: „Kein anderes als das biblisch bezeugte Breiten-zu-Höhen-Verhältnis hätte ausgeführt werden dürfen, um die beiden Einflussgrößen – hohe Schwimmstabilität und möglichst geringer Materialeinsatz – optimal zu kombinieren."[3] Ohne Gottes Bauanleitung wäre es nicht zu erwarten gewesen, dass Noah die Maße der Arche damals von allein optimal festgelegt hätte.

Hinweis zum Bild: Sicher waren die Tiere unter Deck untergebracht – da würde man sie aber nicht sehen. Und wahrscheinlich waren auch Jungtiere dabei.

Aufgrund von geschätzten Werten für die **relative Schwerpunkthöhe** und die **Eintauchtiefe** kommt Gitt zu dem Ergebnis, dass das **optimale Verhältnis** von **Breite zu Höhe** in Bezug auf Materialersparnis und Schwimmstabilität bei **1,67** liegt. Genau dieses Verhältnis haben die Maße der **Arche**: 50 Ellen zu 30 Ellen = 1,67.

[3] S. Werner Gitt (2000).

Wie viele Tiere waren in der Arche?

Wie viele Tiere *musste Noah eigentlich mit in die Arche nehmen?* Das weiß leider niemand so genau. Es ist auch nicht ganz sicher, ob **Dinosaurier** dabei waren, denn es ist nicht ganz ausgeschlossen, dass sie schon vorher ausgestorben waren. Verschiedene Schöpfungswissenschaftler haben versucht, die Zahl der Tiere in der Arche abzuschätzen. Laut Bibel waren nur **atmende Tiere** und keine Wassertiere in der Arche. Ob auch **Insekten** und andere **Gliederfüßer**, die alle keine Lunge zum Atmen haben, dazu gehören, ist nicht ganz klar. Viele von ihnen hätten die Sintflut vielleicht in Form von **Eiern** oder Dauerstadien überstehen können. Sie hätten sowieso auf der Arche nicht viel Platz weggenommen. Daher konzentrieren wir uns hier auf **landlebende Wirbeltiere**. Selbst **Amphibien** wie Frösche und Molche hätten vielleicht auch in Larvenform im Wasser überleben können. Daher sind vor allem **Reptilien**, **Vögel** und **Säugetiere** für eine Modellrechnung wichtig.

Vor allem musste **nicht jede einzelne heutige Tierart** mitgenommen werden, sondern nur **jede „geschaffene Art"**. Schöpfungswissenschaftler sprechen von **Grundtypen**. Diese Grundtypen entsprechen nach allem, was man bisher weiß, am ehesten den heutigen **Tierfamilien** und nicht den „biologischen Arten".

Mindestens 330 Arten aus der Familie der **Eigentlichen Papageien** gehören zu einem Grundtyp. *Wie viele dieser Papageien musste Noah mitnehmen?*[1]

War die Sintflut weltweit? „Ja, die Wasser nahmen so sehr überhand auf der Erde, dass **alle hohen Berge unter dem ganzen Himmel** bedeckt wurden; die Wasser stiegen **noch 15 Ellen [ca. 7,5 Meter] höher, nachdem die Berge schon bedeckt waren.** Da ging **alles** Fleisch zugrunde, das sich regte auf der Erde: Vögel, Vieh und wilde Tiere und alles, was wimmelte auf der Erde, samt **allen** Menschen; und es starb **alles**, was Lebensodem hatte **auf dem trockenen Land**. Er [= Gott] vertilgte **alles** Bestehende auf dem Erdboden, **vom Menschen bis zum Vieh, bis zum Gewürm und zu den Vögeln des Himmels** – **alles** wurde **von der Erde** vertilgt; **nur** Noah blieb übrig und was mit ihm in der Arche war." 1. Mose 7,19-23 (SLT)

Ophthalmosaurus

[1] Noah musste wohl nur 14 dieser Papageien mitnehmen: 7 Männchen + 7 Weibchen.

Sowohl ältere als auch neuere **Schätzungen** von Schöpfungswissenschaftlern kommen auf ca. **1400 bis 1800 Grundtypen** von landlebenden Wirbeltieren in der Arche. So war es z. B. ausreichend, dass Noah ***ein* genetisch vielfältiges Wolfspaar** mitnahm – anstatt verschiedene Wolfsarten, Schakale, Kojoten und 300 Hunderassen. Bei den wiederkäuenden Grundtypen der Paarhufer als **„reine Tiere"** waren es je **sieben Paare**, genauso wie bei den Tauben und allen anderen **Vögeln** bzw. **Flugtieren** (z. B. Fledermäusen und Flugsauriern). Daher waren nach aktuellem Wissensstand je nach Schätzung insgesamt ca. **7700 bis 9050 Wirbeltiere** in der Arche. Bei einem **geschätzten Platzbedarf** von ca. 1 m^3 für Amphibien und Reptilien, 0,125 m^3 für Vögel und 3,4 m^3 für Säugetiere ergibt sich ein Platzbedarf von ca. **6300 bis 8500 m^3 für alle Tiere** (siehe die folgende Tabelle).[2]

Schätzung der Tiere	**Amphibien**	**Reptilien**	**Vögel**	**Säugetiere**
Arten Landtiere	ca. 7100	ca. 3300	ca. 10600	ca. 6000
Heutige Familien ≈ Grundtypen	ca. 60 / 250	ca. 100	ca. 200 / 240	ca. 150
Fossile Familien	ca. 40	ca. 400	ca. 100	ca. 300 / 400
Grundtypen gesamt (lebend und fossil)	**ca. 100 / 300**	**ca. 500**	**ca. 350**	**ca. 450 / 550**
Anzahl Tiere (reine Tiere + Flugtiere: 7 Paare; Rest: 1 Paar)	ca. 200 / 600	ca. 1400 / 2000	ca. 4900	ca. 1200 / 1550
Platzbedarf je Tier:	1 m^3	1 m^3	0,125 m^3	3,4 m^3
Platzbedarf je Gruppe:	200 / 600 m^3	1400 / 2000 m^3	612,5 m^3	4080 / 5270 m^3
Platzbedarf gesamt:	**6292,5 bis 8482 m^3**			

Gibt es auf der Erde überhaupt ***genug Wasser****, um alle Berge zu bedecken?* Ja, wenn die **Erdoberfläche** früher **anders ausgesehen** hat. Heute ist das Meer durchschnittlich ca. 4000 Meter tief. Wären nun aber die Meere im Durchschnitt nur 1000 Meter tief und die höchsten Berge maximal 1500 Meter hoch, würde das Wasser **alles so bedecken**, wie es beim Sintflutbericht beschrieben ist. Daher waren Meerestäler und Berge vor der Sintflut wahrscheinlich **weniger tief bzw. hoch** als heute. Täler, Berge, Flüsse, Meere und Landflächen hatten also wohl **ganz anders ausgesehen**. Wahrscheinlich hätten wir die Erde vom Weltall aus betrachtet kaum als unsere Erde wiedererkannt! Hätte die Erde gar keine Berge und Täler, wäre die Erde übrigens überall mit mehr als zwei Kilometern Wasser bedeckt! Dementsprechend wurde die Erdoberfläche durch die Sintflut massiv umgestaltet. Davon abgesehen gibt es auch Hinweise darauf, dass viel zusätzliches Wasser chemisch im Erdmantel gebunden ist, das Gott auch verwendet haben könnte.

Wie ich es sehe: Manche Schöpfungswissenschaftler denken, dass man den **Garten Eden** noch im Bereich der **heutigen Flüsse Euphrat** und **Tigris** lokalisieren könnte (vgl. 1. Mose 2,10-14). Aufgrund dessen, was eine **Sintflut** wahrscheinlich geologisch verändert hat, vermute ich aber, dass in 1. Mose 2 **nicht der heutige Verlauf der Flüsse** gemeint ist, sondern derjenige **vor der Sintflut**.

[2] Vgl. Junker und Hartmann (2009) – aber auch Zahlen des „Ark Encounters" wurden einbezogen.

Wie klein waren junge Dinosaurier?

Wie viel Platz *brauchten diese geschätzt 7700 bis 9050 Wirbeltiere in der Arche – und besonders die Dinosaurier?* Das wissen wir nicht genau. Vor allem bei Arten, die ausgewachsen sehr groß werden, hätte Noah aber auch Jungtiere mitnehmen können. Wie heutige Echsen **wuchsen** Dinosaurier wahrscheinlich **ihr ganzes Leben** lang – aber wahrscheinlich **schneller** als heutige Echsen. **Ein großer Dinosaurier war also ein älterer Dinosaurier!**

Auch Jungtiere von *T. rex* waren sehr klein, wenn sie schlüpften. Der kleinste gefundene *T. rex* namens **„Jordan-Theropode"** wog nur ca. 30 Kilogramm. Bis er ca. 14 Jahre alt war, blieb *T. rex* wohl ziemlich klein (max. 1,8 Tonnen), dann erst bekam er einen riesigen Wachstumsschub.

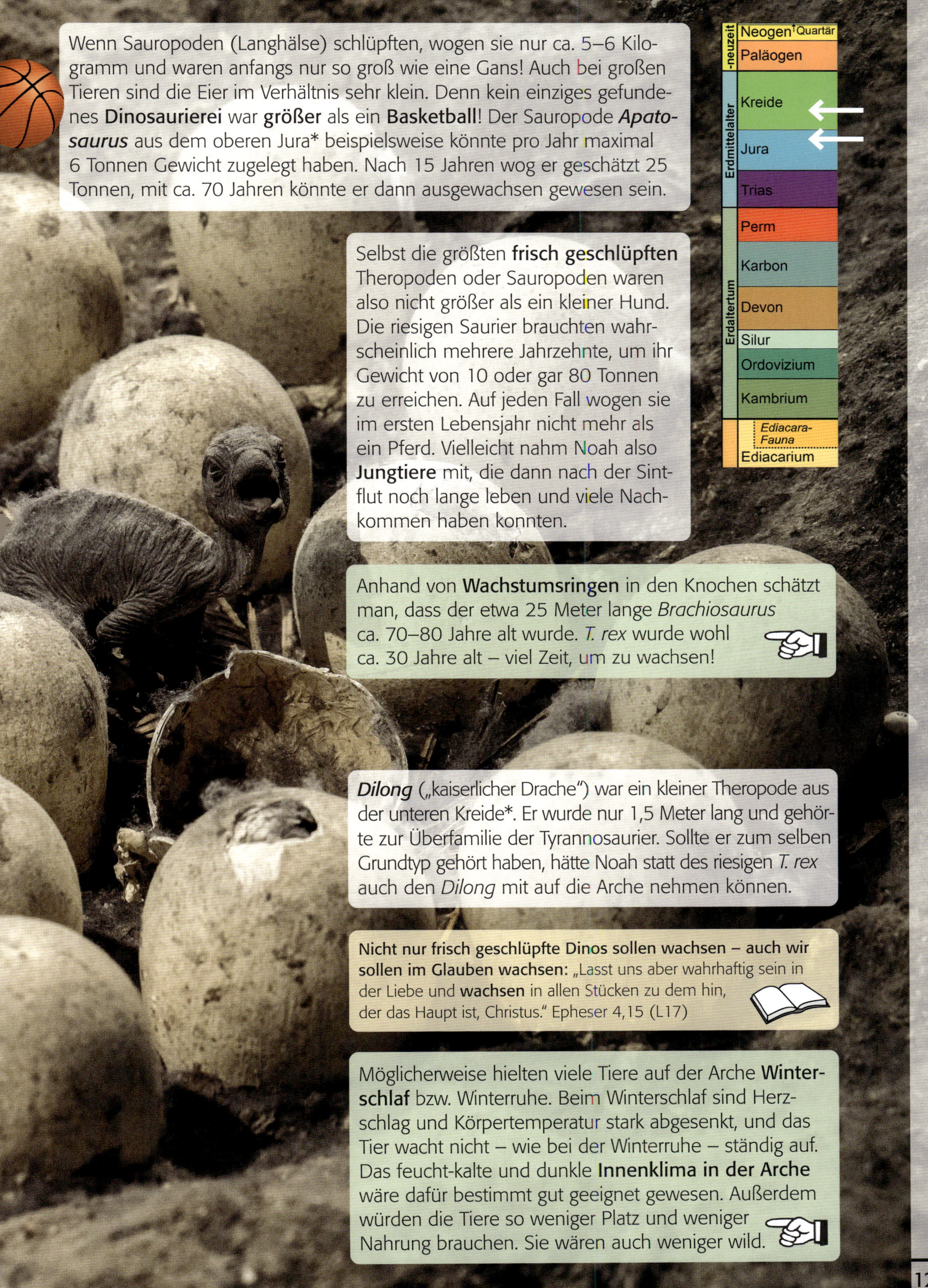

Wenn Sauropoden (Langhälse) schlüpften, wogen sie nur ca. 5–6 Kilogramm und waren anfangs nur so groß wie eine Gans! Auch bei großen Tieren sind die Eier im Verhältnis sehr klein. Denn kein einziges gefundenes **Dinosaurierei** war **größer** als ein **Basketball**! Der Sauropode ***Apatosaurus*** aus dem oberen Jura* beispielsweise könnte pro Jahr maximal 6 Tonnen Gewicht zugelegt haben. Nach 15 Jahren wog er geschätzt 25 Tonnen, mit ca. 70 Jahren könnte er dann ausgewachsen gewesen sein.

Selbst die größten **frisch geschlüpften** Theropoden oder Sauropoden waren also nicht größer als ein kleiner Hund. Die riesigen Saurier brauchten wahrscheinlich mehrere Jahrzehnte, um ihr Gewicht von 10 oder gar 80 Tonnen zu erreichen. Auf jeden Fall wogen sie im ersten Lebensjahr nicht mehr als ein Pferd. Vielleicht nahm Noah also **Jungtiere** mit, die dann nach der Sintflut noch lange leben und viele Nachkommen haben konnten.

Anhand von **Wachstumsringen** in den Knochen schätzt man, dass der etwa 25 Meter lange *Brachiosaurus* ca. 70–80 Jahre alt wurde. *T. rex* wurde wohl ca. 30 Jahre alt – viel Zeit, um zu wachsen!

Dilong („kaiserlicher Drache") war ein kleiner Theropode aus der unteren Kreide*. Er wurde nur 1,5 Meter lang und gehörte zur Überfamilie der Tyrannosaurier. Sollte er zum selben Grundtyp gehört haben, hätte Noah statt des riesigen *T. rex* auch den *Dilong* mit auf die Arche nehmen können.

Nicht nur frisch geschlüpfte Dinos sollen wachsen – auch wir sollen im Glauben wachsen: „Lasst uns aber wahrhaftig sein in der Liebe und **wachsen** in allen Stücken zu dem hin, der das Haupt ist, Christus." Epheser 4,15 (L17)

Möglicherweise hielten viele Tiere auf der Arche **Winterschlaf** bzw. Winterruhe. Beim Winterschlaf sind Herzschlag und Körpertemperatur stark abgesenkt, und das Tier wacht nicht – wie bei der Winterruhe – ständig auf. Das feucht-kalte und dunkle **Innenklima in der Arche** wäre dafür bestimmt gut geeignet gewesen. Außerdem würden die Tiere so weniger Platz und weniger Nahrung brauchen. Sie wären auch weniger wild.

Darwin oder Mendel? Eine Frage der Brille!

Entstanden Dinosaurier durch Evolution oder aus geschaffenen Grundtypen? Seit **Charles Darwin** im 19. Jahrhundert die Evolutionstheorie begründete, glauben Evolutionsbiologen, dass sich über große Zeiträume hinweg alle Lebewesen **von allein** aus einem gemeinsamen Vorfahren **entwickelt** haben – durch Erbgutveränderungen **(Mutationen)** und Auslese **(Selektion)**. Daher versuchen sie auch, **alle Dinosaurier** auf **gemeinsame Vorfahren** zurückzuführen. **Schöpfungswissenschaftler** verwenden ebenfalls die Systematik der Tiere, in die diese aufgrund von Ähnlichkeiten eingeordnet werden. Sie meinen aber **nicht**, dass diese **Ähnlichkeiten** zwangsläufig etwas **mit einer gemeinsamen Abstammung** zu tun haben.

Charles Darwin, Vater der Evolutionstheorie

Gregor Mendel, Vater der Genetik und Ideengeber der Grundtypen-Biologie

Wendet man Darwins Vorstellungen auf Lebewesen wie Vögel und Dinosaurier an, so sollten sie sich wie in **einem großen Stammbaum** anordnen lassen, wenn immer die ähnlichsten Arten zusammen gruppiert werden **(Makro-Evolution)**. Stattdessen kann man verschiedene Tiergruppen aber auch als **eigenständige Büsche** darstellen: Die Büsche sind **unabhängig** voneinander **erschaffene Grundtypen**, die sich dann durch Spezialisierungen **(Mikro-Evolution)** in viele Arten aufgespalten haben. Es ist also zuerst **eine Frage der Brille**, durch die man die Daten betrachtet. Dann kann man überprüfen, welche Deutung am besten zu den Daten passt.

Der Mönch **Gregor Mendel, Vater der Genetik**, lebte ebenfalls im 19. Jahrhundert. Ihm ist es zu verdanken, dass wir heute **Prozesse der Artbildung** auch ohne Darwins Evolutionstheorie durch **Vererbung** erklären können.

Gemeinsame Abstammung (Makro-Evolution)

Erschaffene Grundtypen (Mikro-Evolution)

Darwin ging davon aus, dass sich Tiere **quasi unendlich weiterentwickeln** können: von Bakterien über Seestern-Verwandte, Fische und Lurche bis hin zu Dinosauriern oder Menschen. Laut Darwin werden also nach vielen Generationen aus zahlreichen kleinen Veränderungen irgendwann große Veränderungen. Doch dass diese kleinen Schritte **(Mikro-Evolution)** nach langer Zeit zu großen Änderungen komplexer Organe führen können **(Makro-Evolution)**, wurde noch **nie wissenschaftlich bewiesen**.

In 160 Jahren ist es **nicht gelungen**, **experimentell** zu zeigen, wie Darwins Evolutionstheorie die Herkunft **komplexer Organe** und **vielschrittiger Stoffwechselprozesse** erklären könnte. Stattdessen bestätigt sich immer mehr, dass Lebewesen sich zwar im Rahmen ihrer Grundtypen anpassen können, aber die Grenzen des Grundtyps nicht überschreiten **(Mikro-Evolution)**. Eine Fruchtfliege bleibt eine Fruchtfliege, auch nach Abertausenden gezüchteten Generationen. Dasselbe gilt für Hunde oder Katzen – trotz der Vielfalt an Haustierrassen.

Die **Grundtypen-Biologie** ist der **Versuch** von Schöpfungswissenschaftlern, herauszufinden, welche heutigen Arten den **geschaffenen Arten** im Schöpfungsbericht entsprechen. Zu diesem Zweck wird erforscht, welche Arten miteinander **kreuzbar** sind – also miteinander Nachkommen hervorbringen können. Sind andere Arten ebenfalls mit diesen Arten kreuzbar, oder stehen diesen Arten in körperlichen, genetischen und verhaltensbiologischen Merkmalen sehr nahe, kann man davon ausgehen, dass sie wahrscheinlich zu demselben Grundtyp gehören. Diese Perspektive orientiert sich an den **Mendelschen Regeln** der Vererbung: Genetisch **vielfältige** Eltern **(= Mischerbigkeit)** können eine Vielzahl von verschiedenen Merkmalskombinationen an ihre Nachkommen weitergeben.

Wer weiß es im Zweifel besser: Gott oder ich? „**Verlass** dich auf den **HERRN** von ganzem Herzen und verlass dich **nicht** auf deinen **Verstand**, sondern gedenke an ihn [= Gott] in allen deinen Wegen, so wird er dich recht führen." Sprüche 3,5-6 (nach L12)

Michael Behe

Übrigens geht auch der berühmte Intelligent-Design-Befürworter und Biochemie-Professor **Michael Behe** aufgrund rein naturwissenschaftlicher Überlegungen davon aus, dass die Evolutionstheorie nicht ausreicht, um die Herkunft von ganz verschiedenen Merkmalen der Lebewesen auf **Familienebene** zu erklären. Deswegen sei hier **Gottes Handeln** nötig gewesen.[1]

[1] Vgl. Michael Behe (2019, z. B. S. 11+141–142).

Wie ordnet man Arten?

Der Erfinder der biologischen Systematik war der schwedische Naturforscher **Carl von Linné**, der im 18. Jahrhundert lebte. Er wollte Gottes Schöpfungsordnung in der Natur erkennen und sagte selbstbewusst: „Gott schuf, Linné ordnete." Bis heute erhalten alle Arten auf der Welt zwei lateinische Namen: Der erste bezeichnet die **Gattung** (z. B. *Panthera*) und der zweite die **Art** (z. B. *leo*): So heißt der Löwe bei Biologen auf der ganzen Welt *Panthera leo*.

Linné, der Erfinder der biologischen Systematik

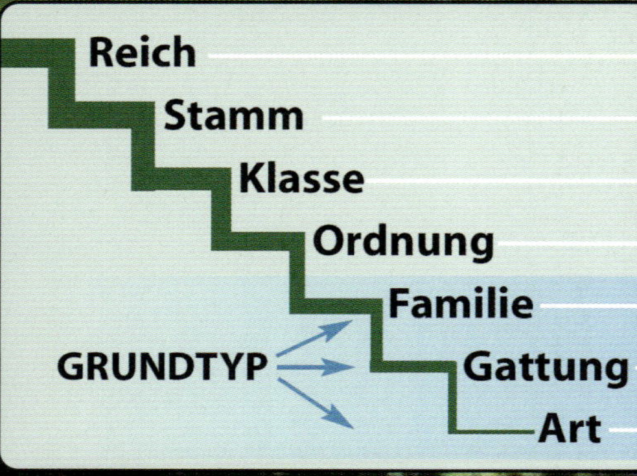

- Reich — Tiere
- Stamm — Chordatiere (Unterstamm: Wirbeltiere)
- Klasse — Säugetiere
- Ordnung — Raubtiere (Unterordnung: Katzenartige)
- Familie — Katzen (Unterfamilie: Großkatzen)
- Gattung — *Panthera*
- Art — *leo* (Löwe)

Heutige Schöpfungswissenschaftler stellen sich die Frage, welcher systematischen Ebene die **Schöpfungseinheiten** – die erschaffenen „Arten" im biblischen Schöpfungsbericht (1. Mose 1+2) – wohl entsprechen. Da es dort heißt, dass sie jeweils Nachkommen **„nach ihrer Art"** hervorbringen, ist insbesondere die Kreuzbarkeit ein Hinweis auf einen gemeinsamen **Grundtyp** (Schöpfungseinheit). Grundtyp-Studien ergeben, dass häufig Tiere oder Pflanzen einer **Familie** untereinander **kreuzbar** sind und somit als Grundtyp angesehen werden können. Manchmal entsprechen Grundtypen auch Ordnungen oder Unterfamilien.

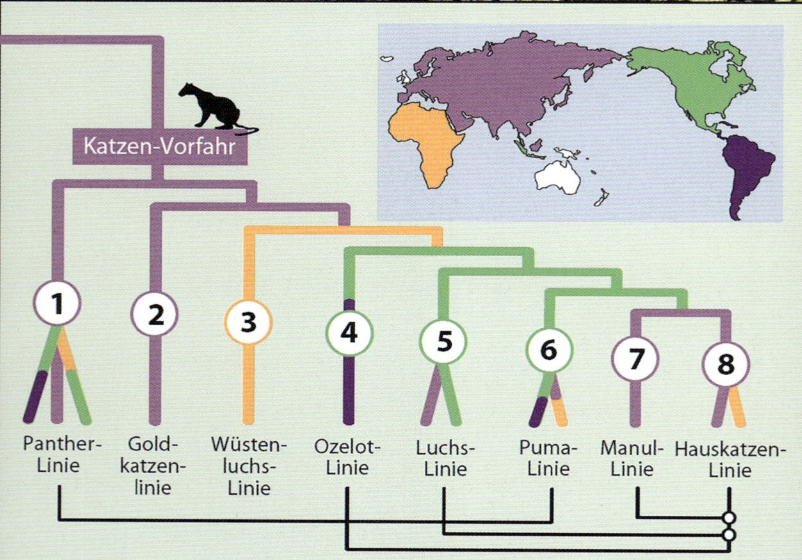

Grundtyp Katzen: Die schwarzen Linien zeigen Kreuzungen.

Löwe

Löwe-Tiger-Mischling: Liger

Tiger

Grundtypen sind ein wissenschaftliches Modell, um Pflanzen und Tiere in Schöpfungseinheiten einzuteilen: „Und Gott sprach: Die Erde lasse Gras hervorsprossen, Kraut, das Samen hervorbringe, Fruchtbäume, die Frucht tragen **nach ihrer Art**, in der ihr **Same** sei …“
1. Mose 1,11 (ÜE)

Der **Löwe** *(Panthera leo)* gehört zur Familie der Katzen. Auch der **Tiger** *(Panthera tigris)* gehört zu dieser Familie, sogar zur gleichen Gattung *(Panthera)*, ist aber eine eigene Art. Die beiden sind durch Kreuzungen miteinander verbunden. Die Kreuzung aus männlichem Löwen und weiblichem Tiger nennt man **„Liger“**. Mit über 400 Kilogramm Gewicht sind Liger die **gewaltigsten lebenden Großkatzen** der Welt. Weitere Kreuzungen in der Systematik der Katzen legen nahe, dass sowohl die **Großkatzen** als auch die **Kleinkatzen** (wie Hauskatze und Puma) zum selben Grundtyp gehören. Durch **Mikro-Evolution** (Anpassung) haben sich alle heutigen Katzenarten aus der ursprünglich erschaffenen katzenartigen Form entwickelt.

Wie viele Arten bilden einen Grundtyp?

Löffelstör

Die **Artenzahl pro Grundtyp** ist sehr **unterschiedlich** und hängt auch davon ab, um welche Pflanzen- oder Tiergruppe es sich handelt.

Hunde

Schaf + Ziege = Schiege

Zum Grundtyp der **Delfine** gehören wahrscheinlich alle ca. 35 heute lebenden Delfinarten und mindestens 10 ausgestorbene Arten. Alle ca. 45 heutigen **Katzenarten** – und noch einmal so viele Hauskatzenrassen – sowie einige fossile Arten bilden den Grundtyp der Katzen. Mindestens 20 lebende und 25 ausgestorbene Hundearten sowie 200 bis 400 Haushunderassen bilden den Grundtyp der **Hunde**. Älteren Kreuzungsberichten zufolge gehören auch die Rotfüchse dazu, dann würde der Grundtyp Hunde mindestens 60 Arten umfassen. Schaf und Ziege lassen sich zur „Schiege" kreuzen. Somit sind die **Ziegenartigen** mit mindestens 50 Arten und Hunderten von Schaf- und Ziegenrassen wahrscheinlich ein Grundtyp.

Entenvögel

Paradiesvogel

Bei den Vögeln umfassen manche Grundtypen besonders viele Arten.
Zum Grundtyp der **Papageien** zählen mindestens 330 heute lebende Arten. Der Grundtyp der **Paradiesvögel** enthält ca. 40 Arten dieser auffallenden exotischen Vögel. Zum Grundtyp der **Habichtartigen** aus der Ordnung der Greifvögel gehören wohl mindestens 250 heutige Arten – vom Bussard bis zum Seeadler. Die **Entenvögel** sind mit ca. 150 Arten und zahlreichen Haustierrassen ebenfalls ein Grundtyp.

Bei den bisherigen Beispielen entsprach der Grundtyp ungefähr der Ebene der **Familie** oder **Unterfamilie** in der biologischen Systematik. Aber es gibt auch Beispiele, wo **mehrere** solcher **Familien einen Grundtyp** bilden. Bei den Fischen bilden die Familien der Löffelstöre und der Störe den gemeinsamen Grundtyp der **Störartigen**, da sie untereinander kreuzbar sind. Für Evolutionsbiologen ist das total überraschend, da sich diese Familien angeblich **seit dem unteren Jura*** auseinanderentwickelt haben, aber genetisch immer noch kompatibel sind.

Wahrscheinlich gehören alle ca. 220 heute noch lebenden **Eulenarten** zu einem Grundtyp. Dazu kommen vielleicht noch 70 ausgestorbene Eulenarten. Belegbar ist das mit einem Kreuzungsversuch zwischen zwei Eulenarten aus den beiden Eulen-Familien: Zwei Küken durchliefen immerhin die Hälfte der Embryonalentwicklung im Ei.

Eindeutiger ist die Ordnung der **Hühnervögel**: 5 Familien mit über 250 Arten sind durch Kreuzungen zu *einem* Grundtyp verbunden.

Erdneuzeit	Neogen / Quartär
	Paläogen
Erdmittelalter	Kreide
	Jura ←
	Trias
Erdaltertum	Perm
	Karbon
	Devon
	Silur
	Ordovizium
	Kambrium
	Ediacara-Fauna

Weißkopfseeadler gehören zum Grundtyp Habichtartige.

Wie viele Vögel nahm Noah je Grundtyp mit – 7 Stück oder 7 Paare? „Und der HERR sprach zu Noah: Geh in die Arche, du und dein ganzes Haus! Denn dich (allein) habe ich vor mir gerecht erfunden unter diesem Geschlecht. Nimm von allem reinen Vieh **je sieben und sieben** mit dir, **das Männchen und sein Weibchen**; von dem unreinen Vieh aber je ein Paar, das Männchen und sein Weibchen; auch von den Vögeln des Himmels **je sieben und sieben**, **Männchen und Weibchen**, um auf dem ganzen Erdboden Nachkommen am Leben zu erhalten."
1. Mose 7,1-3 (SLT)

Wahrscheinlich bilden alle Delfine einen gemeinsamen Grundtyp.

Wie viele Dinosaurier-Grundtypen gab es?

Leider werden wir **nie genau** wissen, wie viele erschaffene Arten **(Grundtypen)** von **Dinosauriern** es gab. Kreuzungen zwischen verschiedenen Arten sind nun einmal die beste Möglichkeit, um das zu überprüfen – und das geht bei Dinosauriern nicht mehr. Wir können also lediglich versuchen, die Dinosaurier aufgrund der oft nur bruchstückhaft vorliegenden Knochen einzuteilen.

Warum hatten Tyrannosaurier so kurze Stummelarme? Letztlich wissen wir es nicht. Wissenschaftler hatten aber die lustige Idee, dass es sie davor schützte, beim gierigen Fressen sich selbst oder Artgenossen die Arme **abzubeißen** … 🙂

Zwei im Kampf rekonstruierte *Dryptosaurier*

Zwei Tyrannosaurier hätten wohl für die Arche gereicht: „… und alle Arten **der wilden Tiere** …; die kamen zu Noah in die Arche hinein, je **ein Paar** von allen Geschöpfen, die Lebensodem in sich hatten; und die da hineinkamen, waren immer **ein Männchen und ein Weibchen** …" 1. Mose 7,14-16 (M)

Jakobsschaf

Mögliche Mikro-Evolution der Ceratopsier (Hornsaurier)

Möglicherweise bildeten die **Hornsaurier** der Familie **Ceratopsier** einen Grundtyp. Auch heute können sich Schafe und Ziegen mit verschieden geformten Hörnern paaren. Die meisten von ihnen haben 2 Hörner, manche gar keine, und die **Jakobsschafe** haben sogar 4 Hörner.

Einige Schöpfungswissenschaftler gehen aufgrund von statistischen Analysen davon aus, dass zumindest die **Tyrannosaurier** einen Grundtyp bilden könnten.[1] Dazu gehörten neben *T. rex* z. B. *Tarbosaurus* und *Albertosaurus*. Es könnten auch noch andere verwandte Arten wie z. B. *Dilong* und *Dryptosaurus* dazu gehört haben. Allerdings wären die kurzen **Stummelarme** der Tyrannosaurier – mit nur zwei Fingern mit Krallen – dann kein typisches Merkmal für diesen Grundtyp. Man weiß also nichts Genaues …

Bisherige Grundtyp-Studien zeigen, dass die systematische Ebene der Tierfamilien am besten den Grundtypen entspricht. Alternativ können es aber auch Unterfamilien, vielleicht Gattungen oder sogar Ordnungen sein. Aktuell geht man von **118 Dinosaurier-Familien** aus.[2] Es könnte also grob geschätzt 120 Dinosaurier-Grundtypen gegeben haben. Somit müssten nur ungefähr 240 Dinosaurier auf der Arche gewesen sein.

[1] Vgl. M. Aaron (2014) sowie Cserhati und Kollegen (2020).

[2] Datenbank *The Paleobiology DataBase* am 14.11.2023 (wenn man die Vögel abzieht).

Gehörten auch Neandertaler zum Grundtyp Mensch?

Zu den **Menschen** zählen neben *Homo sapiens* (dem heute lebenden modernen Menschen) auch ausgestorbene Menschenformen wie Neandertaler, Denisova-Mensch, Heidelberger Mensch und *Homo erectus*. Ihre Zugehörigkeit zum Grundtyp Mensch bestätigen nicht nur Skelettmerkmale und hinterlassene **Werkzeuge**, sondern auch **genetische Analysen** (nur bei *Homo erectus* fehlt noch das Erbgut). **Auch du bist also zu 1–4 Prozent ein Neandertaler!** Aus Schöpfungsperspektive waren sie Menschen wie wir, die auch von Adam und Eva abstammen.

Frühe Menschenformen waren **nicht primitiv**, sondern gut an ihre Umgebung angepasst. Auch heute leben noch manche Naturvölker in **„Steinzeit-Kulturen"**. Menschen aller Völker können miteinander Kinder bekommen. Damit gehören sie zu **einer biologischen Art**. Übrigens: Da sie die **Stammeltern aller Menschen** sind, ist es unwahrscheinlich, dass Adam und Eva so hellhäutig waren wie die heutigen Europäer bzw. die Neandertaler.

Menschen sind fossil seit dem frühen Quartär* bekannt – und zwar in Form von ***Homo erectus***. *Homo erectus* heißt nicht umsonst „der aufrecht gehende Mensch". Im Gegensatz zu ausgestorbenen Großaffen hatten sie einen **menschlichen Gang**. Sie sahen etwas anders als die meisten Menschen heute aus (z. B. hatten sie meist kleinere Schädel und größere Überaugenwülste), hinterließen aber geniale **Steinwerkzeuge**. Werkzeuge wie **wunderschön geformte Faustkeile** und das zu Recht als **„Mondkalender"** gedeutete Ritzmuster aus Bilzingsleben in Deutschland sprechen für eine normale menschliche Intelligenz von *Homo erectus*.

Schädel von *Homo erectus* aus Afrika

Artefakt – wahrscheinlich ein Mondkalender – von *Homo erectus* aus Bilzingsleben

Auch Hiob berichtet schon von Höhlenmenschen – sie waren aber keine primitiven „Affenmenschen", sondern aus der Gesellschaft ausgestoßene Menschen: „Aus der Gemeinschaft werden sie gejagt; man schreit über sie wie über Diebe. Am **Abhang der Schluchten** müssen sie **wohnen**, in **Erdlöchern** und **Felsenhöhlen**. Im Gebüsch schreien sie, unter dem Unkraut finden sie sich zusammen. Als Kinder von Narren, Kinder von Ehrlosen, sind sie aus dem Land hinausgepeitscht worden." Hiob 30,5-8 (SLT)

Auch **Neandertaler** waren **keineswegs primitive Keulenschwinger**. Einerseits jagten sie gefährliches Großwild wie Mammuts und Höhlenbären, andererseits nutzten und kochten sie ganz verschiedene Pflanzen und Meerestiere. Neandertaler **kümmerten sich intensiv** um Kranke und Verletzte, selbst wenn diese der Gruppe nicht mehr von großem Nutzen waren. Sie **begruben ihre Toten liebevoll** und gaben ihnen häufig Grabbeigaben mit. Sie stellten **Schmuck** und Farbe her und hinterließen Höhlenmalereien. Birkenpech verarbeiteten sie in komplizierten Verfahren zu **Allzweckkleber**. Sie fertigten Schnüre und wahrscheinlich auch **Flöten** an. Auch heute noch begeistern Steinwerkzeug-Kenner ihre **ausgetüftelten Steinwerkzeuge**.

Rekonstruktion Neandertaler

Ausgrabungsleiter Hartmut Thieme mit einem Speer aus Schöningen

Die **Speere von Schöningen** in Deutschland aus der Zeit der Heidelberger Menschen sind ein weiteres Argument für ihre Intelligenz. Sie wurden besonders sorgfältig aus harten „Krüppelkiefern" und „-fichten" geschnitzt. Die Speere wurden nachgebaut und von Speerwerfern erprobt. Ohne besonderen Aufwand konnten sie damit über 60 Meter weit werfen – eine Sensation! Das bedeutet, dass die fossilen Holzspeere **mit den heutigen Olympia-Speeren der Damen vergleichbar** sind. Eine solche Waffentechnik **erfordert Intelligenz, Sprache und Kultur**, um über viele Generationen hinweg die Waffen immer weiter zu optimieren. Es gibt also keinen sinnvollen Grund anzunehmen, dass frühe Menschen primitiver waren als wir heute. Auch Zungenbein und Innenohr „sprechen" für eine menschliche Sprachfähigkeit bei frühen Menschen.

Reichten Platz und Futter in der Arche?

Noah hätte nach Seite 119 ca. 200 bis 600 Amphibien, 1400 bis 2000 Reptilien, ungefähr 4900 Vögel und 1200 bis 1550 Säugetiere in die Arche mitnehmen müssen. Die Menge ist davon abhängig, wie die Zahl der Grundtypen eingeschätzt wird. *Doch wie viel Platz und wie viel Futter brauchten diese Tiere?*

Eine eigene Analyse mit ca. 2500 heute lebenden Tierarten aus 285 Familien ergab, dass **nur wenige Tiere** ausgewachsen **schwerer sind als ein Hund.**[1] Orientiert man sich an der Größe üblicher **Transportboxen für Haustiere**, ergibt sich **für alle Tiere ein Platzbedarf von ca. 2700 bis 3150 m³** in Transportboxen. Der Futterbedarf wurde folgendermaßen errechnet: Ist ein Tier vergleichbar groß wie ein Schaf, wird für dieses der Futterbedarf eines Schafes angenommen – vergleichbar wurde bei Tieren anderer Größen verfahren. Für die wahrscheinlich 371 Tage dauernde Sintflut ergibt sich so ein Bedarf von ca. **1600 bis 1850 Tonnen Futter** für die 7700 bis 9050 mit Lungen atmenden Wirbeltiere. Umgerechnet in **Kubikmeter** erhält man **ähnliche Werte**. Getreide wiegt nämlich je Kubikmeter weniger und (Trocken-)Fleisch je Kubikmeter (m³) etwas mehr als eine Tonne.

Natürlich sind das alles **nur grobe Schätzungen**, mit denen man die Wahrheit des Sintflutberichts nicht beweisen, sondern höchstens plausibel machen kann. Andererseits haben sich **Bibelkritiker** aber auch oft darüber lustig gemacht, dass die Anzahl der Tiere in der Arche beweise, dass die Bibel **unwissenschaftlich** sei. Dies kann man durch gut begründete Schätzungen **zurückweisen**.

Schätzung des Platz- und Futterbedarfs basierend auf Daten zu Gewicht, Größe und Futterbedarf heutiger Tierfamilien:[1]

Heutige Haustiere und ihr Gewicht zum Vergleich für Platz- und Futterbedarf: Anteil von 285 heutigen Familien in Prozent	Anzahl vergleichbar großer Tiere in der Arche	Größe einer Transportbox in m³	Platzbedarf für alle diese Tiere in m³	Futter / Tag pro Tier in kg	Futterbedarf der Tiere für 371 Tage in Tonnen (t)
<20 g (wie Mäuse): 14,0 %	1081–1270	0,0028 m³	3,0–3,6 m³	0,005 kg	2,0–2,4 t
<100 g (wie Hamster): 18,6 %	1432–1683	0,005 m³	7,2–8,4 m³	0,015 kg	8,0–9,4 t
<500 g (wie Ratten): 20,0 %	1540–1810	0,0145 m³	22,3–26,2 m³	0,025 kg	14,3–16,8 t
<5 kg (wie Kaninchen): 26,3 %	2026–2382	0,03 m³	60,8–71,4 m³	0,5 kg	375,9–441,8 t
<10 kg (wie Katzen): 7,0 %	540–635	0,0405 m³	21,9–25,7 m³	0,65 kg	130,3–153,2 t
<50 kg (wie Hunde): 7,0 %	540–635	0,5 m³	270,2–317,5 m³	0,4 kg	80,2–94,2 t
<100 kg (wie Schafe): 2,5 %	189–222	0,6 m³	113,5–133,4 m³	2,5 kg	175,4–206,2 t
>100 kg (wie Pferde): 4,6 %	351–413	6,2 m³	2177,6–2559,4 m³	6 kg	781,8–918,9 t
Insgesamt	**ca. 7700 bis 9050 Tiere**		**2676,5 bis 3145,7 m³ für Transportboxen**		**1567,9 bis 1842,8 Tonnen Futter**

Der erste Regenbogen wird in der Bibel erst nach der Sintflut erwähnt (1. Mose 9,13). Ob es ihn vorher schon gab, wissen wir nicht.

Wie ich es sehe: Es ist **noch nicht endgültig geklärt**, ob das Aussterben der Dinosaurier, Flugsaurier und Meeressaurier **erst nach der Sintflut** stattfand. Ich halte das aber für sehr wahrscheinlich und habe daher einen **Flugsaurier** zusammen mit der Arche abgebildet.

Nur acht Menschen fuhren in der Arche mit: „Er [= Gott] hat auch die frühere Welt nicht verschont. **Nur Noah**, der die Menschen ermahnte, Gott zu gehorchen, wurde **mit sieben anderen** gerettet, als Gott die **Flut** über die **Welt** der Gottlosen brachte."
2. Petrus 2,5 (NEÜ)

Reichte der Platz in der Arche? Die Arche hatte ein **Volumen** von **41000 bis 63300 m³**. Bei der größeren Variante wurden davon ca. 8000 m³ (rund 13 Prozent des Volumens) für das **Baumaterial** der Außenkonstruktion benötigt. Die Studenten auf S. 116 kamen ja sogar nur auf 1200 Tonnen Zedernholz für die Außenkonstruktion, was grob 2400 m³ entspricht. Die Tiere brauchten – je nach Schätzung (S. 132 bzw. S. 119) – ca. **2700 bis 8500 m³** Platz (maximal ca. 20 Prozent). Auf das nötige Futter entfallen ca. **1600 bis 1850 m³** Platz (ca. 5 Prozent). Übrig bleiben somit also noch **mehr als 55 Prozent** des Volumens für **Verpackungsmaterial (Holz- und Tongefäße), Futterautomaten (z. B. Trichter) und andere Geräte, Wände der Gehege, Wege, Fäkalien-Abtransportsysteme sowie für den Lebensraum und die Vorräte der Menschen**. Um den Wasserbedarf zu decken, hätte man entweder Wasser in Tonnen mitnehmen oder das **Regenwasser** vom Dach der Arche sammeln können. Sicher wäre auch noch ausreichend Platz für mehr oder größere Gehege gewesen, z. B. um Wirbellose oder heute ausgestorbene große Tiere unterzubringen.

[1] Mit den folgenden Datenbanken wurde jeweils der Gewichts-Mittelwert pro Familie errechnet: https://animaldiversity.ummz.umich.edu/quaardvark/search/, am 30.03.2023 (27 Reptilien-, 98 Vogel-und 129 Säugetier-Familien) und https://onlinelibrary.wiley.com/doi/10.1111/1749-4877.12268, S1 (31 Amphibien-Familien).

F. Sintflut und Geologie

Themen

Ein Blick in die Gesteinsschichten

Über **ausgestorbene Tiere** wie Dinosaurier wissen wir nur etwas, weil sie in Form von **Fossilien** erhalten geblieben sind. Solche Fossilien, wie Versteinerungen oder Bernstein-Einschlüsse, finden sich in bestimmten Sedimentgesteinen. **Sedimentgesteine** sind durch schichtweise Ablagerung entstandene Gesteine. Aus diesen kann man prinzipiell ein **relatives Alter** ableiten. Man kann z. B. sagen: Dinosaurier aus der Gesteinsformation des Jura* wurden **vor** den Dinosauriern aus der Formation der Kreide* verschüttet, auch wenn man nicht genau weiß, wie alt die Gesteine der Kreide* sind. Die geologische Zeitskala rechts unten zeigt dir, wie die Gesteinsformationen angeordnet sind. Die Dicke der geologischen Systeme dort richtet sich nach radiometrisch bestimmten Jahren, auch wenn niemand weiß, was das in realen Jahren bedeutet.

Schichtweise abgelagerte Sedimente in Kings Cove (Kanada)

Auf den Kontinenten befinden sich unter unseren Füßen im Durchschnitt etwa **4000 Meter dicke Sedimentgesteine**, die auch Fossilien beinhalten können.[1] Sedimentgesteine entstehen in der Regel aus Sedimenten, die im Wasser abgelagert werden. Dazu gehören z. B. Sand, Ton oder Kalkstein. Diese Sedimente wiederum entstehen meistens durch die **Erosion** (Abtragung) von älterem Gestein. Sedimente können aber auch durch Chemikalien und Ansammlung von totem organischem Material entstehen. Wenn es nicht zu Verschiebungen kommt – z. B. durch aufeinander zudriftende Kontinentalplatten –, liegen in der Regel jüngere Sedimentschichten in horizontalen, **flach aufeinander** liegenden Schichten über den älteren. Es gilt also der allgemeine Grundsatz: **Je tiefer die Schichten, desto älter sind sie**. Geologen haben die Gesteine weltweit kartiert und den geologischen Systemen (z. B. Kreide*) zugeordnet, wodurch diese Beobachtung bestätigt wird. So liegen beispielsweise die Gesteinsschichten der Kreide* normalerweise über denen des Jura*.

[1] S. Clarey & Werner (2023, S. 422).

Die große Frage ist nun, **wie alt** diese Sedimentschichten sind. Die typische Sichtweise ist heute, dass es **über 500 Mio. Jahre** gedauert hat, um alle Sedimentgesteine vom Kambrium* bis zur Gegenwart abzulagern. Diese hohen Alter werden u. a. durch radiometrische Altersbestimmung vulkanischer Ascheschichten und Magmagesteine errechnet. Dazu wird unter gewissen **Vorannahmen** das Verhältnis von Anfangs- und Endprodukten des radioaktiven Zerfalls bestimmter Elemente gemessen und versucht, daraus ein Alter zu berechnen. Doch passen die geologischen Beobachtungen zu diesen langen Zeiträumen, oder gibt es auch Hinweise darauf, dass die Schichten viel schneller entstanden sind?

Gottes Wort ist wertvoller als alle Schätze der Erde – egal, ob Gold, Silber oder Fossilien: „Alle **Worte** des HERRN sind **rein**, sie sind wie Silber, das im Schmelzofen geläutert und siebenmal gereinigt wurde."
Psalm 12,7 (NGÜ)

Heutige Ablagerungsraten von Sedimenten liegen durchschnittlich bei **ca. 1 Zentimeter pro Jahr** – das hängt aber stark von den Umweltbedingungen ab. Die Sedimentationsraten, die man für die **Gesteinsschichten** durch die radiometrische Datierung errechnet hat, liegen jedoch im Durchschnitt **bei nur ca. 0,001 Zentimetern pro Jahr**. Das bedeutet: **Wenn man bei geologischen Schichten die heutigen Sedimentationsraten zur Datierung verwendet, erhält man viel jüngere Altersangaben**. Auch viele Geologen sind sich bewusst, dass – vereinfacht gesagt – radiometrisch errechnetes Alter und heutige Sedimentationsraten nicht zusammenpassen.

Die meisten Geologen – vor allem, wenn sie ein atheistisches Weltbild haben – gehen davon aus, **dass die Sedimentationsraten immer ungefähr gleich geblieben sind**. Um den Widerspruch zu den radiometrisch errechneten Altern aufzulösen, nehmen sie an, dass **sehr viel Erosion** (Abtragung) stattgefunden haben muss. Manche Geologen meinen, dass **höchstens 1 bis 10 Prozent aller Gesteine, die es einmal gegeben hat, heute noch vorhanden sind.**[2] Um trotzdem an dem hohen Alter der Gesteine festhalten zu können, muss man von **massiver Erosion** ausgehen. Mehrfache, zum Teil ganze Kontinente umfassende Erosionsereignisse sind aber nicht so einfach nachzuweisen.

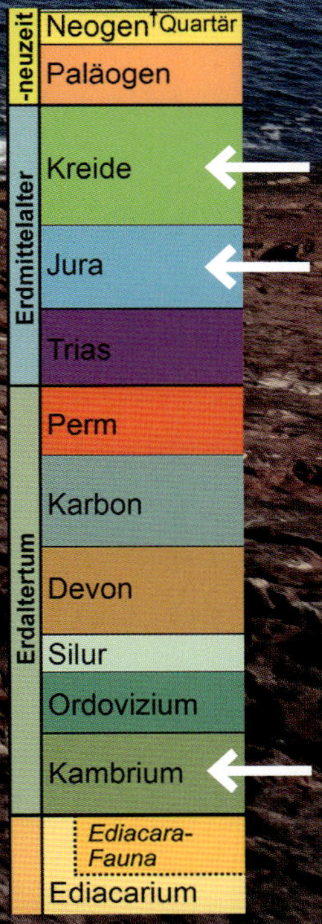

Erdneuzeit	Quartär
	Neogen
	Paläogen
Erdmittelalter	Kreide ←
	Jura ←
	Trias
Erdaltertum	Perm
	Karbon
	Devon
	Silur
	Ordovizium
	Kambrium ←
	Ediacara-Fauna
	Ediacarium

[2] Paul Garner (2019) verweist auf die Geologen Derek Ager, Tjeerd van Andel und Robin Bailey; auch die meisten anderen Inhalte dieser Doppelseite basieren auf Garners Buch.

Argumente für eine schnelle Ablagerung der Gesteinsschichte

Wenn tatsächlich über **Hunderte Mio. von Jahren** Erosion zwischen verschiedenen Gesteinsschichten stattgefunden hätte – wie manche Geologen vermuten –, dann fragt sich, ob die Spuren dieser Erosion zu sehen sind. Die Schichten könnten dann z. B. **viele große und kleine Erosionstäler** aufweisen. Auch **heute** ist die Landschaft ja **voller Berge und Täler**, welche durch Erosion entstanden sind. **Das ist aber bei Sedimentgesteinen in der Regel nicht der Fall.** Die Sedimentschichten sind normalerweise horizontal und relativ **eben** übereinander abgelagert. Außerdem **fehlen an vielen Orten Schichten** einiger geologischer Systeme völlig. Diese „Lücken" sollen Zeiträume von vielen Mio. Jahren repräsentieren – dabei aber „verborgen", also unauffindbar, sein.[1]

Aber nicht nur die fehlenden Erosionsspuren wecken Zweifel daran, dass sich die Widersprüche durch die Annahme von Erosion lösen lassen. Erosion erfolgte im Langzeitrahmen nämlich viel zu schnell. Wenn man von heutigen Erosionsraten ausgeht, **wären die Kontinente in nur 10 bis 34 Mio. Jahren bis auf die Höhe des Meeresspiegels abgetragen worden.**[1]

Erdneuzeit	Neogen / Quartär
	Paläogen ←
Erdmittelalter	Kreide ←
	Jura
	Trias
Erdaltertum	Perm ←
	Karbon
	Devon
	Silur
	Ordovizium ←
	Kambrium ←
	Ediacara-Fauna
	Ediacarium

Schmiedefeld-Formation

Ein Beispiel für problematische Datierung aus Deutschland ist die **Schmiedefeld-Formation** in Thüringen aus dem Ordovizium*. Sie soll einen Zeitraum von ca. 20 Mio. Jahren repräsentieren. Manfred Stephan hält es aber aufgrund der geologischen Befunde (Lithostrathigraphie) für möglich, dass ihre Entstehung nicht 20 Mio. Jahre, sondern **höchstens einige Jahrhunderte** gedauert hat.[2]

[1] Der Abschnitt basiert auf Paul Garner (2019). [2] Mehr dazu bei Manfred Stephan (2012).

Ein weiteres **Problem** für die angenommenen Mio. von Jahren Ablagerungszeit ist, dass **häufig fossile Spuren von Tieren im Sedimentgestein fehlen**. Meeresböden werden nämlich normalerweise von vielen Meerestieren bewohnt, die sich schnell durch das Sediment wühlen. Zu solchen Meerestieren zählen z. B. Wattwürmer aus der Nordsee und Herzseeigel, die innerhalb von **Tagen** den Meeresboden so umwühlen können, dass danach **gar keine verschiedenen Schichten mehr erkennbar** sind. In den Gesteinsschichten findet man aber kaum Spuren solcher Durchwühlung, was **erklärungsbedürftig** ist, wenn man von einer langen Erdgeschichte von Hunderten Mio. von Jahren ausgeht.[1]

Wie ich es sehe: Die **geologischen Befunde widersprechen** öfters den radiometrischen Altersbestimmungen. Auch häufig „fehlende" Gesteinsschichten können auf ein jüngeres Erdalter hinweisen.

Der Grand Canyon in den USA: Die oberste Schicht heißt „Kaibab Kalkstein" und stammt aus dem unteren bis mittleren Perm*.

Die grünen Hügel unten im Canyon entstammen der „Bright-Angel-Formation" aus dem mittleren Kambrium*.

Eigentlich ist es normal, dass Böden komplett **zerwühlt** werden, wenn es keine besonderen Bedingungen gibt, die das verhindern. Geologen haben aber z. B. die ca. 500 Meter dicken Gesteinsschichten vom Kambrium* bis zum Paläogen* in Utah und West-Colorado **im großen Stil** auf Spuren von Tier-Durchwühlung untersucht. Sie kamen zum Schluss, **dass die Mehrheit der untersuchten geologischen Formationen wenig bis gar keine Durchwühlung aufweist**. Die verschiedenen Sedimentschichten waren gut erkennbar und sichtbar. Lediglich in der Kreide* gab es einige wenige Stellen, an denen der Boden komplett durchwühlt war. Auch bei der Untersuchung anderer Gesteinsformationen wurden nur minimale Durchwühlungsspuren gefunden.[3]

Wattwurm beim Wühlen

[3] Forschungsergebnisse der Geologen Richard Bromley, Leonard Brand, Art Chadwick und James Bird; siehe dazu Paul Garner (2019).

Manchmal bilden sich Gesteinsschichten und Canyons auc

Als 1980 der Vulkan **Mount St. Helens** in den USA ausbrach, konnten Geologen beobachten, wie innerhalb **nur weniger Tage meterdicke Gesteinsschichten** entstanden. Die mit weißen Pfeilen markierten Schichten auf dem Bild sind **an nur drei Tagen** in den Jahren 1980 und 1982 entstanden. Anschließend haben sich Canyons hineingefressen, die an manchen Stellen 30 bis 40 Meter tief sind. Auch deshalb ist es eine **Frage der Deutung**, wie man dicke Schichten von Sedimentgestein oder tiefe Canyons interpretiert: als Ergebnis von **langsamer** Ablagerung von **wenig** Material oder als Folge **katastrophisch** ablaufender Prozesse, bei denen **schnell viel** Sediment abgelagert wird.

Manche geologischen Befunde sprechen also eher für eine **schnelle Ablagerung** der Gesteinsschichten statt für einen langsamen Prozess über Hunderte Mio. von Jahren. Einige Schöpfungswissenschaftler denken, dass die **Sintflut** eine gute Erklärung für alle diese schnellen Ablagerungsprozesse ist. Andere wiederum äußern die berechtigte Kritik, dass es **zu viele Probleme gibt, um *alle* Schichten von Kambrium bis Kreide in einem Sintflutjahr unterzubringen** – vor allem wenn es Besiedlungsspuren wie z. B. mehrere Schichten von Dinosauriernestern übereinander gibt.[1] Es besteht also noch viel **Forschungsbedarf**, wie die Sintflutereignisse konkret mit den geologischen Schichten zusammenpassen.

Heute glauben viele Menschen nicht mehr, dass die Sintflut tatsächlich stattgefunden hat und dabei viele der Gesteinsschichten verursacht haben könnte. Der Apostel Petrus jedenfalls glaubte an eine Sintflut, die die frühere Welt überflutete: „Er [= Gott] hat auch die alte **Welt** nicht verschont, sondern nur **Noah**, den Prediger der Gerechtigkeit, zusammen mit sieben anderen Personen am Leben erhalten, als er die **Sintflut** über die Welt der Gottlosen hereinbrechen ließ. … und die **damalige Welt** ist im Wasser **durch Überflutung** zugrunde gegangen."
2. Petrus 2,5+3,6 (nach M)

[1] Vgl. Studiengemeinschaft Wort und Wissen (2003).

Auch wenn für uns noch viele Fragen zur Sintflut offen bleiben, dürfen wir wissen, dass Gott als Schöpfer über alles die Kontrolle behält: „Der HERR hat **über der Sintflut** [o. Wasserflut der Schöpfung] **gethront**, und als König thront der HERR in Ewigkeit."
Psalm 29,10 (nach M)

Gipfel des Mount St. Helens vor dem Ausbruch 1980

Durch den Ausbruch des Mount St. Helens entstandene Gesteinsschichten samt Canyons

Übrigens konnte durch **Experimente** gezeigt werden, dass sich in fließendem Wasser wegen unterschiedlicher Körnchengröße **mehrere Schichten gleichzeitig** ablagern können[2] – nicht alle Schichten müssen also langsam nacheinander entstanden sein.

[2] Vgl. z. B. Makse und Kollegen (1997) und Guy Berthault (2000).

Wann lebten Adam und Eva?

Wann genau war die Sintflut? Und welche Gesteinsschichten wurden durch sie abgelagert? Diese Fragen beschäftigen Schöpfungswissenschaftler seit mehreren Jahrhunderten. Sie suchen Hinweise in den Gesteinsschichten und natürlich im biblischen Bericht.

Die **Bibel** macht Zeitangaben über wichtige Ereignisse, verwendet aber keine Datumsangaben, wie wir das heute tun. Im Stammbaum, der von Adam über Noah bis zu Abraham führt, stehen lediglich **Altersangaben**. Schöpfungswissenschaftler sind sich aber nicht ganz einig, wann genau diese Personen gelebt haben. Natürlich kann man mit den Zahlen in den **Stammbäumen** – die in den **hebräischen Handschriften** des Alten Testaments und den meisten Bibelübersetzungen in 1. Mose 5 und 11 verwendet werden – einfach von Abraham bis Adam **zurückrechnen**. Dann könnte die **Sintflut** vor etwa **4400 Jahren** und die Erschaffung von **Adam und Eva** vor ungefähr **6000 Jahren** gewesen sein. Ganz sicher ist das aber nicht, weil es davon abhängt, wann genau Abraham gelebt hat – und auch bei Abraham **streiten** sich die Gelehrten um wenige Jahrhunderte. Auf alle Fälle lebte Abraham, nachdem Gott beim Turmbau zu Babel die Menschen durch viele neue Sprachen verwirrt hatte. Nur nebenbei bemerkt: Die Herkunft komplexer Sprachen ist ein starkes Argument für die Glaubwürdigkeit von 1. Mose 11.[1]

Wenn man wissen will, wann genau Adam und Eva erschaffen wurden, wird es richtig kompliziert: Es gibt auch **Handschriften** des Alten Testaments, die ausgerechnet in den Stammbäumen **andere Zahlen** nennen. Von manchen Bibelstellen gibt es nämlich in den uns vorliegenden Handschriften **mehrere Versionen**, weil Abschreiber Fehler gemacht haben. Für so alte Bücher wie die Bibelbücher sind aber die Stellen, wo aufgrund der Handschriften nicht klar ist, was da ursprünglich stand, **äußerst selten.** Im Neuen Testament betreffen sie außerdem keine zentralen Lehren der Christenheit. Was das Alte Testament betrifft, hat sich häufig der hebräische, **masoretische Text**, den die jüdischen Schriftgelehrten (die Schreiber des Mittelalters nennt man „Masoreten") sorgfältig überliefert haben, als sehr **vertrauenswürdig** erwiesen. Dies zeigen auch die Funde von Handschriften des Alten Testaments vom Toten Meer in Israel (z. B. aus **Qumran**), die über 2000 Jahre alt sind.

Die Priester Israels waren verantwortlich für die Abschriften des Alten Testaments: „Wenn er [= der König] dann auf seinem königlichen Thron sitzt, so soll er eine **Abschrift** dieses Gesetzes, das **vor den levitischen Priestern** liegt, in ein **Buch** schreiben (lassen). Und dieses soll bei ihm sein, und er soll darin **lesen alle Tage seines Lebens**, damit er lernt, den HERRN, seinen Gott, zu fürchten, damit er alle Worte dieses Gesetzes und diese Satzungen bewahrt und sie **tut** …" 5. Mose 17,18-19 (SLT)

An **wenigen Stellen** in den biblischen Handschriften, wie gerade auch bei den Stammbaum-Zahlen in 1. Mose, scheinen einige Abschreiber **absichtlich Änderungen** vorgenommen zu haben. Sie kommen so auf andere Jahreszahlen. Die offene Frage ist nun, in welchen Handschriften hier in den Stammbäumen die richtigen, originalen Zahlen überliefert wurden: in den jüdisch-hebräischen oder den samaritanisch-hebräischen Handschriften? Oder doch in der ältesten Übersetzung des Alten Testamentes, der sogenannten **Septuaginta**? Die Septuaginta ist eine Übersetzung ins Griechische, die von Juden schon ab dem 3. Jahrhundert v. Chr. in Ägypten auf Grundlage einer eigenständigen hebräischen Vorlage angefertigt wurde. Die Zahlen in der Septuaginta würden nämlich ergeben, dass die **Sintflut** vor etwa **5100 Jahren** und die Erschaffung **Adams** vor ungefähr **7400 Jahren** stattgefunden hat.

Jesaja-Rolle aus Qumran

Wusstest du schon, dass trotz alledem das ***Neue Testament*** *(bzw. seine Bücher) das* ***am besten überlieferte Werk*** *der ganzen Antike ist?* Gott hat darüber gewacht, dass die Bibel zuverlässig überliefert wurde. Kein Buch wurde **sorgfältiger kopiert** als das **Alte Testament**: Rabbi Jischma'el (um 130 n. Chr.) ermahnte die Abschreiber, dass jeder einzelne Buchstabe wichtig ist: „Mein Sohn, sei vorsichtig, denn dein Werk ist das Werk des Himmels. Wenn du **einen Buchstaben** weglässt oder **einen Buchstaben** hinzufügst, so findest du dich in der Funktion eines Zerstörers der ganzen Welt."
(Babylonischer Talmud, Sotah 20a)[2]

Geburt Abrahams ungefähr

Auferstehung Christi

4000 | 3000 | 2000 | 1000 | Heute

[1] Siehe Roger Liebi (2018) sowie Benjamin Scholl (2023a+b). [2] Übersetzung: Roger Liebi (2017, 26).

Gibt es Lücken in den Stammbäumen?

Die drei Söhne Noahs: Sem, Ham und Japhet

Bibel- und Schöpfungswissenschaftler diskutieren in Bezug auf das Alter der Menschheit in der Bibel aber noch eine weitere Frage: *Sollten wir die Zahlen der Stammbäume überhaupt einfach so addieren, oder gibt es da möglicherweise* ***Lücken****?* Auch in anderen biblischen Stammbäumen werden wichtige Generationen zusammengefasst und andere ausgelassen (das sieht man vor allem in Matthäus 1). Allerdings sind die Stammbäume in 1. Mose 5 und 11 mit ihren Jahresangaben in der Bibel einzigartig. Besonders spannend ist, dass im Neuen Testament in Lukas 3,36 in nahezu allen Handschriften ein gewisser Urenkel Noahs namens **Kainan** (bzw. Kenan) erwähnt wird, der aber im hebräischen Alten Testament in 1. Mose 11,12 und 1. Chronik 1,24 nicht vorkommt. Wenn Gott uns im Lukasevangelium bezeugt, dass es Kainan tatsächlich gab, könnten die hebräischen Stammbäume von Adam zu Abraham also eine oder mehrere **Lücken** enthalten.

130 + 105 + 90 + 70 + ... = ?

Selbst wenn die Stammbäume Lücken haben – **Mio. von Jahren** lassen sich darin doch wohl **schwerlich** unterbringen. Da sind sich die meisten Bibelgelehrten aus verschiedenen Gründen einig. Es stellt sich aber natürlich ernsthaft die **Frage**, ob man die Zahlen in den Stammbäumen **einfach so addieren kann**. Denn es lässt sich eben nicht mit letzter Sicherheit feststellen, ob hier immer Vorfahren gemeint sind, die zu einem bestimmten Zeitpunkt genau einen Nachkommen gezeugt haben – wie es beim Lesen erscheint – oder, ob der Nachkomme doch **stellvertretend** für seine ganze **Abstammungslinie** steht.

Stammbaum Jesu im Neuen Testament: „Und **Jesus** war ungefähr 30 Jahre alt, als er [mit seinem öffentlichen Dienst] begann; er war, wie man meinte, ein [Adoptiv-]Sohn Josephs, des Eli, ... des Juda, des Jakob, des Isaak, des Abraham, des Terach, des Nahor, des Serug, des Regu, des Peleg, des Heber, des **Schelach**, des **Kainan** [= Kainan II], des **Arpakschad**, des **Sem**, des **Noah**, des Lamech, des Methusalah, des Henoch, des Jared, des Mahalaleel, des Kainan [= Kainan I], des Enosch, des Seth, des **Adam**, Gottes." Lukas 3,23-38 (nach SLT)

Wie ich es sehe:
Letztlich **wissen** wir also aus der Bibel **nicht sicher, wann die Sintflut und die Erschaffung Adams stattgefunden haben**. Ziemlich sicher war es aber vor Jahrtausenden und nicht vor Jahrmillionen. Natürlich wäre es schön, hier Klarheit zu haben. Aber Gott mutet uns öfter zu, dass wir ihm und seinem Wort **vertrauen**, ohne alles bis ins letzte Detail ganz genau zu wissen – das galt übrigens auch für Noah beim Bauen der Arche!

Stammbaum Sems in hebräischen Handschriften: „Dies ist die Geschichte Sems: Als **Sem** 100 Jahre alt war, zeugte er den Arpakschad, zwei Jahre nach der Flut; und nachdem Sem den Arpakschad gezeugt hatte, lebte er (noch) 500 Jahre und zeugte Söhne und Töchter. **Arpakschad** war **35 Jahre** alt, als er den **Schelach** zeugte; und nachdem Arpakschad den Schelach gezeugt hatte, lebte er (noch) **403 Jahre** und zeugte Söhne und Töchter … **Terach** war 70 Jahre alt, als er den Abram, Nahor und Haran zeugte." 1. Mose 11,10-13+26 (SLT, nach dem hebräischen, masoretischen Text)

Stammbaum Sems in griechischen Handschriften: „Und dies sind die Abstammungen von Sem: **Sem** war ein Sohn von 100 Jahren, als er Arphaxad zeugte im zweiten Jahr nach der Flut. Und Sem lebte, nachdem er Arphaxad gezeugt hatte, 500 Jahre und er zeugte Söhne und Töchter und er starb. Und **Arphaxad** lebte **135 Jahre**, da zeugte er **Kainan** [= Kainan II]. Und Arphaxad lebte, nachdem er Kainan gezeugt hatte, **430 Jahre** und er zeugte Söhne und Töchter und er starb. Und Kainan lebte **130 Jahre**, da zeugte er **Sala** (= Schelach). Und Kainan lebte, nachdem er Sala gezeugt hatte, 330 Jahre und er zeugte Söhne und Töchter und er starb. … Und **Thara** lebte 70 Jahre, da zeugte er Abram und Nachor und Arran." 1. Mose 11,10-13+26 (Septuaginta Deutsch; ohne originale Kursivsetzung)

Wann genau war die Sintflut?

Aus **geologischer Perspektive** wissen wir nicht sicher, welche Gesteinsschichten durch die Sintflut abgelagert wurden. Seit über 200 Jahren gibt es Schöpfungswissenschaftler, die vermuten, dass die meisten Gesteinsschichten **mit Tierfossilien** aus der Sintflut stammen könnten.

Tatsächlich sind die allermeisten fossilienführenden Gesteinsschichten aus **Meeressedimenten** entstanden – die Schichten wurden also im Meer abgelagert. Dabei entstehen gut erhaltene Fossilien in der Regel in Folge von **katastrophischen Ereignissen**, wenn Lebewesen schnell verschüttet werden. Vor allem die Überreste zarter Lebewesen, die kein stabiles Innen- oder Außenskelett besitzen, verwesen und zersetzen sich innerhalb kürzester Zeit. Wenn man nun **perfekt erhaltene Fossilien** von z. B. **Quallen** findet, oder auf versteinerten Knochen noch zarte Oberflächenstrukturen erkennbar sind, spricht das dafür, dass diese Lebewesen durch Katastrophen **schnell verschüttet** und fossilisiert wurden. Hätte es lange Zeit oder gar Jahrtausende gedauert, bis sie durch dünne Sedimentschichten verschüttet worden wären, wären die Lebewesen verwest und zersetzt worden, lange bevor sie zu Fossilien geworden wären.

Auch die chemische **Umwandlung in Fossilien** kann sehr schnell gehen, wie Experimente zeigen. Wenige Stunden oder Tage reichen, wenn **Druck** und **Temperatur** – so wie in mehreren Hundert Metern Tiefe in der Erde – hoch genug sind. Die Bildung von Fossilien benötigt also **nicht Mio. von Jahren** Zeit, sondern kann bei katastrophischen Ereignissen sehr schnell erfolgen.

In Psalm 104 gibt es einen Text, der von manchen Schöpfungswissenschaftlern auf die Sintflut statt auf die Schöpfungswoche bezogen wird. Wenn das stimmt, dann legt es Hinweise auf geologische Änderungen nahe: „Mit der **Flut** decktest du [= Gott] sie [= die Erde] wie mit einem Kleid; die **Wasser standen über den Bergen**; aber vor deinem Schelten **flohen** sie, vor deiner Donnerstimme suchten sie ängstlich das Weite. **Die Berge stiegen empor**, die **Täler senkten sich** zu dem Ort, den du ihnen gesetzt hast. Du hast (den Wassern) eine **Grenze** gesetzt, die sie nicht überschreiten sollen; sie dürfen die Erde nicht wiederum bedecken." Psalm 104,6-9 (SLT)

Nun ist es für Christen zwar naheliegend, bei einer geologischen **Katastrophe** an die **Sintflut** zu denken, doch auch **viele kleine Katastrophen** wie Erdbeben, Tsunamis und so weiter können Fossilien luftdicht abschließen und verschütten. Selbst dann, wenn sich alle Wissenschaftler einig sind, dass bestimmte Fossilien plötzlich und katastrophisch verschüttet worden sind, wissen wir also nicht sicher, ob wirklich immer die Sintflut die Ursache dafür war. Noch komplizierter wird es, weil wir ja auch **nicht wissen**, ob die Sintflutwasser **überall** auf der Welt gleichzeitig abgelaufen sind, beziehungsweise **wie lange** die Erde in der Zeit danach noch durch die geologischen und ökologischen Folgen der Sintflut umgestaltet wurde.

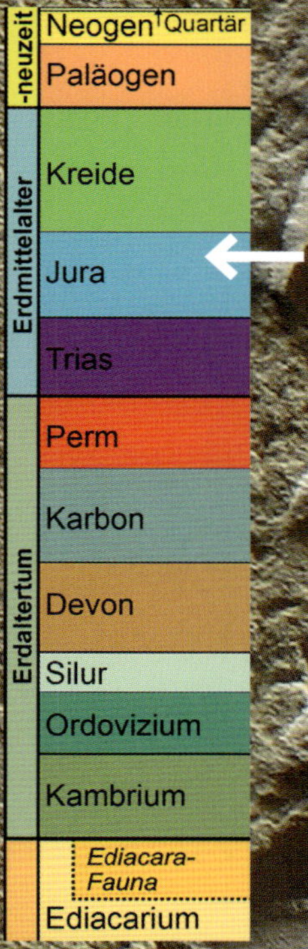

Erdneuzeit	Quartär
	Neogen
	Paläogen
Erdmittelalter	Kreide
	Jura ←
	Trias
Erdaltertum	Perm
	Karbon
	Devon
	Silur
	Ordovizium
	Kambrium
	Ediacara-Fauna
	Ediacarium

Die versteinerte Wurzelmundqualle *Rhizostomites* aus dem oberen Jura* in Solnhofen in Deutschland sowie eine heute lebende *Rhizostoma* (Lungenqualle)

In dem links unten zitierten **Psalm 104** gibt es **Hinweise** darauf, dass sich die **Erde deutlich veränderte**, als Gott die Wassermassen der Sintflut versiegen ließ – jedenfalls wenn der Psalm sich auf die Sintflut statt auf die Schöpfung bezieht. Noch eindeutiger ergibt sich diese Schlussfolgerung daraus, dass alles flüssig vorliegende **Wasser** der Erde wohl **nicht ausreichen würde**, um in einer Sintflut **die höchsten heutigen Berge** wie den Mount Everest (8848 Meter) **über 7 Meter hoch zu bedecken** (1. Mose 7,20) – jedenfalls dann, wenn die Erdoberfläche schon dieselben tiefen Meere und hohen Berge wie heute gehabt hätte. Dass die Berge emporstiegen und sich die Täler absenkten, könnte Gott durch **Kontinentaldrift** verursacht haben, also durch das Aufeinandertreffen und Auseinanderdriften von Kontinentalplatten auf dem oberen Erdmantel. Allerdings wissen wir aus der Bibel eben nicht, wie schnell das an welchen Orten vonstatten ging, oder, wie es die ursprüngliche Landschaft und damit auch die ehemaligen Lebensräume umgestaltete.

Gesteinsschichten = Großlebensräume?

Da wir nicht genau wissen, **welche Gesteinsschichten** die Welt **vor**, **während oder nach der Sintflut** repräsentieren, ist es umso schwieriger, zu erklären, wieso die Fossilien in den jeweiligen geologischen Systemen so **verteilt** sind, wie man es weltweit vorfindet.

Eine symbolische Darstellung des Modells „Großlebensräume vor der Sintflut"

Egal, welches Sintflut-Modell Schöpfungswissenschaftler bevorzugen, sie alle überlegen, wie man das **Auftauchen der Fossilien** von Pflanzen und Tieren in den Gesteinsschichten anders als durch eine Evolution im Laufe der Zeit **erklären** kann. Vielleicht repräsentieren die Fossilgemeinschaften vor allem **Großlebensräume (ökologische Zonen)**, also weit verbreitete Lebensgemeinschaften, in denen die Tiere vor der Flut lebten: von Tiefsee-Lebensräumen über obere Regionen des Meeres, Küsten, Sumpfgebiete und Flachland hin zu Hügelland und höherliegenden gebirgigen Regionen. Dann könnte die Sintflut ausschnittweise jeweils vor allem die dort häufigen und weit verbreiteten Tier- und Pflanzenarten als Versteinerungen hinterlassen haben. Möglicherweise bildeten die **Wälder des Karbons** – mit ihren typischen Amphibien (Lurchen) und Insekten – große, schwimmende Inseln, die früh von der Sintflut verschüttet worden sind.

Wie ich es sehe: Auch wenn das Modell der Großlebensräume viele interessante Ansätze liefert, ist es **vorläufig** und **spekulativ**. Man müsste nämlich auch beantworten, wie im Rahmen der Sintflut mehrere Schichten von typischen Leitfossilien, Spurenfossilien, Nestern mit Eiern, durchwühlter Erde oder gewachsenen Korallenriffen **übereinander** gebildet werden konnten. Spielten hierbei vielleicht Tsunamis eine Rolle, die, durch Erdbeben verursacht, die Sintflut vorantrieben? *Vielleicht kannst du das eines Tages erforschen?*

Mit KI bearbeitetes Hintergrundbild

Schöpfungswissenschaftler haben **verschiedene Modelle** entwickelt, wie die Sintflut mit den Gesteinsschichten zusammenhängen könnte. Die meisten gehen davon aus, dass ein **Großteil** der **fossilführenden Gesteinsschichten** durch die Sintflut entstanden ist (z. B. vom Ediacarium* bzw. Kambrium* bis Kreide* oder Quartär*). Andere halten **nur einen Teil** der Schichten für Sintflut-Gestein (z. B. Kambrium* bis Karbon*) und rechnen mit großen Gesteinsbildungen auch vor und nach der Sintflut. Wieder andere sind der Meinung, dass wir **noch nicht genug wissen**, um eine solche konkrete Zuordnung zu treffen. Außerdem bleiben in diesen Modellen viele Fragen **ungeklärt**, die sich aus den Fossilien und den Gesteinsschichten ergeben. Vielleicht werden wir die Sintflut als Gottes **Wunderhandeln** auch nie sicher konkreten Gesteinsschichten zuordnen können.

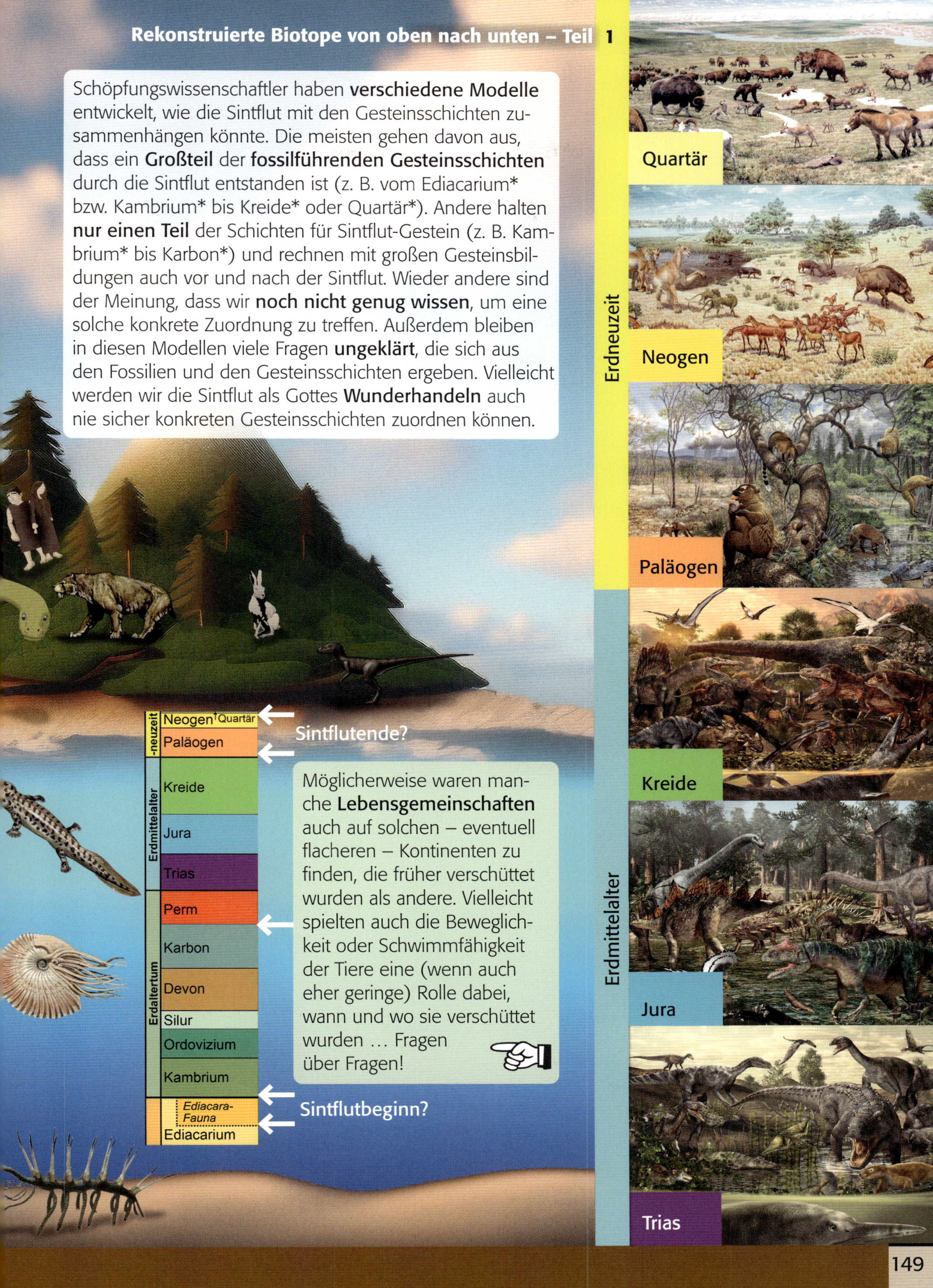

Möglicherweise waren manche **Lebensgemeinschaften** auch auf solchen – eventuell flacheren – Kontinenten zu finden, die früher verschüttet wurden als andere. Vielleicht spielten auch die Beweglichkeit oder Schwimmfähigkeit der Tiere eine (wenn auch eher geringe) Rolle dabei, wann und wo sie verschüttet wurden … Fragen über Fragen!

Gesteinsschichten = Besiedlungsstadien?

Ein anderer Ansatz, der ebenfalls **Ökologie** (die Lehre vom Haushalt der Natur) **statt Evolution** als Erklärung für die Abfolge der Fossilüberlieferung heranzieht, ist das Modell der **„Mega-Sukzessionen“**. Sukzessionen **(Besiedlungsstadien)** sind aufeinander folgende unterschiedliche Lebensgemeinschaften auf einer zuvor unbesiedelten Fläche.

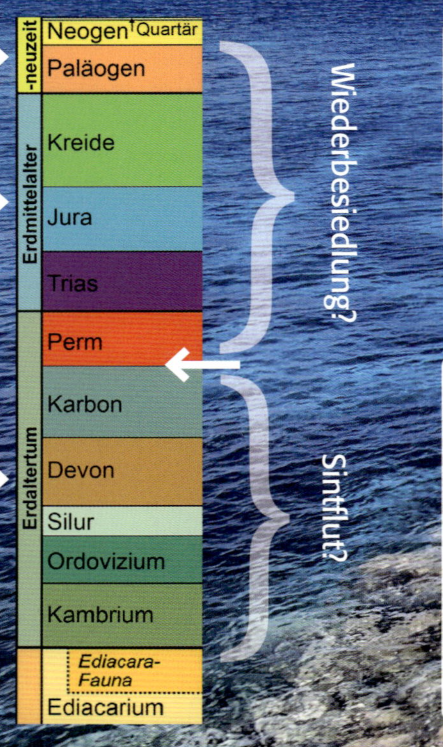

Mega-Sukzessionsmodelle gehen in der Regel davon aus, dass durch die **Sintflut** die Gesteinsschichten des **Erdaltertums*** bzw. eines Teils davon (z. B. bis Karbon*) gebildet wurden, während Erdmittelalter* und Erdneuzeit* der **Wiederbesiedlung** der Welt von der Arche Noah aus entsprechen.

Auch **heute** noch kann man **Sukzessionen** beobachten: Beispielsweise nach der Bildung einer neuen **Vulkaninsel**. Die **Erstbesiedler** sind hitze- und trockenheitsresistent und brauchen keinen Humus. Mit der Zeit wachsen immer mehr Pflanzen, die für Schatten, Feuchtigkeit und Humus sorgen. Nun können **anspruchsvollere** Pflanzen wachsen, die später mit ihren höheren Baumkronen Schatten werfen und so die Erstbesiedler verdrängen, weil sie unter den besseren Bedingungen **konkurrenzstärker** sind.

Heutige Sukzession (Besiedlung) eines Felsens:

I. nacktes Gestein (z. B. nach Entstehung einer Vulkaninsel)
II. Flechten und Moose wachsen auf Felsen
III. zerfallenes Gestein und totes organisches Material bilden fruchtbare Erde (Humus)
IV. auch Gräser wachsen
V. krautige Pflanzen gedeihen
VI. es gibt mehr fruchtbare Erde, sodass Sträucher wachsen
VII. eher kleine, hitzeresistente Bäume wachsen
VIII. große und schattenliebende Pflanzen herrschen vor (Endstadium = Klimax)

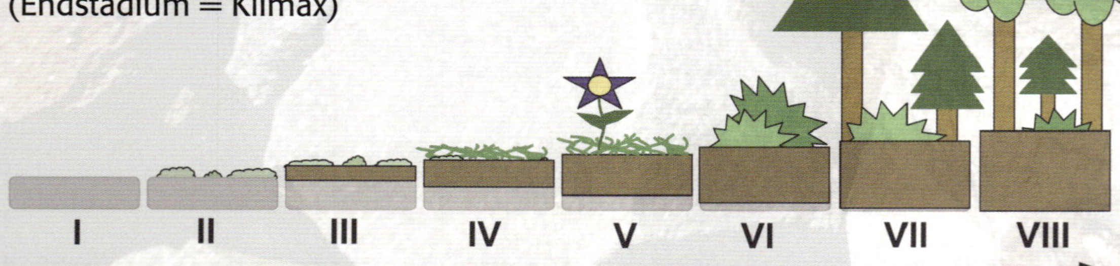

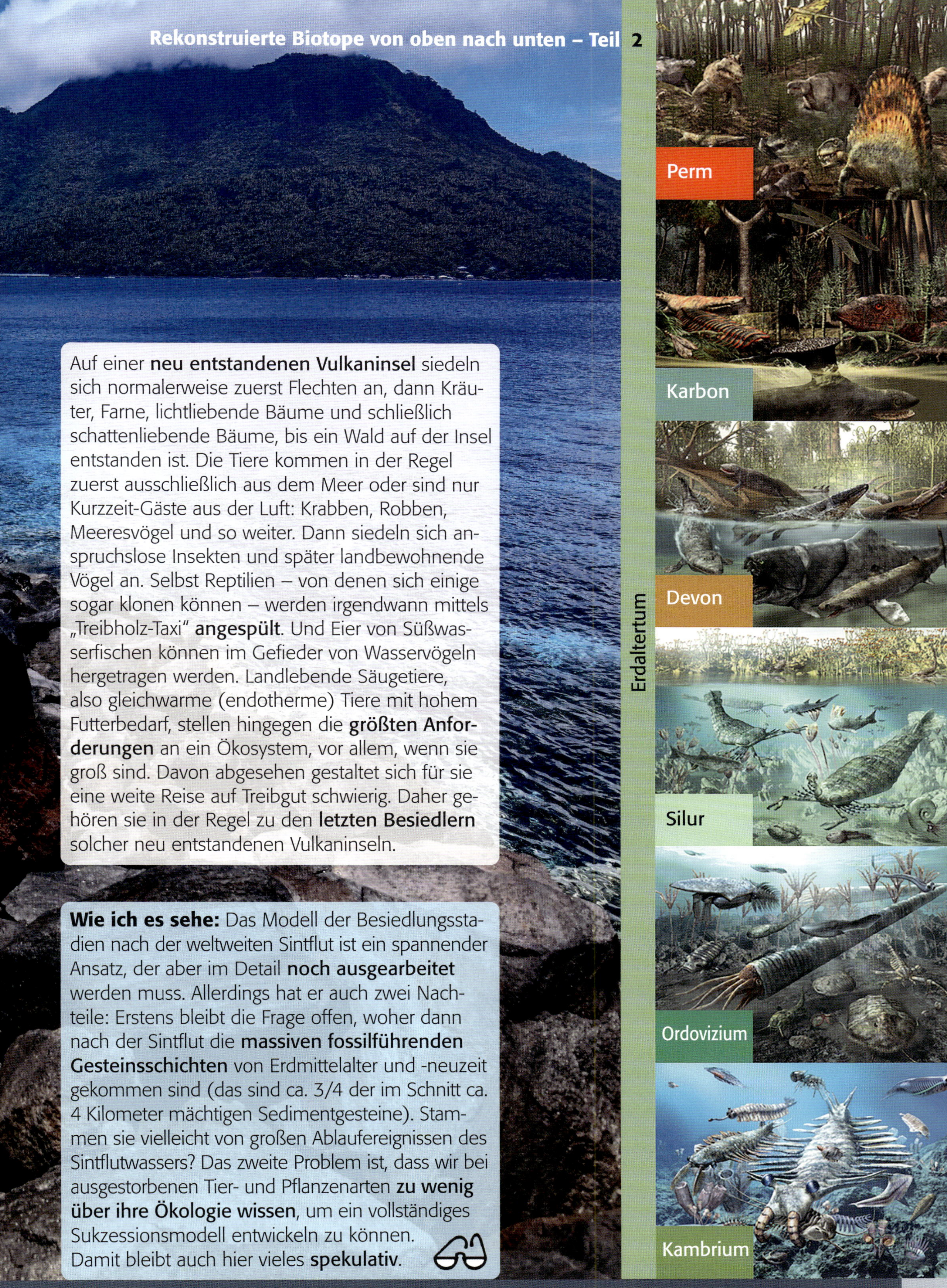

Auf einer **neu entstandenen Vulkaninsel** siedeln sich normalerweise zuerst Flechten an, dann Kräuter, Farne, lichtliebende Bäume und schließlich schattenliebende Bäume, bis ein Wald auf der Insel entstanden ist. Die Tiere kommen in der Regel zuerst ausschließlich aus dem Meer oder sind nur Kurzzeit-Gäste aus der Luft: Krabben, Robben, Meeresvögel und so weiter. Dann siedeln sich anspruchslose Insekten und später landbewohnende Vögel an. Selbst Reptilien – von denen sich einige sogar klonen können – werden irgendwann mittels „Treibholz-Taxi" **angespült**. Und Eier von Süßwasserfischen können im Gefieder von Wasservögeln hergetragen werden. Landlebende Säugetiere, also gleichwarme (endotherme) Tiere mit hohem Futterbedarf, stellen hingegen die **größten Anforderungen** an ein Ökosystem, vor allem, wenn sie groß sind. Davon abgesehen gestaltet sich für sie eine weite Reise auf Treibgut schwierig. Daher gehören sie in der Regel zu den **letzten Besiedlern** solcher neu entstandenen Vulkaninseln.

Wie ich es sehe: Das Modell der Besiedlungsstadien nach der weltweiten Sintflut ist ein spannender Ansatz, der aber im Detail **noch ausgearbeitet** werden muss. Allerdings hat er auch zwei Nachteile: Erstens bleibt die Frage offen, woher dann nach der Sintflut die **massiven fossilführenden Gesteinsschichten** von Erdmittelalter und -neuzeit gekommen sind (das sind ca. 3/4 der im Schnitt ca. 4 Kilometer mächtigen Sedimentgesteine). Stammen sie vielleicht von großen Ablaufereignissen des Sintflutwassers? Das zweite Problem ist, dass wir bei ausgestorbenen Tier- und Pflanzenarten **zu wenig über ihre Ökologie wissen**, um ein vollständiges Sukzessionsmodell entwickeln zu können. Damit bleibt auch hier vieles **spekulativ**.

Wo sind die fehlenden Fossilien?

Gut erhaltene Fossilien entstehen in der Regel nur, wenn Tiere oder Pflanzen schnell und **katastrophisch verschüttet** werden. In ihrem Lebensraum gab es also Naturkatastrophen. Dementsprechend findet man fossil vor allem solche Arten, die häufig in von Katastrophen betroffenen Lebensräumen vorkamen. Deshalb gehen fast alle Wissenschaftler – egal, ob sie an Schöpfung oder Evolution glauben – davon aus, dass der sogenannte „Fossilbericht" in Bezug auf die früher lebenden Arten **nicht vollständig** ist, weil viele „Lebensräume fossil nicht überliefert" wurden. Die Fossilien zeigen uns daher nur **Ausschnitte aus der Vergangenheit**, weil viele, viele Fossilien fehlen.[1]

Leider wissen wir nicht, **wie viele Arten** auf dieser Erde lebten, die nicht versteinert worden sind. Viele **Evolutionsbiologen** glauben sogar, dass **100-mal** mehr Lebewesen gelebt haben, als wir tatsächlich kennen. Aktuell sind ca. 2 Mio. heutige Arten und dazu noch ca. 350 000 fossile Arten bekannt. Daher fehlen aus evolutionärer Perspektive grob geschätzt 200 Mio. Arten! Manche sprechen sogar von noch mehr fehlenden Arten.

Schöpfungswissenschaftler, die davon ausgehen, dass Gott alle Lebewesen und die Menschen **innerhalb der Schöpfungswoche** geschaffen hat, haben **eine ganz andere Sicht** der Erdgeschichte. Wenn alle Lebewesen spätestens ab dem 6. Schöpfungstag auf der Erde lebten, braucht es eine **Erklärung** dafür, wieso man aus **tiefen** Erdschichten keine sicher belegten Fossilien von Säugetieren, Vögeln und Menschen kennt. Denn zuerst findet man nur Mikroorganismen, dann zahllose wirbellose Tiere und schließlich Fische in Meeresgesteinsschichten. Also müssen Schöpfungswissenschaftler auch annehmen, dass Fossilien aus den jeweiligen Familien (bzw. Grundtypen) **fehlen**, allerdings **viel weniger** als aus Evolutionsperspektive. Schließlich sind aus Schöpfungsperspektive keine Übergangsformen zwischen unterschiedlichen Tiergruppen nötig! Es sei auch erwähnt, dass Fossilien von landlebenden Wirbeltieren in vielen Gesteinsschichten sowieso äußerst selten sind.

Wie ich es sehe: Wer fragt, warum es **keine anerkannten Menschen-Fossilien** in denselben Schichten wie Dinosaurier-Fossilien gibt, könnte auch eine andere Frage stellen: *Warum findet man Fossilien von **Menschen** und **Quastenflossern** nicht in denselben Schichten?* Denn Quastenflosser sind fossil schon ab dem Devon* bekannt, verschwinden dann aber nach der Kreide* aus der Fossilüberlieferung, obwohl sie heute noch leben. **Versteinerungen zeigen eben nicht alle Lebewesen**, die es zu einem Zeitpunkt auf der Welt gab!

Quastenflosser

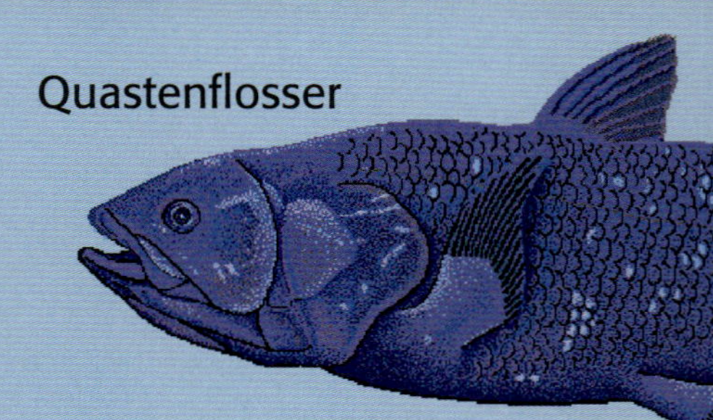

Die fossile Überlieferung ist nicht vollständig – und auch andere Dinge können wir nie vollständig begreifen: „Ich bemühte mich, die Weisheit kennen zu lernen und das Tun und Treiben auf dieser Welt zu verstehen. Doch ich musste einsehen: Was Gott tut und auf der Welt geschehen lässt, kann der Mensch **nicht vollständig begreifen**, selbst wenn er sich Tag und Nacht keinen Schlaf gönnt. **So sehr er sich auch anstrengt, alles zu erforschen, er wird es nicht ergründen!** Und wenn ein weiser Mensch behauptet, er könne das alles verstehen, dann irrt er sich!"
Prediger 8,16-17 (HFA)

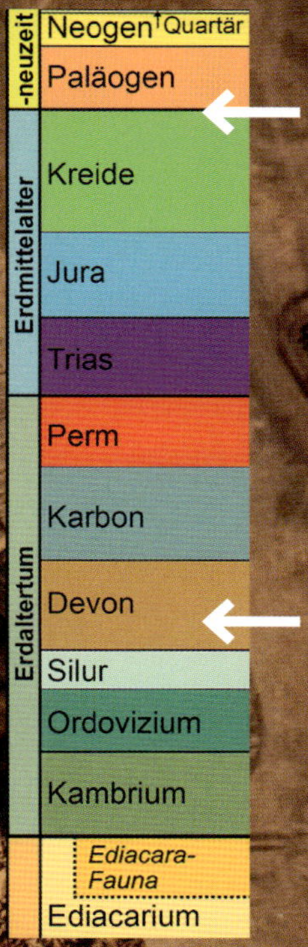

Das sagen anerkannte Evolutionsbiologen über Fossilien:

- Charles **Darwin** überlegte: „Wenn Arten aus anderen Arten durch unmerkbare kleine Abstufungen entstanden sind [= d. h. durch Evolution], **warum sehen wir nicht überall unzählige Übergangsformen?** [...] Die Beschaffenheit des fossilen Beweismaterials ist die handgreiflichste gewichtigste Einrede [= **Einwand**], die man meiner Theorie entgegenhalten kann."[2] Darwin muss also vermutet haben, dass ungeheuer viele Lebewesen nie versteinert wurden.
- In einem Evolutionslehrbuch heißt es, dass der unvollständige Fossilbericht den **Mangel an „Übergangsgliedern"** erklären könnte.[3] Dies ist aber pure Spekulation (siehe links).
- Ein berühmter Fossilienforscher schlägt als Erklärung für den lückenhaften Fossilbefund vor: „Könnte es sein, dass das **Muster der Fossilvielfalt** einfach eine Aufzeichnung der **Gesteinsverfügbarkeit** ist? Wenn in einem bestimmten Zeitabschnitt viel Sedimentgestein abgelagert wurde, könnten viele Fossilien gefunden werden"[4] – und sonst eben nicht.

Laut Evolutionsbiologen fehlen mindestens 99,85 % aller fossilen Arten. Anders gesagt: **99,85 % der angeblichen „Evolutionsgeschichte"** des Lebens sind **pure Spekulation**.

[1] Das Thema „fossil nicht überlieferte Lebensräume" wird in dem Buch „Der Mensch und die geologische Zeittafel" von Manfred Stephan (2002) besprochen.
[2] Charles Darwin (1872, dt. 2002, S. 189).
[3] Zrzavý und Kollegen (2009, S. 403f).
[4] Michael Benton (2009, S. 121).

Die ältesten Fossilien komplexen Lebens

Auch wenn aus Schöpfungsperspektive bisher nicht geklärt ist, warum viele erschaffene Arten (Grundtypen) früh in der Fossilüberlieferung fehlen, so ergeben die vorhandenen **Fossilien** doch ein **grundsätzliches Bild**, das die Evolution in Frage stellt: Verschiedene **Großgruppen** von Lebewesen treten in der Regel **plötzlich, ohne passende Übergangsformen** und **in großer Verschiedenartigkeit** auf. Dies spricht für Schöpfung, da sowohl die ersten Zellen als auch die ersten mehrzelligen Organismen und auch die ersten Tiergruppen eben nicht im „halbfertigen Entwicklungsprozess", sondern **voll ausgebildet** als Fossilien in Erscheinung treten. Sie sind genial gemacht und gut an ihre Lebensbedingungen angepasst.

In den **untersten geologischen Schichten** findet man fast **gar keine Nachweise von Leben**. In den **Gesteinsschichten darüber** findet man immerhin **Bakterien** und weiter oben **Einzeller** – bzw. Spuren, die möglicherweise deren chemische Hinterlassenschaften sind. Leider sagt der **Schöpfungsbericht** in der Bibel aber **nichts Genaueres** über Einzeller oder Bakterien. Es ist aber wahrscheinlich, dass sie am **3. Schöpfungstag** zusammen mit den Pflanzen erschaffen worden sind, da sie für das Funktionieren von Lebewesen und Ökosystemen (z. B. im Boden) wohl **unverzichtbar** sind.

Die rätselhaften Ediacara-Lebewesen

Wie ich es sehe: Alle erschaffenen Grundtypen von Wassertieren wurden am 5. Schöpfungstag erschaffen. Die **Fossilien** stammen aus **späterer Zeit** und geben uns nur einen kleinen Einblick in die erschaffene Vielfalt.

Nach sechs Schöpfungstagen hatte Gott gut funktionierende Ökosysteme und Lebewesen erschaffen, die sich nicht erst mühsam weiterentwickeln mussten, um irgendwann einmal fertig zu sein:
„So wurden der **Himmel** und die **Erde vollendet** samt ihrem ganzen Heer [= Gestirne bzw. Lebewesen]." 1. Mose 2,1 (SLT)

Wusstest du, dass auf und in deinem Körper **mindestens so viele Bakterien wie eigene Körperzellen** leben – und noch einmal mehr Viren? Die meisten Bakterien und Viren sind nämlich gar nicht gefährlich oder krankheitsauslösend, sondern helfen uns und schützen unseren Körper. **Viren** namens „Bakteriophagen" kontrollieren die Anzahl an Bakterien, damit wir nicht von ihnen überwuchert werden. **Krankmachende Viren** sind daher wohl erst nach dem Sündenfall aus Erbgutabschnitten entstanden – oder wurden umprogrammiert.[1]

Die rätselhaften Ediacara-Lebewesen: Die ältesten versteinerten und mit bloßem Auge sichtbaren **komplexen** Lebewesen stammen aus dem mittleren und oberen **Ediacarium***. Sie sind meist **eigenartige**, mehrere Zentimeter große Organismen, die fast ausschließlich ohne inneres oder äußeres Skelett gebaut sind. Es ist äußerst umstritten, ob es Pflanzen, Tiere oder doch ganz eigene Formen von Lebewesen waren. Eine Zuordnung zu heute immer noch lebenden Tierstämmen (das ist die größte Einheit in der Systematik der Tiere) ist kaum möglich. Nur bei manchen Formen gibt es **heiße Diskussionen**, ob es möglicherweise Ringelwürmer, Gliedertiere, Schwämme oder Quallen waren. An 30 Orten weltweit wurden ca. 270 Arten aus dem Ediacarium* entdeckt. Letztlich **erklären** die Lebewesen des Ediacariums* aber **nicht**, wo die **Vielfalt** all der Tiergruppen aus dem darauffolgenden **Kambrium** hergekommen ist. Denn im Kambrium erscheinen ungefähr 25 uns bekannte Tierstämme plötzlich als Fossilien!
Mehr dazu erfährst du auf den nächsten Seiten.

Wie passen solche alten Fossilien zur Bibel? Darüber haben sich schon viele Schöpfungswissenschaftler den Kopf zerbrochen. Manche meinen, dass die Fossilien wegen des Falls von Satan, den man auch den Teufel nennt, nach der Erschaffung der Erde in 1. Mose 1,1 entstanden sind. Dafür gibt es im Schöpfungsbericht aber **keinerlei konkrete Hinweise**. Der Schöpfungsbericht legt vielmehr nahe, dass **Fossilien von gestorbenen Tieren erst nach dem Sündenfall entstanden** sind. Allerdings wurden längst nicht alle Tiere versteinert, die damals gelebt haben. Gut erhaltene Fossilien bilden sich nämlich normalerweise nur bei besonderen, katastrophischen Ereignissen.

[1] S. dazu Peter Borger (2020 und 2023).

Die Kambrische Explosion

Biologen ordnen Tiere aufgrund ihrer Unterschiedlichkeit in verschiedene Gruppen ein. Das höchste Level sind Tierstämme. Tiere aus verschiedenen **Tierstämmen** – wie Weichtiere (z. B. Schnecken) und Wirbeltiere (z. B. Reptilien) – haben völlig verschiedene Grundbaupläne. Zwischen Tierstämmen gibt es also **die größten Unterschiede** im Körperbau. Im Kambrium* treten fossil plötzlich **alle bekannten Tierstämme** auf, die Hartteile besitzen. Das ist so unerwartet, dass man von einer **„Explosion"** spricht.

Reich
Stamm
Klasse
Ordnung
Familie
Gattung
Art

Eine Zeichnung des Lebensraums „Miaolingian sea" aus dem mittleren Kambrium* in China.

Gott ist in der Schöpfung erkennbar: „Denn was man von Gott erkennen kann, ist unter ihnen [= den Menschen] offenbar; denn Gott hat es ihnen offenbart. Denn Gottes unsichtbares Wesen, das ist **seine ewige Kraft** und Gottheit, wird **seit der Schöpfung der Welt erkannt in seinen Werken**, wenn man sie wahrnimmt, sodass sie keine Entschuldigung haben." Römer 1,19-20 (nach L84)

Fast alle Tierstämme sind ***plötzlich*** im Kambrium* da, z. B. Gliederfüßer (dazu gehören Insekten, Krebstiere und Trilobiten), Schwämme, Ringelwürmer (dazu gehören Regenwürmer), Weichtiere (dazu gehören Schnecken und Muscheln) und Stachelhäuter (dazu gehören Seeigel und Seesterne). Auch kieferlose Fische findet man, die zum Tierstamm der Chordatiere gehören.

Die Tiere vieler Stämme aus dem Kambrium* ähneln heutigen Tiergruppen sehr. Eine Höherentwicklung ist bei ihnen nicht nachweisbar. Von Anfang an findet man z. B. **genial konstruierte Komplexaugen**, die es beinahe mit den leistungsstarken Facettenaugen mit „großer Pixelzahl" von heutigen Libellen aufnehmen können. Auch **Linsenaugen** gibt es schon bei Fossilien des Kambriums*. Also erscheinen auch verschiedene Augen **„plötzlich"** in der fossilen Überlieferung. Evolutionsbiologen gehen sogar davon aus, dass **verschiedene Augentypen zufällig 40-mal unabhängig** (konvergent) entstanden sein sollen[1] – das ist aber extrem unwahrscheinlich.

Trilobit mit Komplexaugen

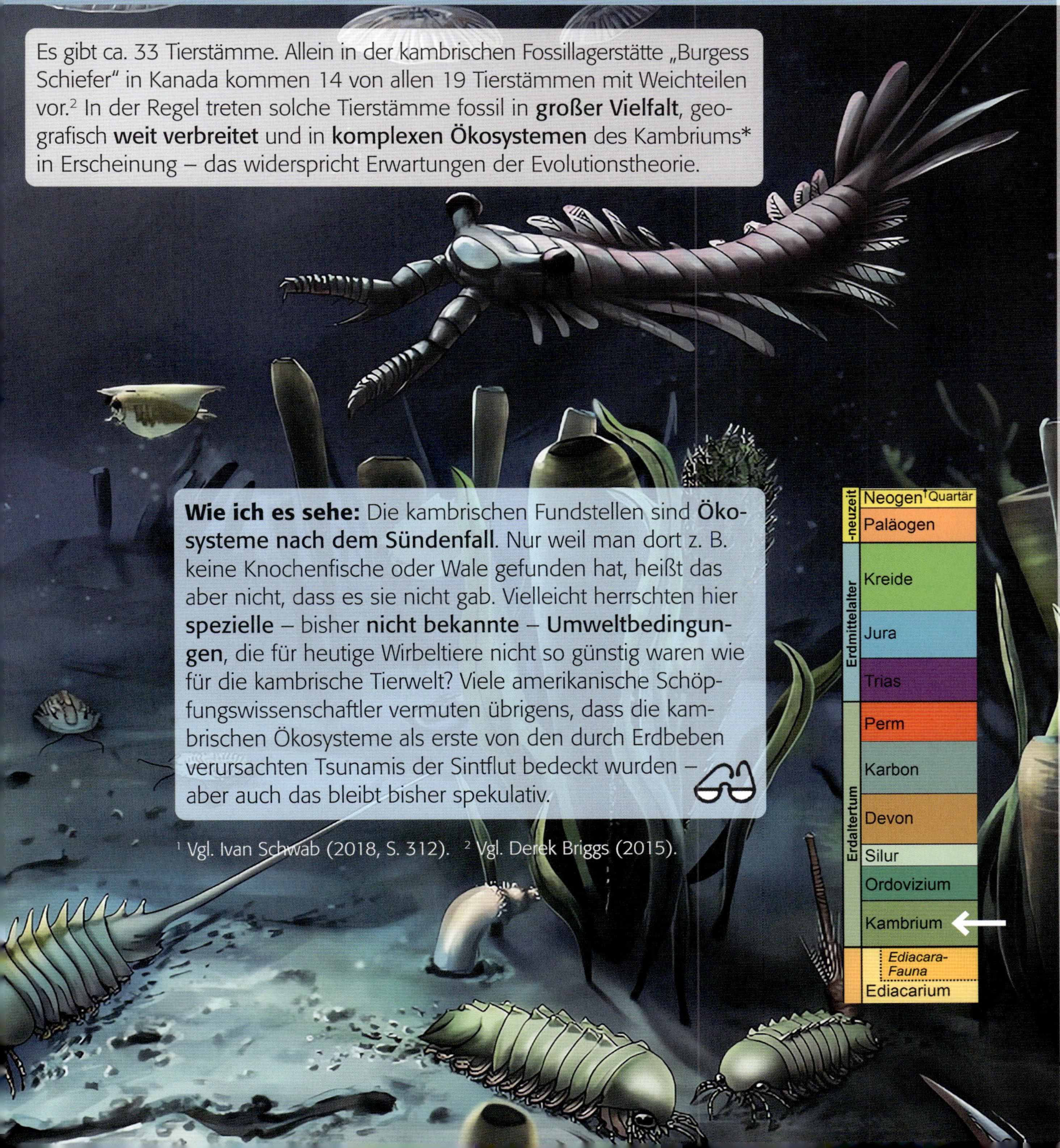

Es gibt ca. 33 Tierstämme. Allein in der kambrischen Fossillagerstätte „Burgess Schiefer" in Kanada kommen 14 von allen 19 Tierstämmen mit Weichteilen vor.[2] In der Regel treten solche Tierstämme fossil in **großer Vielfalt**, geografisch **weit verbreitet** und in **komplexen Ökosystemen** des Kambriums* in Erscheinung – das widerspricht Erwartungen der Evolutionstheorie.

Wie ich es sehe: Die kambrischen Fundstellen sind **Ökosysteme nach dem Sündenfall**. Nur weil man dort z. B. keine Knochenfische oder Wale gefunden hat, heißt das aber nicht, dass es sie nicht gab. Vielleicht herrschten hier **spezielle** – bisher **nicht bekannte** – **Umweltbedingungen**, die für heutige Wirbeltiere nicht so günstig waren wie für die kambrische Tierwelt? Viele amerikanische Schöpfungswissenschaftler vermuten übrigens, dass die kambrischen Ökosysteme als erste von den durch Erdbeben verursachten Tsunamis der Sintflut bedeckt wurden – aber auch das bleibt bisher spekulativ.

-neuzeit	Neogen / Quartär
	Paläogen
Erdmittelalter	Kreide
	Jura
	Trias
Erdaltertum	Perm
	Karbon
	Devon
	Silur
	Ordovizium
	Kambrium ←
	Ediacara-Fauna
	Ediacarium

[1] Vgl. Ivan Schwab (2018, S. 312). [2] Vgl. Derek Briggs (2015).

Das Kambrium – Darwins Rätsel

Geniale Vielfalt der Meere: „Du allein bist der HERR. Du hast den Himmel gemacht, das Firmament und die Sterne, die Erde und alles, was auf ihr lebt und das **Meer** und **alles, was darin ist**. Du hast ihnen allen das **Leben** geschenkt und die himmlischen Heerscharen **beten** dich **an**." Nehemia 9,6 (NLB)

Der Räuber ***Anomalocaris*** wurde über 1 Meter lang. Anomalocariden verschwanden nach dem Kambrium* für angeblich 100 Mio. Jahre aus der fossilen Überlieferung und tauchten in Form von ***Schinderhannes*** im unteren Devon* im Hunsrück in Deutschland wieder auf. Dies spricht dafür, dass Anomalocariden in **„fossil nicht überlieferten Lebensräumen"** lebten. Sie wurden also im Gegensatz zu diesem Individuum von *Schinderhannes* einfach nicht versteinert.

Woher kommen so plötzlich alle Tierstämme in der **„Kambrischen Explosion"**? **Charles Darwin**, der Erfinder der **Evolutionstheorie**, konnte **„keine befriedigende Antwort"** auf diese Frage geben. Er hatte versucht, die Herkunft der Tiere ohne einen Schöpfer zu erklären. Bis heute können sich Biologen, die nicht an Gott glauben, nicht erklären, wie so viele unterschiedliche Tiere so plötzlich von allein entstanden sein sollen. Damit ist die Vielfalt des Kambriums* ein guter **Hinweis** auf einen **Schöpfer**, der das Leben in seiner Vielfalt erschuf.

G. Saurier und Drachen in der Bibel?

Themen

Dracorex

Drachen in der Bibel?

Der **Begriff „Dinosaurier"** kommt nicht in der **Bibel** vor. Er wurde erst 1842 n. Chr. erfunden. Davor hätte man diese Tiere sicherlich als **„Drachen"** bezeichnet. Drachen sind aus den Mythen und Sagen vieler Völker auf der Welt bekannt. Obwohl sie unterschiedlich beschrieben werden, sind in der Regel **reptilienartige Tiere** gemeint. Der Begriff „Drache" stammt vom griechischen *„drakon"* und wird sogar im Neuen Testament verwendet.

In der griechischen Übersetzung des Alten Testamentes (Septuaginta) wird der Begriff ***drakon*** (Drache) für ganz verschiedene hebräische Wörter verwendet: Er bezeichnet gefährliche Ungeheuer wie Drachen, aber auch Schlangen und andere Tiere. Die wichtigsten hebräischen Begriffe, die im Griechischen mit „Drache" übersetzt wurden, sind ***nahasch*** und ***pethen*** – wohl Bezeichnungen für giftige Schlangen (Amos 9,3 und Hiob 20,16) wie z. B. die Hornviper – sowie ***leviathan*** und ***tannin***.

Der Leviathan wird als gewundene Schlange beschrieben – der Kampf Gottes mit dem Leviathan ist hier aber wohl nur ein Symbol: „An jenem Tag wird der HERR mit seinem harten und großen und starken Schwert heimsuchen den **Leviatan**, die **flüchtige Schlange**, und den **Leviatan**, die **gewundene Schlange**, und wird das **Ungeheuer** töten, das **im Meer** ist." Jesaja 27,1 (ÜE)

Sicher hätten die Bibelautoren auch den Plesiosaurier *Styxosaurus* als *tannin* bzw. *drakon* bezeichnet.

Wahrscheinlich ist mit dem Begriff **Leviathan** nur an zwei Stellen in der Bibel tatsächlich ein echtes Tier gemeint: Eine davon ist Hiob 40,25. Dort stellt Gott die rhetorische Frage, ob man den Leviathan wohl mit einer **Angel** fangen kann. Die richtige Antwort lautet: Natürlich nicht! Die andere ist Psalm 104,26. Dort steht, dass Gott den Leviathan geschaffen hat, damit er sich **im Meer tummelt**. Manchmal wird auch übersetzt, dass Gott mit dem Leviathan **„spielt"**, also seine Freude an ihm hat. Das geht natürlich nur, wenn hier von **einem echten Tier** die Rede ist – und nicht symbolisch vom Teufel, von Dämonen oder von einem bösen König gesprochen wird. In Jesaja 27,1 sowie Psalm 74,14 und Hiob 3,8 wird der Begriff Leviathan hingegen wahrscheinlich **symbolisch** für gottfeindlliche Mächte verwendet, wie der **Textzusammenhang** nahelegt.

Das hebräische Wort ***tannin*** wird sowohl für Land- als auch für Wassertiere verwendet. Martin Luther übersetzte diesen Begriff vor etwa 500 Jahren mit „Drachen“. Steht er für Landtiere, können giftige Schlangen (z. B. Psalm 91,13) gemeint sein. Er kann aber auch mit „Schakalen“ übersetzt werden (z. B. Hiob 30,29). So wird es in den heutigen Bibelübersetzungen meist gemacht. *Tannin* bedeutet zudem auch **Meeres- oder Seeungeheuer**. Diese sind wie die anderen **Wassertiere** am 5. Schöpfungstag erschaffen worden (1. Mose 1,21). Als Geschöpfe sollen sie Gott loben (Psalm 148,7). Sie waren gefährlich, deshalb stellte man Wachen gegen sie auf (Hiob 7,12). Außerdem wurde der Begriff symbolisch verwendet – ganz allgemein für „böse Ungeheuer“. So hat Nebukadnezar, der König von Babylon, gewütet wie ein *tannin* – wie ein alles verschlingendes Ungeheuer (Jeremia 51,34).

Wie kann man bei ***schwierigen Bibelstellen*** *erkennen, ob etwas* ***symbolisch*** *gemeint ist?* Wichtig zum Verstehen der Bibel ist immer:

1. den **Text** an sich **ernst** nehmen
2. unklare Stellen anhand von **klaren Bibelstellen** (Parallelstellen) auslegen
3. vor allem den **Textzusammenhang** beachten
4. Gott um Weisheit **bitten** und sich mit anderen Christen austauschen – so erkennt man schneller eigene Auslegungsfehler

Totenmaske von Pharao Tutenchamun: Beachte die Kobra auf der Stirn!

Auch der **Pharao von Ägypten** wird als ***tannin*** bezeichnet – als großes **Seeungeheuer**, das an den Strömen des Nils liegt (Hesekiel 29,3; 32,2). Diese Bibelstellen sprechen davon, dass Gott den Pharao bestrafen wird. An drei weiteren Stellen in der Bibel ist davon die Rede, dass Gott das Seeungeheuer *tannin* töten wird. Dort kann es ein Symbol für das feindliche Ägypten oder überhaupt für das Böse bzw. den Teufel sein. So heißt es in Psalm 74,13, dass Gott das Meer zerteilte – was wohl den Auszug durchs Schilfmeer meint –, und dass er die Köpfe der Seeungeheuer auf den Wassern zerschlagen hat. In Jesaja 51,9 steht, dass Gott das Seeungeheuer, das hier den hebräischen Namen *rahab* trägt, durchbohrt hat (vergleiche auch Psalm 87,4 und 89,11). In Jesaja 27,1 sieht man schließlich, dass der **Leviathan** ebenfalls ein **Seeungeheuer** ist – auch wenn diese Stelle wohl symbolisch zu verstehen ist.

Fliegende Schlangen in der Bibel?

Schlangengöttin Wadjet

Rätselhaft ist auch der hebräische Begriff ***seraph*** (brennend), der allerdings nicht mit „Drache“ übersetzt wird. Gemeint sind mit *seraph* wahrscheinlich **giftige Schlangen** (wie z. B. die Ägyptische Kobra), deren Gift brennt wie Feuer – so z. B. in 4. Mose 21 ab Vers 6. In Jesaja 14,29 und 30,6 ist sogar von fliegenden Seraphen die Rede. Interessanterweise kommen diese laut Jesaja 30,6-7 aus dem Land des Südens (= Ägypten), das hier symbolisch mit dem Behemoth (s. S. 170–179) gleichgesetzt wird. Es schwingt hier also eine Menge Symbolik mit. Die **geflügelte Schlange** war ein typisches Symbol in **Ägypten**, das z. B. im Felsengrab der Nefertari (Frau von Ramses II.) für die **Schlangengöttin Wadjet** verwendet wurde. Es ist leider nicht ganz klar, wie der Begriff *seraph* hier zu verstehen ist.

Wie ich es sehe: Der Begriff ***Behemoth*** kommt sonst nur noch in Hiob 40,15 vor, wo damit ein grasfressendes Tier beschrieben wird. Wenn Behemoth sowohl als ein Symbol als auch als ein reales Tier in der Bibel vorkommt, könnte man darüber **spekulieren**, ob „fliegende Seraphen“ vielleicht auch fliegende Reptilien im Allgemeinen bezeichnet. Von **fliegenden bzw. gleitenden Reptilien** – wie z. B. den Flugsauriern oder dem vierflügeligen ***Yi qi*** – kennen wir übrigens Fossilien.

Wer glaubt, wird vor dem Gift der Seraphen gerettet: „Und das Volk redete gegen Gott und gegen Mose … Da sandte der HERR **feurige** [d. h. giftige] **Schlangen** unter das Volk, und sie bissen das Volk; und es starb viel Volk aus Israel … Und der HERR sprach zu Mose: Mache dir eine **feurige Schlange** und tu sie auf eine Stange; und es wird geschehen, jeder, der gebissen ist und sie **ansieht**, der wird **am Leben bleiben**.“ 4. Mose 21,5-8 (nach ÜE)

Kaum zu glauben: *Microraptor* und *Yi qi* hatten gleich **vier Flügel** – der eine mit Federn, der andere mit Flughäuten! Ihr **Flug** gilt daher als **konvergent** (unabhängig) zu dem Flug anderer Flugtiere. Beide sind Maniraptoren aus China. Sie wurden in der mittleren Kreide* bzw. dem mittleren Jura* gefunden.

Yi qi

Microraptor

Dass ***Dilophosaurus*** **Gift spucken** konnte, wurde übrigens für „Jurassic Park“ **frei erfunden**. Dieser Theropode aus dem unteren Jura* in den USA war zwar „nur“ 6 Meter lang und ca. 500 Kilogramm schwer, hatte aber scharfe Krallen und Zähne.

Dilophosaurus-Skelett

In Südostasien kommt heute noch der **Flugdrache** (Draco) vor, der zu den Agamen gehört. Er kann seine Rippen ausbreiten und damit gleiten. Dieser Rippenflug gilt als **konvergent** (unabhängig) zu dem der Flugechse ***Weigeltisaurus*** aus dem oberen Perm*. Außerdem gibt es tatsächlich auch heute noch **fliegende Schlangen**! Fünf leicht giftige Arten der **Schmuckbaumnattern**, die im Regenwald in Süd- und Südostasien leben, können **über 20 Meter** weit gezielt durch die Luft gleiten. Die ca. 1 Meter langen Schlangen spreizen für den Gleitflug ebenfalls ihre Rippen und bewegen ihren Körper wellenartig. Echt cool! 🙂

Möglicherweise ein *Sinornithosaurus*

Bei ***Sinornithosaurus*** – einem Microraptor-Verwandten aus der unteren Kreide* – wird tatsächlich diskutiert, ob er **Giftzähne** zum Zubeißen hatte. Sein Flaum scheint die gleiche Eiweißzusammensetzung (Beta-Keratine) wie die Federn heutiger Vögel gehabt zu haben.

„Mandalay-Speikobra"

Heute lebende **Speikobras** können zielgenau **Gift spucken** – manche bis zu 3 Meter weit. Mithilfe von Muskeln können sie das Gift in ihre speziell dafür gebauten Giftzähne pumpen und als Strahl verspritzen. Gelangt es ins Auge, bewirkt es starke Schmerzen und kann zu Blindheit führen. Die Fähigkeit, **Gift** zu **spucken**, besitzen sogar **drei** nicht direkt verwandte Schlangengruppen – Afrikanische und Asiatische Speikobras sowie die Ringhalskobra. Das müsste also **unabhängig** voneinander entstanden sein. Alle Kobras fliegen nicht, aber sie können sich **im Baum hängend hin und her schwingen** – vielleicht ist auch das mit „fliegen" bei Jesaja gemeint? Fragen über Fragen!

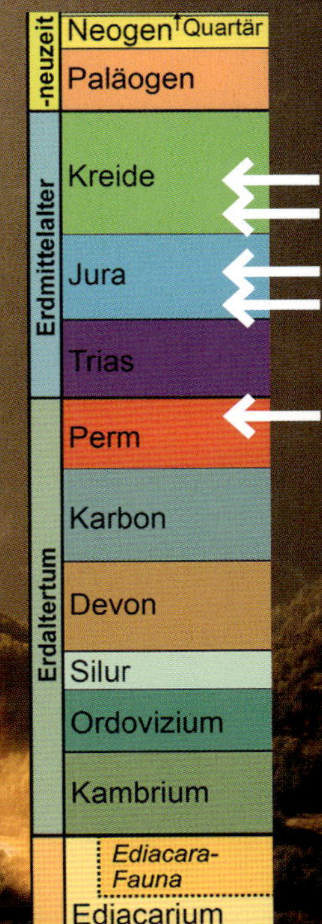

Konnte Hiob noch Saurier beobachten?

Vielleicht hat Hiob noch lebende Saurier gesehen. Doch wer war Hiob?

Das Buch **Hiob** in der Bibel erzählt vom Leben und **Leiden** Hiobs. Hiob hatte große Ehrfurcht vor Gott und lebte so, wie es Gott gefiel, nämlich in einer engen Beziehung mit Gott. Gott segnete ihn, deshalb war Hiob reicher als alle anderen Menschen **„im Osten"** – also im **Alten Orient**. Dann kam der Teufel – ein böser, von Gott abgefallener Engel – ins Spiel. Er klagte Hiob vor Gott an. Sinngemäß sagte er: „Gott, Hiob glaubt doch nur an dich, weil es ihm so gut geht! Doch wenn du das änderst, wird er dich bestimmt verfluchen."

Schließlich **erlaubte** Gott dem Teufel, Hiob **alles zu nehmen**: erst seinen ganzen Besitz und sogar seine zehn Kinder, dann auch noch seine Gesundheit. So saß Hiob nun im Staub, hatte Schmerzen und trauerte, aber er hielt weiter an seinem Glauben an Gott fest. Freunde besuchten ihn, um ihn zu trösten, doch das ging schief, denn sie versuchten, allerlei **Erklärungen für Hiobs Leid** zu finden. Aber diese stimmten nicht und waren daher keine Hilfe – im Gegenteil. Hiob wurde immer verzweifelter und rief nach Gottes Eingreifen.

Boten überbringen Hiob schlimme Nachrichten über Verlust und Tod.

Doch es dauerte sehr lange, bis **Gott** schließlich aus einem Sturm **zu Hiob sprach**. Warum gerade er leiden musste, obwohl er doch gottesfürchtig lebte – diese Frage Hiobs beantwortete Gott nicht. Dafür sprach Gott über seine **Schöpfung**, über das Universum mit allen Sternen, über die Erde und das Wetter, über die Wildtiere und zuletzt über zwei beeindruckende, riesige Tiere namens **Behemoth** und **Leviathan**. Ob das Dinosaurier gewesen sein könnten, werden wir in diesem Kapitel untersuchen. Mit diesen gewaltigen Tieren zeigte Gott Hiob jedenfalls, dass er der Herr über alles ist – und somit genau weiß, was er tut.

Lies die Geschichte von Hiob doch einmal selbst in der Bibel nach! Vor allem die Kapitel 1 bis 2 und 38 bis 42 sind sehr spannend.

Endlich **begegnete** Hiob also dem wahrhaftigen Gott. Er erkannte, wie viel mächtiger und weiser Gott ist, und dass es gut ist, ihm ganz zu vertrauen – auch dann, wenn wir viele offene Fragen haben und manches nicht verstehen. Nach einem **Gebet** Hiobs griff Gott ein und machte Hiob wieder gesund. Er beschenkte Hiob auch mit Ersatz für das, was er durch den Angriff des Teufels verloren hatte. Hiob erlangte doppelt so viel Reichtum und bekam noch einmal zehn Kinder. Danach lebte Hiob noch 140 Jahre lang und freute sich an Gottes Segnungen.

Nach der schweren Prüfung wird Hiob wieder reich von Gott gesegnet.

Das verspricht uns Gott, auch wenn wir Leid erleben: „Wir wissen aber, dass denen, **die Gott lieben, alle Dinge zum Besten** dienen …" Römer 8,28 (SLT)

Wie ich es sehe: Es gibt auch die Perspektive, dass **Behemoth** und **Leviathan symbolisch** für geistige Mächte (Engel und Dämonen) stehen. Dieser Ansicht kann ich aus biologischer Sicht zumindest in Hiob Kapitel 40 und 41 aber nicht folgen: Der **Kontext** und die **Beschreibung** sind zu sehr auf **reale Tiere** bezogen, auch wenn nicht alle Details klar sind (z. B. zum „Feuerspucken", s. S. 182). Zudem spricht Gott direkt davor von **ganz normalen Tieren** (Hiob 38,39–39,30). Dass Behemoth und Leviathan an dieser Stelle also wohl echte Tiere sind, bedeutet aber nicht, dass damit nicht auch **zusätzlich symbolisch** böse geistige Mächte gemeint sein können, wie auf S. 162f schon beschrieben wurde.

Im Leiden begegnet Hiob Gott

Hiob brauchte Geduld im Leiden: „Siehe, wir preisen die glückselig, welche standhaft ausharren! Von **Hiobs** standhaftem **Ausharren** habt ihr gehört, und ihr habt das Ende gesehen, das der Herr (für ihn) bereitet hat; denn der **Herr** ist **voll Mitleid und Erbarmen**." Jakobus 5,11 (SLT)

Wir können von Hiob **lernen**, dass Gott manchmal **schweres Leid zulässt**. Dennoch hat er immer die Kontrolle über unser Leben. Es kann uns nichts zustoßen, was Gott nicht zulässt. Manches werden wir vielleicht erst im Himmel bei Gott wirklich verstehen. Aber eine Sache sollten wir **nie vergessen**, wenn es uns schlecht geht: **Gott liebt uns**. Wenn er uns Schweres erleben lässt, dann tut er das, damit wir **im Glauben wachsen** können. So erklärt auch Jakobus 5,11, dass man an Hiobs Leben sehen kann, wie barmherzig Gott ist.

Lebte Hiob nach der Sintflut? „Hältst du den Weg der Vorzeit ein, auf dem die **Ungerechten** gegangen sind, die fortgerafft wurden, ehe es Zeit war, und das **Wasser** [o. Strom] hat ihren Grund **weggewaschen** …"
Hiob 22,15-16 (nach L84)

Hiobs Freunde: „Als aber die drei Freunde Hiobs von all diesem Unglück hörten, das über ihn gekommen war, kamen sie, jeder von seinem Ort, nämlich **Eliphas**, der **Temaniter**, und **Bildad**, der **Schuchiter**, und **Zophar**, der **Naamatiter**; diese verabredeten sich, miteinander hinzugehen, um ihm ihr Beileid zu bezeugen und ihn zu trösten." Hiob 2,11 (SLT)

Hiobs Freunde zweifelten an seiner Gottesfurcht.

Wann und wo lebte Hiob? Hiob lebte ungefähr **zur Zeit der Erzväter** (Abraham, Isaak und Jakob), also vor etwa 4000 Jahren. Dies wird an der Art des **Opferns** sowie am Fehlen des Mosaischen Gesetzes deutlich (Hiob 1,5 und 42,8). Die **Währung** „Kesita" deutet ebenfalls auf diese Epoche hin (1. Mose 33,19; Josua 24,32 und Hiob 42,11). Auch die **Namen** der drei Freunde Hiobs und die **Herkunftsangaben** passen in die Zeit der Erzväter und weisen entweder auf eine **Abstammung von Abraham** bzw. Esau hin **oder** bezeichnen **Wohnorte in Israel, Edom sowie dem Zweistromland** bei Euphrat und Tigris (Hiob 2,11; Amos 1,12 und Jeremia 49,7). Der Fluss Jordan wird in Hiob 40,23 erwähnt. Und Hiobs Heimatland **„Uz"** wird in Klagelieder 4,21 mit **Edom** in Südjordanien gleichgesetzt.

Karte von Israel vor über 3000 Jahren – also lange nach Hiob:

Königreich Israel
Jerusalem
Avaris / Ramses (Israel in Ägypten)
Königreich Edom
Bahariyya-Oase (Dinosaurier-Fundstelle)

Wie ich es sehe: Wahrscheinlich wurde **Hiob älter als Abraham**, der 175 Jahre alt wurde (1. Mose 25,7). **Vor** seinem Leiden hatte Hiob zehn erwachsene Kinder und war schon ein alter Mann (Hiob 1,1-5; 32,6). **Danach** lebte er noch weitere 140 Jahre (Hiob 42,16). Wenn Hiob vor dem Leiden 70 Jahre alt war – und hätte Gott ihm auch an Lebensjahren noch einmal doppelt so viel gegeben (Hiob 42,10) –, dann wäre er **210 Jahre** alt geworden. Da das Lebensalter der Menschen nach der Flut immer weiter abnahm (vgl. 1. Mose 6,3; 1. Mose 5 + 11), **lebte Hiob also wahrscheinlich vor Abraham**. Außerdem lebte er wahrscheinlich **nach der Sintflut**, wie auch Hiob 22,16 andeutet. Sollten **Behemoth** und **Leviathan** tatsächlich **Saurier** gewesen sein, die die Sintflut überlebt haben, wäre das auch ein Argument für eine **frühe Datierung von Hiob**.

Behemoth in der Bibel

Gott spricht zu Hiob über den **Behemoth**, um ihm zu zeigen, dass er selbst als der allmächtige Schöpfergott alles in der Hand hat. Aber wer war der Behemoth? Blicken wir dazu in die Beschreibungen in Hiob Kapitel 40 hinein.

Behemoth: „Sieh doch den Behemoth, den ich **gemacht habe wie dich: Gras frisst** er wie der Stier! Sieh doch, welche **Kraft** in seinen **Lenden** liegt und welche **Stärke** in seinen **Bauchmuskeln**! Sein **Schwanz streckt** sich [bzw. biegt sich / lässt er hängen / stellt sich] **wie** eine **Zeder**; die **Sehnen seiner Schenkel** sind **fest verflochten**. Seine **Knochen** sind wie **kupferne Röhren**, seine **Gebeine** wie **Eisenstangen**. Er ist der **Erstling** [= Meisterstück / Anfang] **der Wege** Gottes; der ihn gemacht hat, beschaffte ihm sein **Schwert**."
Hiob 40,15-19 (nach SLT)

Der Bibeltext mit seinen vielen Beschreibungen spricht von Behemoth als einem realen Tier, das wie die Menschen von Gott geschaffen wurde. Als Landtier wurde er **am 6. Schöpfungstag** vor den Menschen erschaffen (1. Mose 1,24-27). Um Hiob seine Schöpfermacht zu verdeutlichen, spricht Gott übrigens auch in den vorherigen Versen über mehr als zehn reale Tiere, wie z. B. Löwe, Strauß und Wildesel (Hiob 38,39–39,30). Der Name **Behemoth** ist die **Mehrzahl** (Steigerungsplural) des hebräischen Worts ***behema*** (Tier, Vieh) und heißt so viel wie **„Tier der Tiere"** oder **„gewaltiges Tier"** (40,15). Wir würden heute vielleicht **„Supertier"** sagen. Außerdem wird er als **Erstling**, **Meisterstück** oder **Anfang** der Wege Gottes, also der Schöpfung, bezeichnet (40,19).

Sieh dir die Tiere auf den nächsten Seiten an und ***überlege selbst****, welches Tier gut zu der Beschreibung des Behemoths passen könnte.*

„Denn **Futter** tragen ihm die **Berge**, wo alle Tiere des Feldes spielen. Unter Lotusgebüschen [o. Sidarbäumen] liegt er, versteckt im Schilfrohr und **Sumpf**. Lotosgebüsche bedecken ihn mit ihrem Schatten; die Bachweiden umgeben ihn. Siehe, der **Strom** schwillt mächtig an – er **fürchtet** sich **nicht**; er bleibt auch **ruhig**, wenn ein Jordan sich in seinen Mund ergießt! Kann man ihm in seine **Augen** greifen, kann man mit Fangseilen seine **Nase** durchbohren?"
Hiob 40,20-24
(nach SLT)

Bauchmuskeln, **Beine** und **Knochen** des Behemoths müssen **gewaltig** gewesen sein. Der **Schwanz** wird mit einer Zeder verglichen. Die **Libanon-Zeder** wird 30 bis 50 Meter hoch und 1000 Jahre alt. Ihre pyramidenförmige Baumkrone wird mit zunehmendem Alter manchmal unförmig. Zu welchem **wasserliebenden Landtier** passt diese Beschreibung? Nach den Versen 15 und 20 handelt es sich um einen **Pflanzenfresser** – also können wir Raubsaurier und Krokodile schon einmal ausschließen.

Libanon-Zedern

Behemoth: Ein Säugetier?

War mit „Behemoth" ein **Flusspferd** gemeint? Behemoth bedeutet ja so viel wie **„Supertier"** – und er wird Erstling oder Meisterstück der Schöpfung Gottes genannt (Hiob 40,19). Das Flusspferd ist mit 1,70 Metern maximaler Schulterhöhe zwar nicht sehr groß, aber mit bis zu ca. 2,5 Tonnen ziemlich schwer. Seine gefährlichsten Waffen sind die ca. 30 Zentimeter langen, hauerartigen Eckzähne. Nilpferde haben aber einen kurzen **Stummelschwanz**, der ca. einen halben Meter lang ist. Der Vergleich mit einer Zeder passt hier also wohl nicht! Außerdem jagten die Ägypter des Altertums erfolgreich Flusspferde und Krokodile. In Vers 24 steht aber, dass die Menschen damals den Behemoth nicht fangen konnten. Das Flusspferd ist also kein wirklich geeigneter Kandidat.

Mit bis zu 4 Metern Höhe und ca. 10 Tonnen Gewicht sind **Elefanten** die beeindruckendsten heute lebenden Landtiere. Ihre bis zu 3,5 Meter langen Stoßzähne könnte man als „Schwert" beschreiben – bei Mammuts waren sie sogar bis zu 4,9 Meter lang. Aber auch beim Elefanten passt der Vergleich des nur ca. 1 Meter langen **Schwanzes**, der dünn ist und einfach nur herunterhängt, mit einer **Zeder** nicht. Außerdem wurden sie bereits von Neandertalern und Heidelberger Menschen, die auch echte Menschen waren, gejagt – was wieder nicht passt (vgl. Hiob 40,24).

Ein weiterer Kandidat könnte das ***Paraceratherium*** gewesen sein, das im Übergang von Paläogen* zu Neogen* gefunden wurde. Es war **das gigantischste Landsäugetier** aller Zeiten und wog bis zu ca. 15–20 Tonnen (mehr als doppelt so viel wie ein *T. rex*). Mit einer Schulterhöhe von über 5 Metern und einem über 2 Meter langen Hals überragte es jeden Elefanten. Was an diesem Tier mit **„Schwert"** gemeint sein könnte, ist allerdings **nicht klar**. Auch der Vergleich des **Schwanzes** mit einer **Zeder** ist wohl nicht wirklich angebracht.

Die vorgestellten Tiere im Größenvergleich:

Flusspferd

Afrikanischer Elefant

Flusspferd
Paraceratherium
Erdneuzeit
Erdmittelalter
Erdaltertum
Neogen
Quartär
Paläogen
Kreide
Jura
Trias
Perm
Karbon
Devon
Silur
Ordovizium
Kambrium
Ediacara-Fauna
Ediacarium

Behemoth: Ein *Iguanodon*?

Das **erste Fossil** eines *Iguanodons* wurde im Jahr 1809 in Sussex in England gefunden. Später fand man *Iguanodon* auch in Belgien, Nordamerika, Asien und Afrika. Gut 30 Jahre später, also im Jahr 1842, erfand der englische Anatom Sir Richard Owen den **Begriff „Dinosaurier"**. Damals bezeichnete er damit die Funde von *Megalosaurus, Iguanodon* und *Hylaeosaurus*.

Veraltete Rekonstruktion von *Iguanodon*

Die Statuen – **veraltete Rekonstruktionen** von *Iguanodon* – befinden sich im *Crystal Palace Park* in London. Im 19. Jahrhundert rekonstruierte man *Iguanodon* wie einen Leguan und platzierte den Daumenfortsatz fälschlicherweise als Horn auf der Nase.

Könnte der Behemoth vielleicht ein ***Iguanodon***, also ein Dinosaurier, sein? Iguanodontia wurden immerhin in der weiteren Nachbarschaft Israels in Tunesien, Georgien und Oman gefunden. Von *Iguanodon* fand man auch in einer Kohlengrube in Bernissart in Belgien viele ziemlich vollständige Skelette. Er war ca. 8 Meter lang und 4,5 Tonnen schwer. *Iguanodon* ist einer der ersten jemals entdeckten Dinosaurier. Der Name bedeutet „Leguanzahn" – da überrascht es nicht, dass er wie ein riesiger Leguan rekonstruiert wurde.

Iguanodon
heutige Rekonstruktion

Iguanodon, künstlerische Rekonstruktion, Rainer Leimeroth (1992)

Das Bild unten zeigt **verflochtene Sehnen** an den **Schwanzwirbeln** von *Iguanodon*. Auch **Behemoth** hatte verflochtene Sehnen in den **Beinen** (Hiob 40,17).

Iguanodon besaß einen **dornenförmigen Daumenfortsatz**, den man als **„Schwert"** (Hiob 40,19) bezeichnen könnte. Früher hielt man ihn aber für ein Horn auf der Nase!

Das Wort „Schwert" kommt in der Bibel ca. 450-mal vor. Es ist auch ein Symbol für die Bibel selbst, die uns „mitten ins Herz treffen" kann, wenn uns Gottes Wort direkt anspricht: „Denn das Wort Gottes ist lebendig und wirksam und schärfer als jedes zweischneidige **Schwert**, und es **dringt durch**, bis es **scheidet** sowohl Seele als auch Geist, sowohl Mark als auch Bein, und es ist **ein Richter** der Gedanken und Gesinnungen des Herzens." Hebräer 4,12 (SLT)

Allerdings wurden in den geologischen Schichten der Kreide* **noch größere Tiere** als *Iguanodon* in der Umgebung des Landes Kanaans gefunden. Welche das sind, erfährst du auf den nächsten Seiten.

Behemoth: Ein Diplodoce?

Diplodocus ist einer der bekanntesten Sauropoden. Zu den **Sauropoden** (Langhälsen) gehören auch viele andere Dinosaurier-Gattungen wie *Aegyptosaurus,* Brachiosaurier und Titanosaurier wie *Paralititan*. Sauropoden waren die **größten**, **längsten** und **schwersten landlebenden** Pflanzenfresser, die je entdeckt wurden. Sie waren absolute **„Supertiere"** mit massiven Knochen, Sehnen und Muskeln, die es in Größe und Gewicht beinahe mit heutigen Blauwalen aufnehmen konnten.

Diplodocus besaß einen 6 Meter langen Hals und einen **langen Schwanz**, der wohl **wie eine Peitsche** zuschlagen konnte. Seine Vorderbeine waren etwas kürzer als die Hinterbeine. Deswegen hielt er Hals und Schwanz waagerecht. Das längste vollständige Dinosaurierskelett der Welt ist ein *Diplodocus*. Das Tier war 27–33 Meter lang, hatte aber einen winzigen Kopf. Es besaß kleine, stiftförmige Zähne, mit denen es pflanzliche Nahrung verzehrte. Sein Gewicht wird auf 10–16 Tonnen geschätzt. Gefunden wurde *Diplodocus* allerdings im Oberjura* in **Nordamerika** – und nicht im Nahen Osten. Von der Familie der Diplodocen gab es aber auch Funde in **Europa** und **Afrika**.

Falls das **Sintflutende** erst **nach der Kreide*** war (s. S. 149), spiegeln die **Fundorte vor** der Kreide natürlich **nicht** die Verbreitung der Tiere (wie Behemoth) **nach der Sintflut** wider.

Mensch als Größenvergleich

Simulationen zeigen, dass die Schwanzspitze des Diplodocen ***Seismosaurus*** beim Zuschlagen Geschwindigkeiten bis ca. **100 km/h** erreichen konnte. Sein Schwanz war übrigens bis zu **14 Meter** lang! Vielleicht meinte Gott genau das mit **„Schwert"**? Das hebr. Wort *„chereb"* bezeichnet Gegenstände wie Schwert, Dolch oder Arbeitsmesser. Auf jeden Fall bog und streckte sich der Schwanz von Sauropoden beim Laufen **wie eine große Zeder.**

Seismosaurus

Seismosaurus, der möglicherweise ebenfalls zur Gattung *Diplodocus* gehörte, war riesig: Heute vermutet man, dass er um die **32 Meter lang** war, obwohl ältere Schätzungen von 40–50 Metern Länge ausgingen. Die Schätzungen für sein Gewicht schwanken zwischen 20–30 und sogar 80–100 Tonnen. Damit gehört er **zu den größten Langhälsen** aller Zeiten – wie *Argentinosaurus, Supersaurus, Sauroposeidon* und *Apotosaurus*. Er fraß Blätter und Nadeln von hohen Bäumen. Für ihre Größe waren die Diplodocen aufgrund ihres Knochenbaus aber relativ leicht.

Diplodocen gab es z. B. auch im Oberjura* in Portugal.

Behemoth: Ein Titanosaurier?

Diplodocus hatte im Gegensatz zu den Titanosauriern an allen vier Füßen **Krallen** – nicht nur an den Hinterbeinen. Die Beine von *Diplodocus* werden als überaus kräftig und muskulös beschrieben. Vielleicht könnte man auch solche Krallen als „Schwert" bezeichnen, wie z. B. beim Diplodocen *Apatosaurus*? Allerdings war der lange Schwanz im Kampf gefährlicher.

Die Skizze rechts zeigt die stark verflochtenen Muskeln, Sehnen und Bänder im Hinterbein eines *Diplodocus*[1] – so wie bei Behemoth?

Der Sauropode ***Paralititan*** gehört zur Gruppe der Titanosaurier (bzw. Lithostrotia). Von ihm wurde nur ein einziges (sicher zugehöriges) Teilskelett gefunden – und zwar in der **Bahariyya-Oase in Ägypten**. *Paralititan* gehört zu den gigantischsten Sauropoden, die man je gefunden hat. Sein 1,7 Meter langer Oberarmknochen ist einer der längsten aus den Schichten der Kreide*. Man schätzt, dass *Paralititan* ca. 25–32 Meter lang und 30–70 Tonnen schwer war. Aufgrund der Pflanzenfossilien, die gemeinsam mit dem Teilskelett von *Paralititan* gefunden wurden, nimmt man an, dass sein Lebensraum eine Art **Mangrovenwald** mit Baumfarnen war – ein für Dinosaurier bisher einzigartiger Lebensraum.

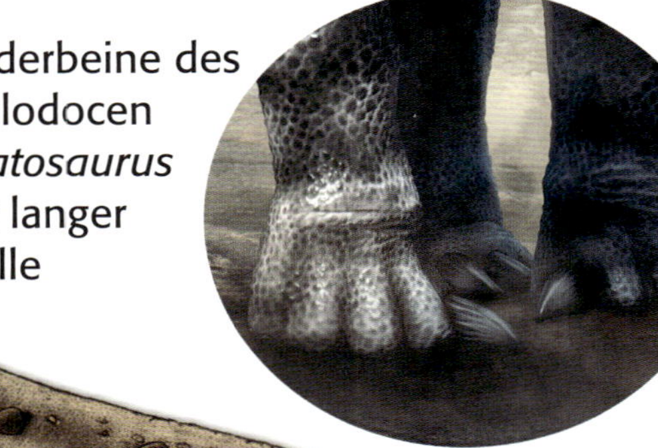

Vorderbeine des Diplodocen *Apatosaurus* mit langer Kralle

Eine Auswahl der größten bekannten Pflanzenfresser:

Hintere Reihe = ausgestorbene Sauropoden: *Futalognkosaurus* (blau), *Patagotitan* (grau), *Diplodocus* (lila), *Supersaurus* (orange), *Mamenchisaurus* (grün), *Argentinosaurus* (dunkelrot)
Vordere Reihe = Säugetiere: Flusspferd, Weißes Nashorn, Afrikanischer Elefant, ausgestorbener Elefant (*Palaeoloxodon*), ausgestorbenes *Paraceratherium*, Netzgiraffe

Europasaurus gehörte mit ca. 6 Metern Länge zu den kleinsten Sauropoden (Langhälsen). Es ist **umstritten**, mit welcher anderen Saurier-Gruppe er näher verwandt war. Er wurde im Oberjura* in Deutschland gefunden. Man vermutet, dass er so klein war, weil er auf damaligen Inseln lebte, wo nicht so viel Nahrung zur Verfügung stand wie an anderen Orten. Man bräuchte sechs Europasaurier, um die Länge eines Titanosauriers zu erreichen.

Die Familie der **Titanosaurier** erreichte nach Schätzung bis ca. **70 Tonnen** Gewicht und über **35 Meter** Länge. Allein der Hals war so lang wie ein Schulbus. Das Herz wog wahrscheinlich so viel wie drei Männer. Einer der größten Titanosaurier namens *Argentinosaurus* war länger als ein Basketballfeld und wog so viel wie 70 Bisons. Laut Berechnungen könnte *Argentinosaurus* immerhin 8 km/h schnell gewesen sein.

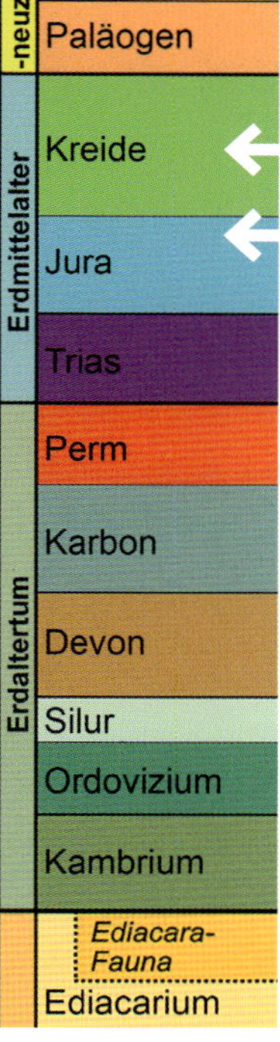

Größenvergleich der Schädel von *Giraffatitan* (oben) und *Europasaurus* (unten)

Wie ich es sehe: Wenn man alle gigantischen Pflanzenfresser – heute lebende und ausgestorbene – in Betracht zieht, **passt** die Beschreibung des **Behemoths am besten zu den Sauropoden**. Nach aktuellem Kenntnisstand waren sie wirklich „Supertiere" – die „Ersten unter der Schöpfung". Allerdings ist der Begriff **„Schwert"** am schwierigsten zu deuten: Könnte er die Krallen meinen oder doch eher den gewaltigen Schwanz?

Paralititan (Mensch zum Größenvergleich)

[1] Nach Lunkenbein & Piel (2003, S. 19).

Leviathan in der Bibel

Leviathan ist das wohl spannendste reale Tier in der Bibel. Im griechischen Alten Testament wird der Name Leviathan mit **„Drache"** *(drakos)* übersetzt. Gott spricht über dieses Tier, um Hiob seine Macht zu verdeutlichen. ***Lies dir die Beschreibung des Leviathans im Buch Hiob einmal durch!***

Auge eines Krokodils

„Ziehst du etwa den **Leviathan** mit der **Angel** heraus, und kannst du seine **Zunge** mit einer Fangschnur fassen? Kannst du ein Binsenseil durch seine **Nase** ziehen und einen Haken durch seine Kinnbacken stoßen? Wird er dich lange anflehen oder dir freundliche Worte sagen? Wird er einen **Bund** mit dir **schließen**, dass du ihn zum ewigen Knecht machst? Kannst du mit ihm **spielen** wie mit einem Vögelchen oder ihn anbinden für deine Mädchen? Feilschen etwa die **Fischersleute** um ihn, oder teilen ihn die Händler unter sich? Kannst du seine **Haut mit Spießen spicken** und mit **Fischharpunen** [bzw. Speeren] seinen **Kopf**? Lege doch deine Hand einmal an ihn – du wirst den **Kampf** nicht vergessen, wirst es nicht noch einmal tun!"
Hiob 40,25-32 (SLT)

Der Leviathan wird als überaus mächtiges und gefährliches Tier dargestellt. Im Text werden aber auch **körperliche Merkmale** beschrieben. *Suche sie heraus! Welches Tier könnte damit gemeint sein?*

„Siehe, die Hoffnung auf ihn wird getäuscht; wird man nicht schon **bei seinem Anblick hingestreckt**? Niemand ist so tollkühn, dass er **ihn reizen** möchte; wer aber kann vor mir [= Gott] **bestehen**? Wer hat mir zuvor gegeben, dass ich ihm vergelten sollte? **Alles**, was unter dem ganzen Himmel ist, **gehört mir**! Ich will von seinen **Gliedern** nicht schweigen, sondern reden von seiner **Kraftfülle** und von der **Schönheit seines Baus**. Wer kann sein **Gewand** [bzw. die Oberfläche seines Gewandes] **aufdecken**, und wer **greift** ihm in die **Doppelreihe seiner Zähne**? Wer **öffnet** die **Tore** seines **Rachens**? Rings um seine **Zähne** lagert **Schrecken**. **Prächtig** sind seine **starken Schilde** [bzw. die Rinnen seiner Schilde = Schuppen / Schuppenreihen], **fest zusammengeschlossen** und **versiegelt**; **einer fügt sich an den anderen**, sodass **kein Luftzug dazwischenkommt**; **jedes haftet fest an dem anderen**, sie **greifen ineinander** und **lassen sich nicht trennen.**“
Hiob 41,1-9 (nach SLT)

„**Stärke** wohnt auf seinem **Nacken** [o. Hals], und **Angst** springt **vor ihm** her. **Die Wampen** [o. seine Bauchfalten] **seines Fleisches haften aneinander** [bzw. halten fest zusammen]; sie sind ihm **fest angegossen**, **unbeweglich**. Sein **Herz** ist **hart** [bzw. fest] wie Stein und so **fest** wie der untere Mühlstein. Die **Helden erbeben**, wenn er **auffährt**; vor Verzagtheit geraten sie außer sich. Trifft man ihn mit dem **Schwert**, so **hält** es **nicht stand, weder Speer** noch **Wurfspieß** oder **Harpune**. Er achtet **Eisen für Stroh** und **Erz für faules Holz**. **Kein Pfeil** kann ihn in die Flucht schlagen, und Schleudersteine verwandeln sich ihm zu **Spreu** [bzw. Stoppeln]. Er achtet die **Keule** für einen **Halm** und **verlacht** das Sausen des **Wurfspießes**. Auf seiner **Unterseite** sind **spitze Scherben** [bzw. unter ihm sind scharfe Tonscherben]; er zieht einen **Dreschschlitten** über den **Schlamm** dahin.“ Hiob 41,14-22 (SLT)

In Hiob 41,16 steht, dass das **Herz** des Leviathans fest wie ein Mühlstein ist. Wenn an ähnlichen Stellen in der Bibel von einem „festen Herz“ gesprochen wird, steht das in der Regel symbolisch für **Tapferkeit** oder **Standhaftigkeit** (z. B. 1. Thessalonicher 3,13). Das biologische Herz als Muskel zum Blutpumpen muss natürlich beweglich sein, auch wenn es eine gewisse Festigkeit besitzt.

Leviathan und das Feuerspucken

Im Buch Hiob heißt es über den **Leviathan**, dass er **Feuer spucken** kann. Leider kennen wir bisher **kein einziges Wirbeltier**, das diese Fähigkeit besitzt.

„Sein **Niesen** lässt **Licht** [o. Helles] **aufleuchten**, und seine **Augen** sind wie die **Strahlen der Morgenröte**. Aus seinem Rachen schießen **Fackeln**; **Feuerfunken** sprühen aus ihm heraus. Aus seinen **Nüstern** kommt [o. strömt] **Rauch** hervor **wie** aus einem **siedenden Topf** und einem **Kessel** [o. Binsenfeuer]. Sein **Hauch** [o. Atem] **entzündet Kohlen**, eine **Flamme schießt** aus seinem **Rachen**".
Hiob 41,10-13 (SLT)

„Er **bringt** die **Tiefe** zum **Sieden** wie einen **Kessel**, macht [bzw. rührt auf] das **Meer** zu einem **Salbentopf**. **Hinter ihm** her **leuchtet der Pfad**; man könnte die **Flut** [bzw. Tiefe] für **Silberhaar** halten. **Auf Erden ist nicht seinesgleichen** [bzw. ist keiner ihm gleich]; er ist **geschaffen**, um **ohne Furcht** zu sein. Er schaut alle Hohen (furchtlos) an; er ist ein **König über alle Stolzen** [= wilden Tiere?]."
Hiob 41,23-26 (SLT)

Heute ist nur eine einzige Tiergruppe bekannt, die etwas Ähnliches leisten kann: die **Bombardierkäfer**, von denen es viele Arten gibt. Die Bombardierkäfer-Gattung ***Brachinus*** kommt auch in Deutschland vor.

Der Bombardierkäfer hat eine Drüse, die **zwei sehr reaktive Substanzen** herstellt: Hydrochinon und Wasserstoffperoxid. Wird er angriffen, spritzt er seine Chemikalien aus der Sammelblase in die mit einer dicken Schutzschicht versehene **Explosionskammer**. Dann gibt er genau zum richtigen Zeitpunkt die Enzyme Katalase und Peroxidase hinzu, um die Reaktion zu beschleunigen. Wasserstoffperoxid wird zu Wasser und Sauerstoff gespalten; Hydrochinon wird zu einem giftigen Benzochinon umgewandelt.

So kann der Käfer eine **Explosion** erzeugen, bei der eine **Hitze von über 100 Grad Celsius** entsteht. Das ätzende Gasgemisch kann er zielgenau aus dem Hinterleib spritzen, sogar über seinen Kopf hinweg. Es wird in mehreren Explosionsschritten freigesetzt.

Ein typischer Fantasy-Drache beim Feuerspucken

Nebenbei bemerkt: Der Bombadierkäfer ist auch **ein explosives Problem für die Evolution**: Um eine solche Explosion zu erzeugen, sind nämlich **viele verschiedene Komponenten** nötig. Der Bombardierkäfer braucht verschiedene Körperteile und chemische Substanzen – zur Herstellung, sicheren Lagerung, Explosion und zielgerichteten Freisetzung des Gasgemischs. Außerdem muss sich der Käfer selbst schützen – innen und außen. Man kann nicht einfach Komponenten wegnehmen, ohne dass die Funktion oder der Schutz in sich zusammenbricht. Das nennt man **nichtreduzierbare Komplexität**.

Wie ich es sehe: Aus evolutionärer Perspektive ist es **praktisch unmöglich**, dass zufällig so viele verschiedene Komponenten für Explosionen gleichzeitig und von allein entstehen – besonders, weil sie einzeln so gut wie keinen Nutzen haben. Ein Schöpfer jedoch kann **nichtreduzierbar komplexe Systeme** selbstverständlich ohne Probleme erschaffen. Daher ist auch denkbar, dass Gott **ähnliche Systeme bei ausgestorbenen Tieren** verwendet hat, auch wenn wir dafür keine handfesten Beweise haben.

Merkmale des Leviathans

Diese **Merkmale des Leviathans** sind in Hiob 40,25–41,26 zu finden:

1. Der Begriff **„Leviathan"** wird in Jesaja 27,1 als **„Gewundener"**, **„sich Windender"** oder **„sich schlängelndes Tier"** beschrieben. Dies spricht für ein **reptilienartiges Tier** mit langem Schwanz in Hiob.
2. Man kann ihn **nicht angeln**, **fangen**, **mit Speeren durchbohren**, **anbinden**, **zähmen**, **als Spielgefährten verwenden** oder **verkaufen** (40,25-32).

Spinosaurus

3. Er sieht **erschreckend** aus, sodass sogar Helden vor ihm Angst haben (41,1-2+6+14+17) – er **selbst** aber ist **furchtlos**. **Seinesgleichen** gibt es **nicht**. Da ist niemand, der es mit ihm aufnehmen kann, denn er ist der **König über alle Tiere** (bzw. „Stolzen") (41,25f). Er ist also der **Spitzenräuber** seines Ökosystems.

4. Er hat **kräftige Glieder** und einen **kräftigen**, aber auch **schönen Körperbau** (41,4).
5. Zwischen sein **Doppelgebiss** (bzw. griech. seinen Doppelpanzer) kann man **nicht greifen**. Seinen **Rachen** kann **niemand öffnen**, und er hat **schreckliche Zähne** (41,5f), ist also sicher ein Fleischfresser.
6. Seine **Augen** werden mit den **Strahlen der Morgenröte** verglichen (41,10). Vielleicht kann man hier an orange-rote Reptilienaugen denken?

7. Er **fürchtet keine** der **Waffen**, die den Menschen damals zur Verfügung standen (40,25+31; 41,18-21). Seine **Haut** muss sehr **fest** sein (41,15), und er besitzt **starke Schuppen** (Schilde), die **fest** und **eng aufeinander liegen**. Er hat also einen **Schuppenpanzer** (41,7-9). Man kann seine Bedeckung nicht einfach aufdecken oder abmachen (41,5). Außerdem hat er einen **starken Nacken** (41,14). Die **Wampen** (Bereiche des Bauches) haften **fest aneinander**, sind wie **angegossen** und **unbeweglich** (41,15). Außerdem hat er an der **Unterseite spitze Scherben** (vermutlich Schuppen), die er wie einen **Dreschschlitten** über den Schlamm **zieht**, sodass sie **Spuren hinterlassen** (41,22).

Sieh dir die folgenden Tiere an und ***überlege selbst****, zu welchem Tier die Beschreibung des Leviathans passen könnte.*

8. Einige **Merkmale** sind sehr **herausfordernd**: Sein **Niesen** lässt **Licht** oder Helles aufleuchten, und aus seinen **Nüstern** kommt **Rauch** wie aus einem **siedenden Topf** (41,10-12). Könnte sich das vielleicht auf das Ausschnauben beziehen, wenn der Atem in kalter Luft sichtbar wird? Er lässt das **Meer** wie einen **kochenden Kessel brodeln** (41,23). Außerdem kann sein **Atem Kohlen** entzünden, und eine **Flamme** schießt aus seinem **Rachen** (41,13).

Leviathan: Ein *Spinosaurus*?

Leviathan-Kandidat 1 – der *Spinosaurus*: *Spinosaurus* war der größte uns bekannte Raubsaurier. Er war sogar das **größte Landraubtier** überhaupt. Seine Fossilien wurden in der mittleren Kreide* in Nordafrika gefunden. Er wog ca. **7–9 Tonnen** und war etwa **14–18 Meter lang** – also ungefähr so lang wie ein Bus mit einem Anhänger. Außerdem hatte er ein auffälliges **Rückensegel**. Es war höher als ein durchschnittlich großer Mann. An seinen verhältnismäßig kräftig gebauten Armen hatte er **drei lange Klauen**, und er jagte wahrscheinlich **sowohl an Land als auch im Wasser**.

Wissenschaftler diskutieren, wie gut *Spinosaurus* **schwimmen** konnte und ob er auch schwimmend jagte. Höchstwahrscheinlich konnte er zumindest langsam schwimmen und gut zweibeinig an Land gehen. Fische jagte er sicherlich auch, während er im Wasser stand – ähnlich wie heutige Reiher. *Spinosaurus* war also ein **semiaquatisches Tier**, das wie Krokodile an Land und im Wasser unterwegs war.

Auch der halb so große ***Baryonyx*** aus der unteren Kreide* in England war ein Spinosaurier, aber **ohne Rückensegel**. Bei einem Fossil hat man Fischschuppen und *Iguanodon*-Reste im Bauchraum gefunden. ☞

Psittacosaurus

Gott ist stärker als der Leviathan – egal, ob damit das Tier oder eine gottfeindliche Macht gemeint ist: „Du hast aufgestört das Meer durch deine Macht, hast zerschmettert die Häupter der **Seeungeheuer** auf dem Wasser. Du hast zerschlagen die Köpfe des **Leviatans**, gabst ihn zur Speise den Haifischen des Meeres." Psalm 74,13-14 (RE)
Spinosaurus
Baryonyx
Achtung:
In dieser Rekonstruktion sehen die Vorderbeine etwas zu kurz aus.

Spinosaurus in Hiobs Nachbarschaft

Ägypten liegt in **unmittelbarer Nachbarschaft zu Israel**. Obwohl sich die Kontinentalplatten verschieben können, war das grundsätzlich schon in der Kreide* so. In der **Bahariyya-Oase** in Ägypten wurden in den Gesteinsschichten der oberen Kreide* viele äußerst spannende Funde gemacht. Neben dem Skelett des Sauropoden ***Paralititan*** wurde der **Zahn eines Raubsauriers** gefunden, der vielleicht das Aas von großen Dinosaurier-Kadavern gefressen hat. Dieser Raubsaurier war ***Carcharodontosaurus***, der ungefähr 8–12 Meter lang wurde. Aber auch andere Tiere lebten in der Gegend der Bahariyya-Oase. Dazu zählen **Schildkröten** und **Plesiosaurier**. Man fand auch Fossilien des 10 Meter langen Krokodils ***Stomatosuchus***, das fast doppelt so lang wie das heutige Nilkrokodil wurde. Auch der 11 Meter lange Raubsaurier ***Bahariasaurus*** und sogar **der riesige *Spinosaurus*** wurden in der Bahariyya-Oase entdeckt. Auf dem Gemälde unten sieht man, wie *Spinosaurus* einen großen Lungenfisch verspeist. Zur Beute von Spinosaurus gehörten außerdem Pseudosägerochen und der Quastenflosser *Mawsonia*, der fast so lang wie ein Auto war. Eine wirklich gigantische Lebensgemeinschaft!

Wie ich es sehe: Vom Fundort her würde *Spinosaurus* gut zu Leviathan passen. Eine große **offene Frage** ist aber, wie die geologischen Schichten der **Kreide* in Bezug auf die Sintflut** einzuordnen sind – ob Spinosaurier also auch **zur Zeit** Hiobs noch in dieser Region anzutreffen waren. Diesbezüglich gibt es noch sehr viel zu erforschen (s. Kapitel F).

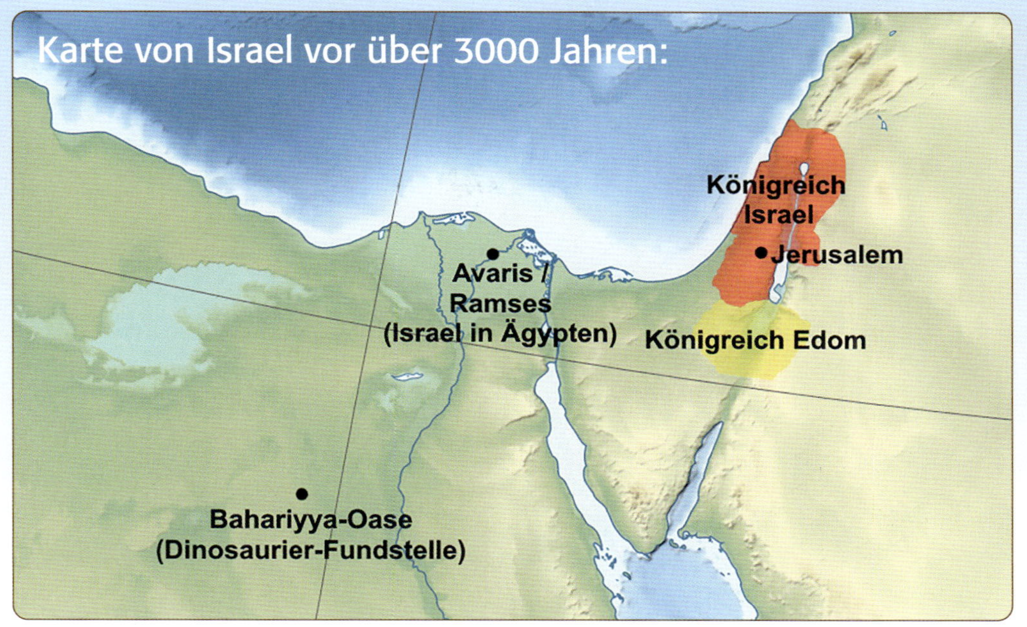

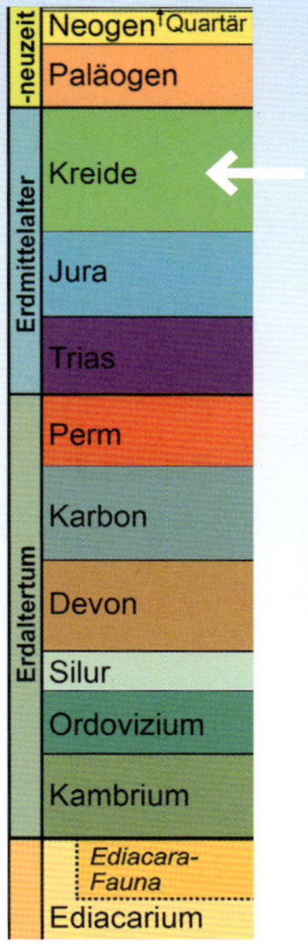

Ägypten kommt als Nachbarland Israels häufig in der Bibel vor. Beispielsweise leitet Gott die Zehn Gebote mit einer Erinnerung an die Befreiung Israels aus der Sklaverei in Ägypten ein: „Ich bin der HERR, **dein Gott**, der ich dich **aus dem Land Ägypten**, aus dem Haus der Knechtschaft, **herausgeführt habe**."
2. Mose 20,2 (SLT)

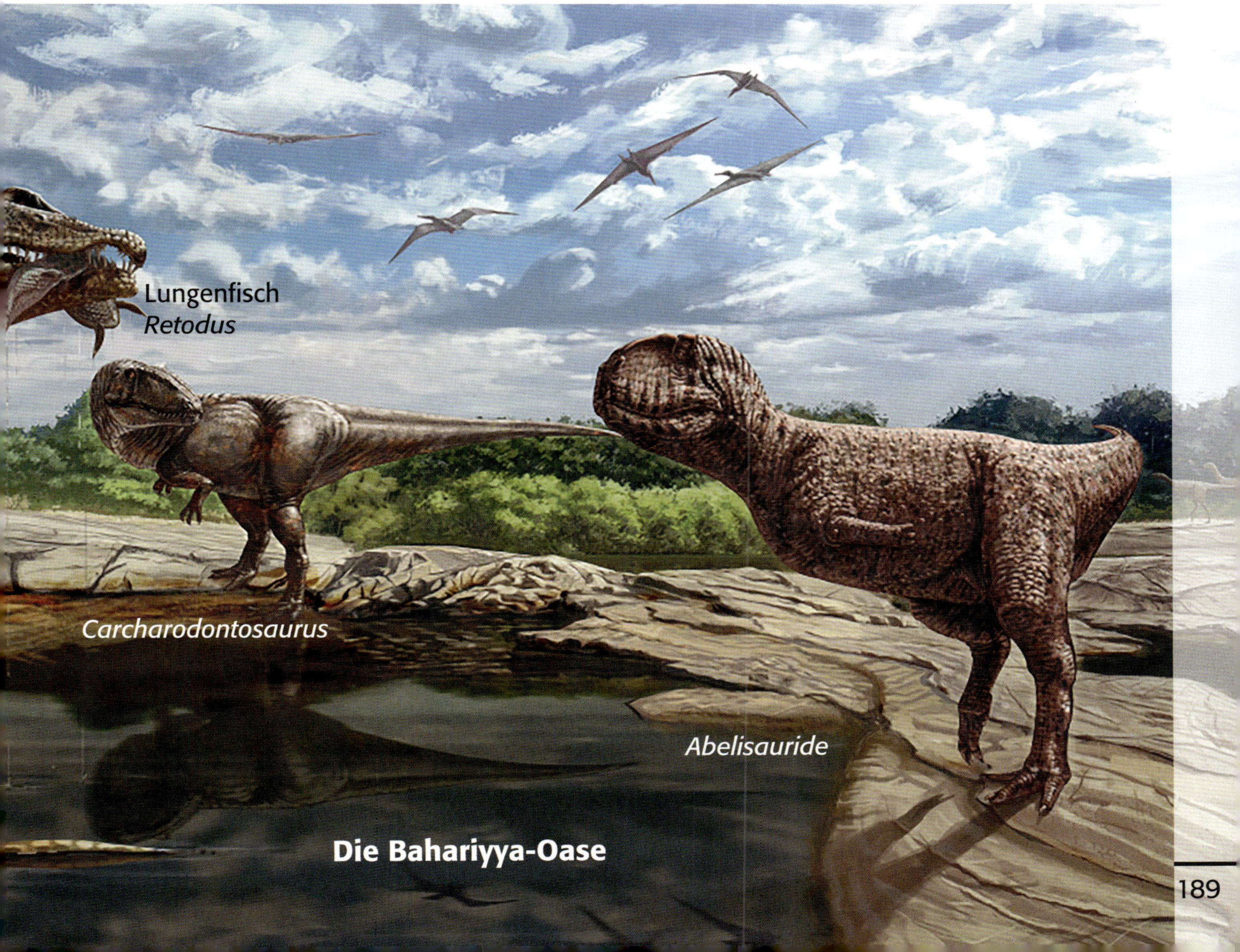

Die Bahariyya-Oase

Leviathan: Ein Krokodil?

Leviathan-Kandidat 2 – Krokodile: Krokodile leben ebenso wie *Spinosaurus* **semiaquatisch** – an Land und im Wasser. Ihr Lebensraum stimmt also mit der Beschreibung des Leviathans überein. Dazu passt auch, dass sie im Schlamm Kriechspuren ihrer Schuppen hinterlassen. **Krokodil-Verwandte** (Crocodylomorpha) hat man bereits in der mittleren Trias* gefunden – ebenso wie die ersten Dinosaurier-Fossilien. Beide Gruppen gehören zu den Archosauriern. Aus evolutionärer Perspektive beherrschten die Crocodylomorpha in großer Vielfalt die Ökosysteme, bevor die Dinosaurier zur Vorherrschaft gelangten. Aus Schöpfungsperspektive gab es wahrscheinlich ökologische Gründe, wo und warum sich welche Gruppen besonders gut ausgebreitet haben.

Die **Neosuchia** ähneln mehr den heutigen Krokodilen als den ältesten Crocodylomorpha. Sie sind ab dem unteren Jura* bekannt. Zu den Neosuchia gehörte der bis zu 10 Meter lange ***Stomatosuchus***, der in der oberen Kreide* in der Bahariyya-Oase in Ägypten gefunden wurde.

Nilkrokodil

Fossilien von ***Crocodylus thorbjarnarsoni*** wurden genau wie die ältesten bekannten Fossilen von Menschen *(Homo erectus)* im unteren Quartär* in Afrika gefunden. Es erreichte eine Länge von fast 8 Metern. Das heute in Australien und Südostasien lebende **Salzwasserkrokodil** wird ca. 7 Meter lang und schwimmt auch ins offene Meer hinaus. Nur etwas kürzer ist das **Nilkrokodil** mit ca. 6,5 Metern Länge.

Crocodylus thorbjarnarsoni

Wenn Gott vergibt, findet nicht einmal ein Salzwasserkrokodil die Schuld wieder: „Er wird wieder Erbarmen mit uns haben, er wird niedertreten unsere Schuld! Ja, du wirfst all unsere **Sünden in die Tiefen des Meeres** hinab."
Micha 7,19 (NEÜ)

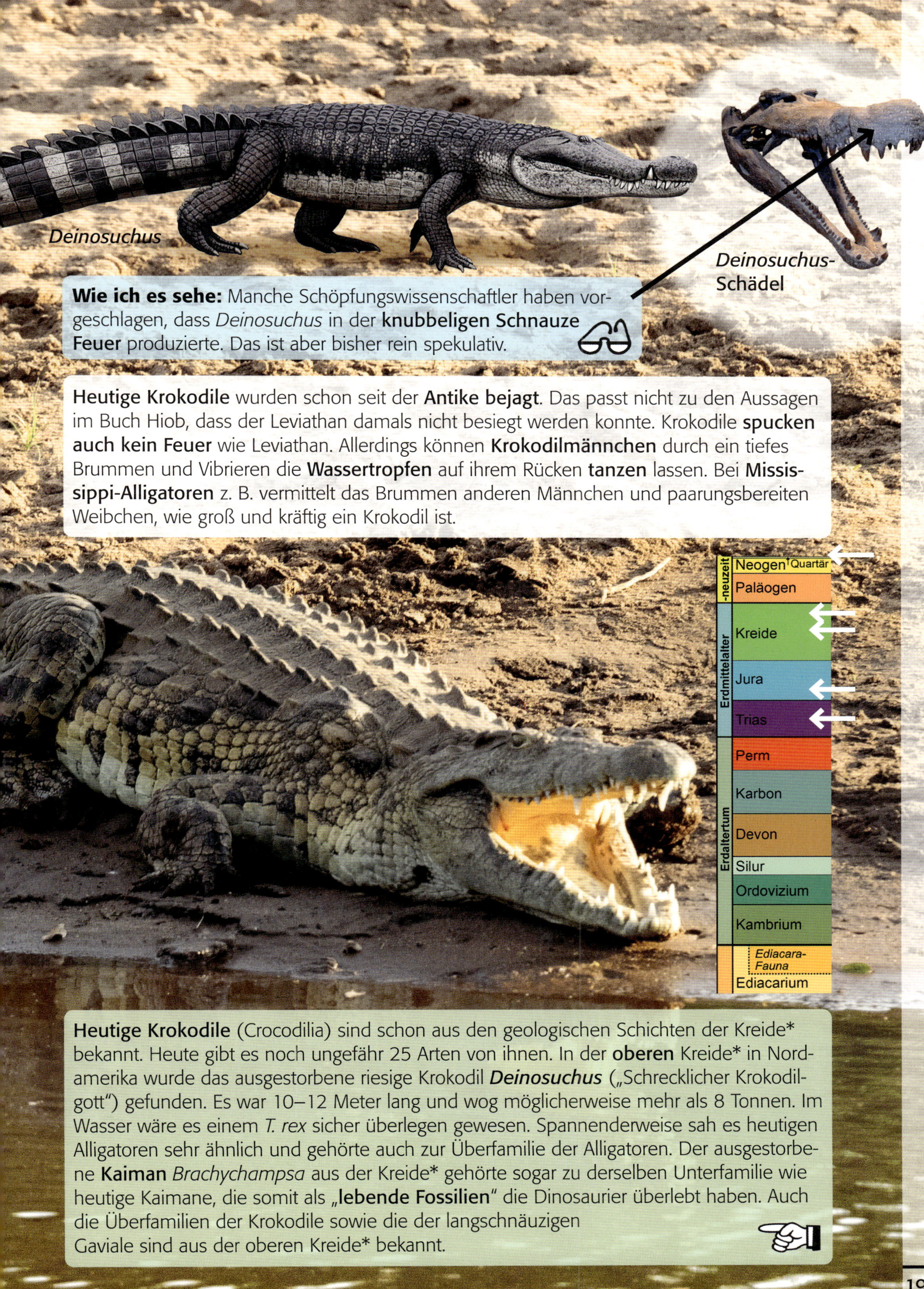

Wie ich es sehe: Manche Schöpfungswissenschaftler haben vorgeschlagen, dass *Deinosuchus* in der **knubbeligen Schnauze Feuer** produzierte. Das ist aber bisher rein spekulativ.

Heutige Krokodile wurden schon seit der **Antike bejagt**. Das passt nicht zu den Aussagen im Buch Hiob, dass der Leviathan damals nicht besiegt werden konnte. Krokodile **spucken auch kein Feuer** wie Leviathan. Allerdings können **Krokodilmännchen** durch ein tiefes Brummen und Vibrieren die **Wassertropfen** auf ihrem Rücken **tanzen** lassen. Bei **Mississippi-Alligatoren** z. B. vermittelt das Brummen anderen Männchen und paarungsbereiten Weibchen, wie groß und kräftig ein Krokodil ist.

Heutige Krokodile (Crocodilia) sind schon aus den geologischen Schichten der Kreide* bekannt. Heute gibt es noch ungefähr 25 Arten von ihnen. In der **oberen** Kreide* in Nordamerika wurde das ausgestorbene riesige Krokodil ***Deinosuchus*** („Schrecklicher Krokodilgott") gefunden. Es war 10–12 Meter lang und wog möglicherweise mehr als 8 Tonnen. Im Wasser wäre es einem *T. rex* sicher überlegen gewesen. Spannenderweise sah es heutigen Alligatoren sehr ähnlich und gehörte auch zur Überfamilie der Alligatoren. Der ausgestorbene **Kaiman** *Brachychampsa* aus der Kreide* gehörte sogar zu derselben Unterfamilie wie heutige Kaimane, die somit als „**lebende Fossilien**" die Dinosaurier überlebt haben. Auch die Überfamilien der Krokodile sowie die der langschnäuzigen Gaviale sind aus der oberen Kreide* bekannt.

Leviathan: Ein Meeressaurier?

Leviathan-Kandidat 3 – Meeressaurier: Langhalsige **Plesiosaurier** wurden überall in der Umgebung Israels entdeckt, passen aber nicht so gut zur Beschreibung des Leviathans. Die massigeren **Mosasaurier** hingegen waren gefährliche Räuber, die auch große Tiere wie Plesiosaurier erbeuten konnten. Vermutlich konnten sie alle **nicht an Land kriechen** – falls doch, stellten sie dort aber wohl keine Bedrohung dar, die eine Wache nötig gemacht hätte (vgl. Hiob 7,12 über Seeungeheuer). Das macht sie als Kandidaten für den Leviathan nach aktuellem Kenntnisstand meiner Meinung nach eher unwahrscheinlich.

Liopleurodon (Paläontologisches Institut Tübingen)

Liopleurodon gehört auch zu den Plesiosauriern, aber zur Untergruppe der **Pliosaurier**, die einen viel massiveren Schädel hatten. Er lebte im mittleren Jura* in Deutschland und war ca. 6,5 Meter, vielleicht sogar 10 Meter lang.

In Deutschland bei Paderborn wurde im Jahr 2017 das damals am ältesten datierte Plesiosaurier-Fossil namens *Rhaeticosaurus* in der oberen Trias* gefunden. ***Elasmosaurus*** hingegen wurde in den Schichten der oberen Kreide* entdeckt. Allein sein Hals war schon ungefähr 7 Meter lang und bestand aus über 70 Halswirbeln. Dieser lange, dünne **Hals** ist typisch für **Plesiosaurier** im engeren Sinn. Wie andere Meeressaurier auch war *Elasmosaurus* mit seinen vier Flossen dafür konstruiert, im Wasser zu schwimmen – und nicht für das Kriechen an Land. Die größten Plesiosaurier konnten sogar bis zu 15 oder 20 Meter lang werden.

Auch andere riesige Fleischfresser, die heute ausgestorben sind, lebten im Meer. Sie hatten aber keine Schuppen und **krochen** auch sicherlich **nicht über den Schlamm an Land**. Zu ihnen zählen zwei riesige Räuber, deren Fossilien im Neogen* gefunden wurden: Der Riesenhai ***Megalodon*** war etwa 20 Meter lang – 3-mal so lang und 20-mal so schwer wie ein heute lebender Weißer Hai. **Livyatan**, ein Pottwal-Verwandter mit einem gefährlichen Gebiss, war kein Reptil wie Leviathan und kommt daher trotz seines Namens eher nicht infrage.

Gott versorgt alle – auch die großen Meerestiere: „Wie sind deiner Werke so viele, o HERR! Du hast sie alle mit **Weisheit** geschaffen, voll ist die Erde von deinen Geschöpfen. Da ist das **Meer**, so groß und weit nach allen Seiten: Darin wimmelt es ohne Zahl von **Tieren** klein und groß … Da ist der **Leviathan**, den du geschaffen hast, um sich darin zu tummeln. Sie alle schauen aus zu dir hin, dass du **Speise** ihnen **gebest** zu seiner Zeit …“ Psalm 104,24-27 (nach M)
Meyerasaurus
(Museum am Löwentor in Stuttgart)
Dieses ***Meyerasaurus*-Fossil** aus dem Unterjura* in Deutschland war „nur“ ca. 2,5 Meter lang.
-neuzeit
Neogen
Quartär
Paläogen
Erdmittelalter
Kreide
Jura
Trias
Erdaltertum
Perm
Karbon
Devon
Silur
Ordovizium
Kambrium
Ediacara-Fauna
Ediacarium
Elasmosaurus
Ein Größenvergleich:
Livyatan
Megalodon
Mosasaurus mit kleinem Raubsaurier im Maul
Elasmosauride
Weißer Hai

Leviathan: Ein Waran?

Komodowaran mit langen Krallen

Leviathan-Kandidat 4 – Warane: Warane gehören zu den Schuppenkriechtieren (s. S. 100). Heute gibt es ca. 80 Arten von Waranen. Sie haben eine tief gespaltene Zunge, mit der sie ähnlich wie Schlangen züngeln. Sie haben keine so massive Körperpanzerung mit dicken Schuppen wie Krokodile. In der Beschreibung des Leviathans wird aber gerade die **massive, undurchdringliche Beschuppung** sehr betont. Warane sind fossil ab der oberen Kreide* bekannt. Ihr Körperbauplan hat sich bis heute **kaum verändert**.

Megalania

-neuzeit	Neogen / Quartär ←
	Paläogen
Erdmittelalter	Kreide ←
	Jura
	Trias
Erdaltertum	Perm
	Karbon
	Devon
	Silur
	Ordovizium
	Kambrium
	Ediacara-Fauna
	Ediacarium

Ein sehr großer Waran war ***Megalania***. Er lebte in **Australien** und starb wohl aus, nachdem die ersten Aborigines dort angekommen waren. *Megalania* wurde ca. **7 Meter lang** und wog wahrscheinlich mehr als **1 Tonne**. In Rekonstruktionen wird er sehr ähnlich dargestellt wie der Komodowaran – nur massiger.

Hiob wusste, dass Gott so mächtig ist, dass er jeden Drachen besiegen kann: „Durch seinen Hauch wird der Himmel heiter, **seine Hand durchbohrt** den flüchtigen **Drachen** [hebr. *nachasch*: Schlange – wie in 1. Mose 3]. Siehe, das sind die Säume seiner Wege; und wie wenig haben wir von ihm gehört! Und den Donner seiner Macht, wer versteht ihn?"
Hiob 26,13-14 (L12)

Die größten heute lebenden Warane sind die **Komodowarane** mit bis zu 3 Metern Länge und 80 Kilogramm Gewicht. Sie kommen nur auf wenigen Inseln Indonesiens vor. Komodowarane produzieren ein **Gift**, das die Blutgerinnung verringert und bei Beutetieren zu einem Schockzustand führt. Diese sterben daran oft erst Tage später – die Warane brauchen nur etwas Geduld. Obwohl Komodowarane so gefährlich wirken, sind sie durch Wilderei und Brandrodung in ihrem Überleben gefährdet.

Nilwaran

Auch der **Nilwaran** gehört mit bis zu **2,4 Metern Länge** zu den größten heute lebenden Waranen. Er wird von Einheimischen mit an Stöcken festgebundenen Angeln gefangen. Obwohl er aussieht wie ein kleiner Drache, ist er für Menschen **nicht gefährlich**.

Wie ich es sehe: *Und was war der Leviathan aus Hiob nun?* Wir wissen es nicht sicher. Insgesamt passt der ***Spinosaurus*** am besten, da er das größte Landraubtier war, das auch im Wasser unterwegs war. Vielleicht könnte der Leviathan auch ein ausgestorbenes Riesenkrokodil wie z. B. *Deinosuchus* oder ein Meeressaurier gewesen sein. Warane sind hingegen aufgrund der fehlenden Panzerung unwahrscheinlich. In jedem Fall ist das Feuerspucken noch eine offene Frage und schließt alle heute lebenden Tiere – wie heutige Krokodile – aus.

H. Dinosaurier und wir Menschen

Themen

Haben Menschen Dinosaurier abgebildet?

Drachensagen gibt es auf der ganzen Welt. Übereinstimmend beschreiben sie reptilienartige „Monster". Eine der **ältesten schriftlichen** Erwähnungen von Drachen findet sich in der Keš-Tempel-Hymne aus Sumer (ca. 2500 v. Chr.). Auch antike Historiker wie Flavius Josephus und Plinius der Ältere (beide 1. Jahrhundert n. Chr.) oder Herodot (ca. 450 v. Chr.), aber auch Marco Polo (ca. 1300 n. Chr.) berichteten in ihren Werken von fliegenden „Schlangen" oder „Drachen". Deshalb sind manche Leute felsenfest davon überzeugt, dass Menschen zumindest bis ins Mittelalter lebende Saurier gesehen und als „Drachen" bezeichnet haben. Doch stimmt das? Schauen wir uns ein paar Kunstwerke an, die möglicherweise Drachen zeigen.

Das Rollsiegel mit **„Schlangendrachen"** und **„Löwenadlern"** – daneben sein Abdruck in Ton – stammt aus der Uruk-Periode der Sumerer in Mesopotamien (etwa 2000 v. Chr.).

Die „**Zwei-Hunde-Palette**" (links) und die „**Vier-Hunde-Palette**" (rechts) sind ähnlich alt. Beide stammen aus Ägypten. Sie zeigen neben echten Tieren und ausgedachten Mischwesen auch „Schlangendrachen". Für Sauropoden sind deren Schwänze aber etwas kurz. Die Köpfe haben „Ohren" wie Säugetiere. Der Hals ist schlangenhaft und der Körper eher leopardenartig dargestellt. Es sind wohl eher mythologische Wesen als Langhalssaurier.

Der **„Birth tusk"** im Besitz der *National Museums Liverpool* aus dem mittleren Königreich in Ägypten (ca. 2000 v. Chr.) zeigt vielleicht einen Langhals (mit Messer am Vorderfuß) – gemeinsam mit echten Tieren und Mischwesen.[1]

[1] Bild nachgezeichnet nach: https://www.liverpoolmuseums.org.uk/artifact/birth-tusk.

Das **Nilmosaik von Palestrina** zeigt eine antike Nillandschaft, die allerdings auch Phantasietiere enthält. Es ist umstritten, was das Tier namens „krokodilopardalis" („Krokodil-Panther") sein könnte. Von Evolutionsbiologen wird vorgeschlagen, dass es ein Otter oder ein Phantasietier ist – kein Saurier. *Und was denkst du?*

Kachina Bridge in Utah
(Foto A. McIntosh; der Kontrast ist leicht erhöht)

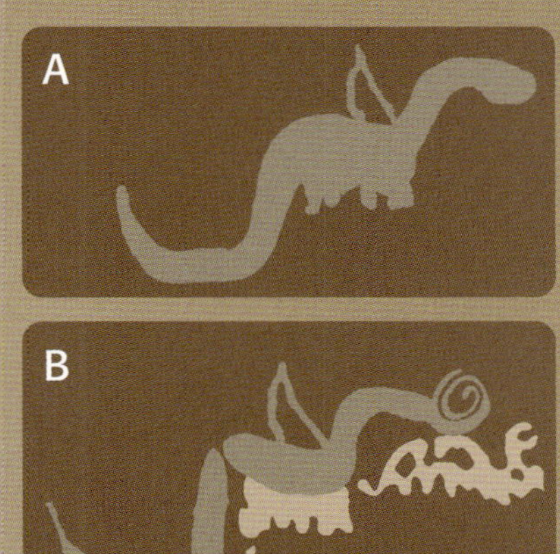

Besonders bekannt ist diese **Indianer-Felszeichnung an der Kachina Bridge** in Utah (USA). Allerdings wird sie von **Schöpfungswissenschaftlern (A)** und **Evolutionsbiologen (B)** sehr **unterschiedlich rekonstruiert**.[2] Was in einer Rekonstruktion wie ein Langhals-Dinosaurier aussieht, sind in der anderen mehrere verschiedene Formen, die gar kein zusammenhängendes Bild ergeben. Bild (A) kommt aber der Realität näher.

Sehr jung hingegen ist diese Zeichnung, die für einen Missionar von einem Aborigine des „Kuku-Yalanji"-Stammes angefertigt wurde. Die mündlich überlieferte Geschichte erzählt von einem Kampf mit **„Yarru"**, der hier dargestellt ist.

Plesiosaurus

„Yarru" ähnelt einem **Plesiosaurier** schon sehr – und zwar so sehr, dass der Schöpfungsgegner Philip Senter meint, dass der Aborigine die Abbildung eines *Plesiosaurus* in einem **Dinobuch für Kinder** aus dem Jahr 1960 gesehen haben müsse. Ob das stimmt oder nicht, ist aber nicht endgültig nachweisbar.

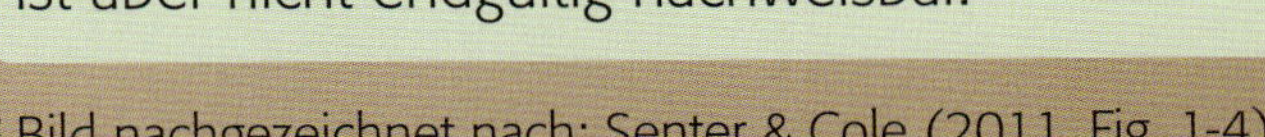

[2] Bild nachgezeichnet nach: Senter & Cole (2011, Fig. 1-4).

Noch mehr Dinosaurier-Darstellungen?

Die **Kunstwerke** auf dieser Doppelseite zeigen weitere Darstellungen von möglichen Dinosauriern. Lediglich beim „Dinosaurier von Ta Prohm" und bei den Ica-Steinen wird diskutiert, ob sie **jünger sein könnten** als die neuzeitliche Entdeckung der Dinosaurier.

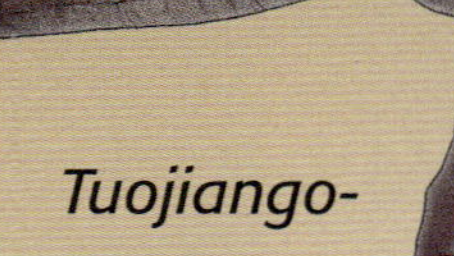

Tuojiangosaurus

Der **„Dinosaurier von Ta Prohm"** ist ein Relief aus dem mittelalterlichen Khmer-Reich in Kambodscha. Wenn es tatsächlich einen *Stegosaurus*-Verwandten – wie z. B. ***Tuojiangosaurus*** aus dem oberen Jura in Ostasien – darstellt, dann stimmen die Proportionen nur ungefähr. Die Darstellung wurde aber auch schon als Chamäleon, Nashorn oder Wildschwein interpretiert, da in Ta Prohm auch andere Tiere (echte Tiere wie auch Mischwesen) mit ähnlichen „Rückenplatten" verziert sind. Evolutionsbiologen spekulieren sogar wild herum, dass es eine moderne Fälschung sein könnte.

Die meisten historischen Darstellungen von **„St. Georg im Kampf mit dem Drachen"** zeigen nur typische „Märchendrachen" – es gibt aber auch Ausnahmen:

Dieser Drache aus der **St. Jordi Kapelle** in Barcelona (15. Jahrhundert n. Chr.) ähnelt – bis auf die Details wie die Füße – dem Meeressaurier ***Nothosaurus***, der in der Trias in Deutschland gefunden wurde.

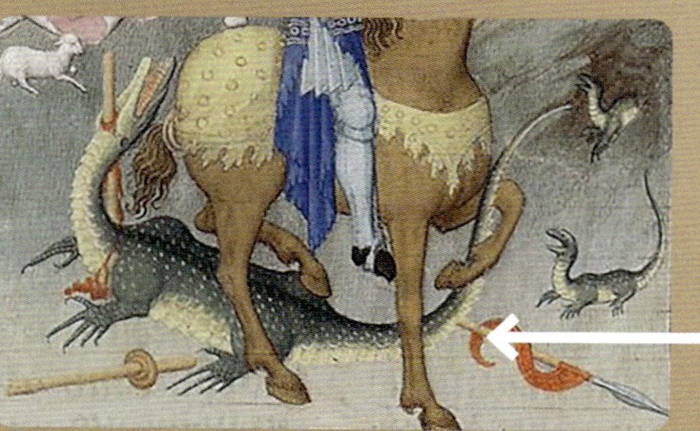

Nothosaurus

Ähnlich sieht auch der waranartige Drache aus dem Werk **„The Belles Heures** of Jean de France" (Anfang des 15. Jahrhunderts n. Chr.) aus.

Der theropodenartige Drache links ist eine Holzskulptur im **Artushof in Danzig** (Spätgotik, spätestens 16. Jahrhundert n. Chr.).

Coelophysis

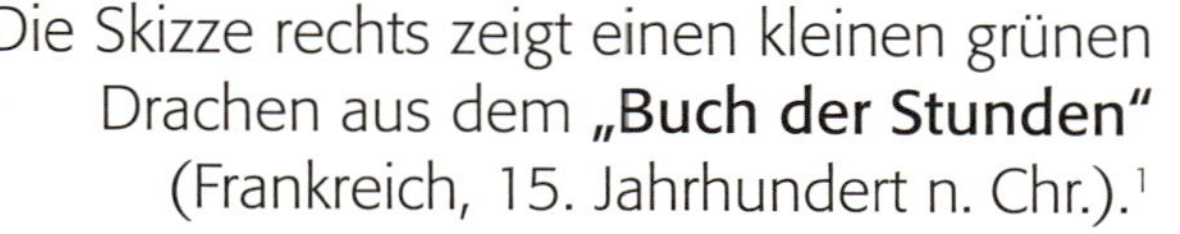

Die Skizze rechts zeigt einen kleinen grünen Drachen aus dem **„Buch der Stunden"** (Frankreich, 15. Jahrhundert n. Chr.).[1]

[1] Bild nachgezeichnet nach: https://discardingimages.tumblr.com/post/48702019231/st-george-and-the-baby-dragon-happy-st-georges

Unter den Darstellungen auf den sogenannten **Steinen von Ica** aus Peru, die manchmal auch **fortschrittliche Technologie** zeigen, befinden sich Abbildungen von **Dinosauriern**. Es sind aber nicht immer diejenigen, die in Südamerika fossil gefunden wurden. Die Echtheit der Steine wird oft angezweifelt, da es sicher ist, dass es auch Ica-Stein-**Fälschungen** gab. Bisher ist leider kein wissenschaftliches Verfahren bekannt, mit dem man die Echtheit dieser Steine beweisen könnte.

Eine Kaminverzierung in **Schloss Blois** in Frankreich zeigt **ein feuerspuckendes, waranartiges Wesen**, das den Feuersalamander als Wappen von König Franz I. darstellt.

Auf einem **Wandteppich** im selben Schloss sind gleich mehrere **dinosaurierähnliche** Tiere zu sehen (unten). Der Teppich hängt im ca. 1845 n. Chr. restaurierten Königssaal.

Abgesehen von wenigen Beispielen wie den Ica-Steinen **passen die dargestellten anatomischen Details oft nicht exakt** zu echten Dinosauriern. Dennoch gibt es **weltweit** künstlerische Darstellungen, die **grundlegende Ähnlichkeiten** zu Dinosauriern erkennen lassen. Könnte dies ein Indiz dafür sein, dass den Menschen Dinosaurier noch durch mündliche Überlieferung, aber nicht mehr durch eigene Begegnungen bekannt waren?

Was denkst du: Haben Menschen echte Dinosaurier abgebildet? Welche Darstellung findest du überzeugend und warum?

Lebende Saurier oder Fabelwesen?

Manche Menschen sind davon **überzeugt**, dass es auch **heute noch Dinosaurier, Flugsaurier oder Meeressaurier gibt**. Sind sie wirklich noch nicht ausgestorben? So soll es sich bei **„Nessie"** aus dem schottischen Loch Ness oder bei **„Mokele-Mbembe"** aus dem Dschungel Zentralafrikas um Nachfahren von Meeressauriern bzw. Sauropoden handeln. Bisher **fehlen** aber **handfeste Beweise**, obwohl es Dutzende von Expeditionen gab – sogar Genanalysen wurden durchgeführt. Auch Flugsaurier sollen heute noch leben. Sie werden „Kongamato" oder „Ropen" genannt und sollen in den USA, in Afrika und in Indonesien gesichtet worden sein. Die einzigen „Beweise", die es gibt, sind Augenzeugenberichte und ein paar unscharfe Foto- oder Videoaufnahmen.

Zeichnung von „Mokele-Mbembe"

Ein unscharfes Video führte im Sommer 2023 dazu, dass man ein Wildschwein südlich von Berlin für einen Löwen hielt. Sachen gibt's … ☺

Manche Aufnahmen stellten sich später als **Fälschungen** heraus (z. B. das „Civil War Photo" eines Pteranodons, bei dem die Flügel kopiert waren). Leider kommt es auch vor, dass Einheimische Sachen erfinden, wenn sie finanziell stark von dem Rummel um solche Sagenwesen profitieren. Vielleicht waren auch manchmal **optische Täuschungen**, **Ängste**, eine blühende **Phantasie** oder **Erwartungshaltungen** die Ursachen solcher Sichtungen? Eine interessante Beobachtung ist, dass häufig die Beschreibungen dieser „Saurier" besser zu modernen Darstellungen in den Medien (z. B. in Comics) passen als zu tatsächlichen fossilen Arten. Außerdem kennen sich viele Menschen mit Tieren gar nicht so gut aus, dass sie beispielsweise einen **Flugsaurier** von einem **Fregattvogel** im Flug **unterscheiden** könnten – ganz abgesehen von Flugapparaten mit ähnlicher Form, die es schon seit vielen Jahren gibt.

Wie ich es sehe: Prinzipiell ist es **nicht unmöglich**, dass Meeressaurier, Flugsaurier oder Dinosaurier heute noch existieren. Es ist einfach nur **extrem unwahrscheinlich** – und **handfeste Beweise fehlen** bisher. Das wird aber selbsternannte **Kryptozoologen** (so nennt man Leute, die sich mit diesen „geheimen Lebewesen" beschäftigen) nicht davon abhalten, weiter nach ihnen zu suchen.

Der neuentdeckte Krokodilmolch *Tylototriton anguliceps*

Tatsächlich werden auch immer wieder **neue Arten entdeckt**, die man zuvor nur aus Geschichten der Einheimischen kannte. Zu ihnen zählt z. B. die drachenartig aussehende Agame ***Acanthosaura phuketensis***, die erst im Jahr 2015 in Thailand gefunden wurde. Ebenfalls in Thailand wurde zur selben Zeit der wie ein kleiner Drache aussehende Salamander ***Tylototriton anguliceps*** aus der Gattung der Krokodilmolche entdeckt.

Ein Flugsaurier?
Nein, ein weiblicher Fregattvogel!
Unten sind die Schwanzfedern
und oben ist der Schnabel.

Die neuentdeckte
Agame
Acanthosaura
phuketensis

Skizze eines „Yeti“

Hast du schon einmal vom ***„Yeti“*** *aus dem Himalaya gehört?* Angebliche Hinterlassenschaften des „Schneemenschen“ stammten laut DNA-Tests von **Bären**. Und bei einer Untersuchung von DNA-Proben aus dem See Lac Télé auf der Suche nach **„Mokele-Mbembe“** wurde DNA einer unbekannte Art identifiziert, die sich im Nachhinein als Erbgut einer **Algenart** entpuppte.

Wir brauchen keine Angst zu haben – weder vor Verschwörungstheorien noch vor der Wahrheit: „Ihr sollt nicht alles **Verschwörung** nennen, was dieses Volk **Verschwörung** nennt; und fürchtet nicht ihre Furcht und **erschreckt nicht** davor." Jesaja 8,12 (ÜE)

Ein echter Plesiosaurier im Fischernetz?

Plesiosaurier mit Jungtier

Am **25. April 1977** geschah etwas, das die ganze Welt in Atem hielt. Das japanische Fischereischiff namens **„Zuiyo-maru"** war gerade vor der Küste Neuseelands auf der Jagd nach Makrelen, als etwas Ungewöhnliches im Schleppnetz hängen blieb. Aus rund 300 Metern Tiefe hatten sie einen ungefähr **10 Meter langen Kadaver mit einem Gewicht von ca. 2 Tonnen** hochgezogen. Da er stank, wurde er wieder zurück ins Meer geworfen. Vorher wurden aber fünf Fotos gemacht und ein paar Proben entnommen. Zwei Monate später fertigte Yano, der Produktionsleiter an Bord, noch eine Skizze an. Verschiedene japanische Wissenschaftler interviewten Yano zu seinem Fund. Da **nicht sicher ausgeschlossen werden konnte, dass es der Kadaver eines Plesiosauriers war**, ging der Fund weltweit durch die Medien.

Später wurden chemische **Analysen der Aminosäurestruktur** der Proben durchgeführt. Dabei wurde eine **Ähnlichkeit** zu Haien festgestellt, besonders zum Protein Elastoidin des Riesenhais.

Skizze des Zuiyo-maru-Kadavers[1]

Zuiyo-maru-Kadaver

Umriss Riesenhai zum Vergleich

[1] Bild nachgezeichnet nach http://www.paleo.cc/paluxy/plesios.htm.

Immer wieder werden weltweit **Riesenhai-Kadaver angespült**, die ebenfalls eine gewisse Ähnlichkeit zu Plesiosauriern haben. Ein Vergleich mit diesen führte dazu, dass nun allgemein angenommen wird, dass es sich beim Zuiyo-maru-Kadaver um einen verrottenden Riesenhai handelte. Es müsste allerdings ein **außergewöhnlich großer Riesenhai** gewesen sein! Diese Erklärung passt auch dazu, dass der auf den Fotos des Kadavers erkennbare Körperbau in vielen Merkmalen nicht mit einem Plesiosaurier oder einem anderen bekannten Tier übereinstimmt. Ziemlich sicher hat es sich bei dem Kadaver also **nicht um einen Plesiosaurier gehandelt** – schade!

Riesenhai

Riesenhaie sind die **zweitgrößten heute lebenden Fische** – größer ist nur noch der Walhai. Sie werden normalerweise bis zu **10 Meter lang** und **4 Tonnen** schwer, es sollen aber auch schon größere Tiere gesichtet worden sein. Wie der Walhai ernährt sich der Riesenhai mit weit geöffnetem Maul: Mit seinen Kiemenreusen filtert er bis zu 1800 Tonnen Wasser pro Stunde und fängt dabei Plankton.

Wie ich es sehe: Ich selbst habe vor vielen Jahren die Meinung vertreten, dass es sich beim **Zuiyo-maru-Kadaver** um einen Plesiosaurier handeln könnte. Aber nach einer genaueren Betrachtung der Daten musste ich meine **Meinung ändern**.

Nicht nur wissenschaftliche „Fakten" sollten wir kritisch prüfen, sondern auch uns selbst – ob wir wirklich ernsthaft mit Jesus leben: „Erforscht euch selbst, ob ihr im Glauben steht; **prüft euch selbst**!" 2. Korinther 13,5 (L17)

Schematische Darstellung widersprüchlicher Formen von „Nessie"-Sichtungen:

Bisher gibt es keine handfesten Beweise für **„Nessie"**. Bei **DNA-Proben** im Loch Ness wurde nur besonders viel **Erbgut von Aalen** gefunden. Natürlich wäre es echt „cool", wenn es noch lebende Plesiosaurier gäbe – **solide Daten dazu** gibt es aber leider **nicht**. Außerdem würde ein lebender Plesiosaurier weder die Evolutionstheorie widerlegen noch beweisen, dass unsere Welt von Gott geschaffen wurde. **Lebende Fossilien** aus dem Erdmittelalter gibt es ja viele (s. z. B. S. 83–103).

Fußspuren von Menschen neben Dinospuren?

Schon oft wurde behauptet, dass **Spuren von Menschen** entdeckt worden seien, die so alt wie Dinosaurier-Funde sein sollen. Manches davon hat sich aber als **Missverständnis** oder **Fälschung** entpuppt. Weltberühmt wurden z. B. die **Fußspuren** im **Paluxy-River**: In Gesteinsschichten aus der unteren Kreide* wurden neben Dinosaurier-Fußabdrücken auch Spuren gefunden, die menschenähnlich aussahen.

längliche Paluxy-River-Fußspur

Raubsaurier-Fußspur Paluxy-River

Acrocanthosaurus

Irren ist menschlich: „Bevor ich gedemütigt wurde, **irrte** ich. Jetzt aber halte ich dein Wort." Psalm 119,67 (RE)

Mit der Zeit jedoch kamen durch **Erosion** (Auswaschung) rechts und links neben den länglichen Spuren Einkerbungen zum Vorschein. Wahrscheinlich handelte es sich also um mit Sediment aufgefüllte Spuren **zweibeiniger Dinosaurier**, die drei Zehen hatten und mit dem Mittelfuß auftraten. So mussten viele Schöpfungswissenschaftler zugeben, dass die Spuren neben den Dinosaurier-Spuren wohl doch **nicht von Menschen** stammten. Die Spuren könnte der ca. 11 Meter lange Raubsaurier ***Acrocanthosaurus*** hinterlassen haben, dessen Fossilien man nicht weit entfernt gefunden hat.

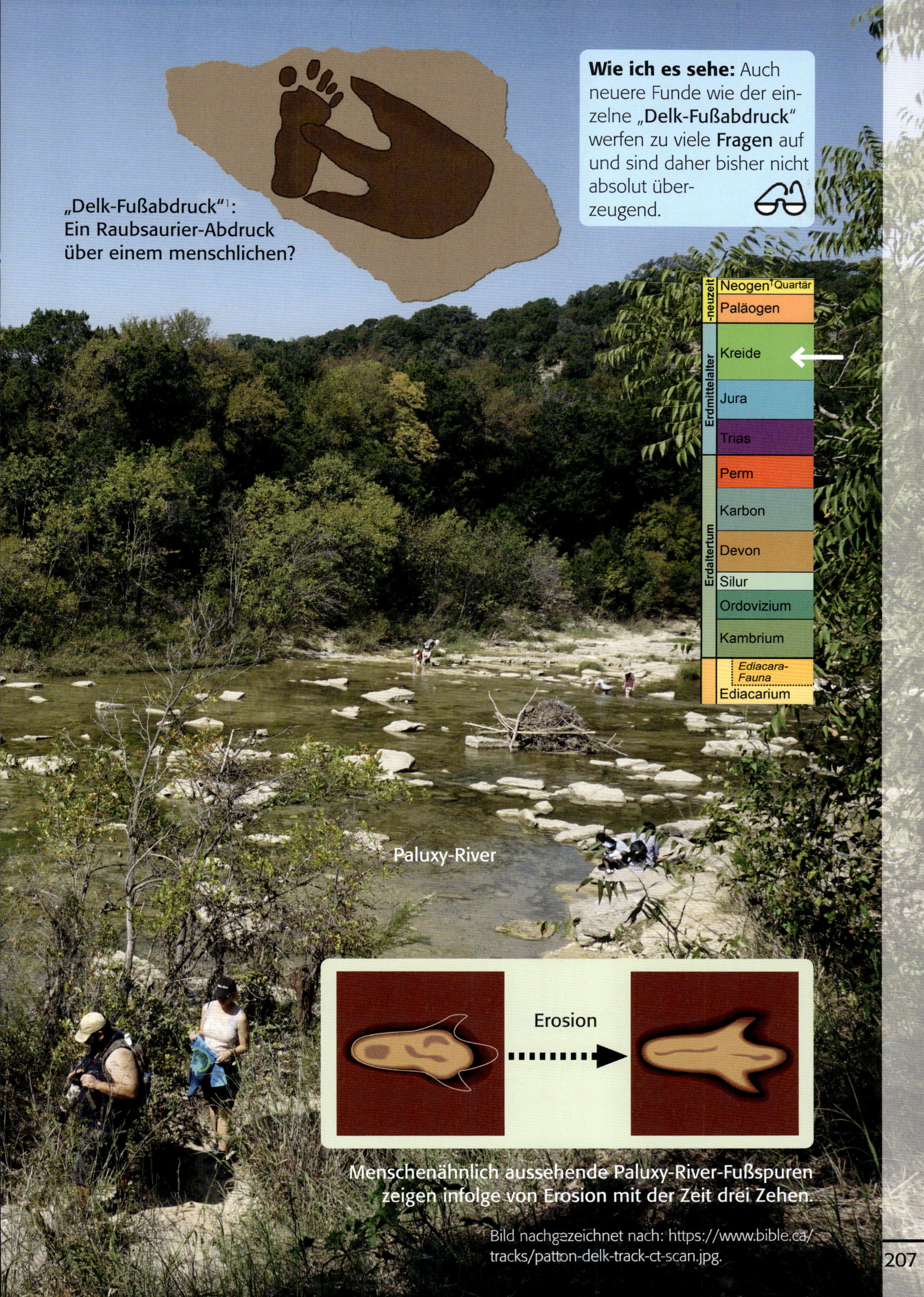

Menschenähnlich aussehende Paluxy-River-Fußspuren zeigen infolge von Erosion mit der Zeit drei Zehen.

Bild nachgezeichnet nach: https://www.bible.ca/tracks/patton-delk-track-ct-scan.jpg.

Warum finden wir Fossilien von Dinosauriern und Mensche

Es stellt sich die Frage, ob wir – ausgehend von der **Bibel** – überhaupt erwarten sollten, dass Menschen gemeinsam mit Dinosauriern versteinert worden sind. Die Voraussetzung dafür wäre nämlich, dass sie miteinander – oder zumindest **in ähnlichen Ökosystemen** – gelebt hätten und dort in **ausreichender Zahl** anzutreffen waren, damit überhaupt eine ausreichende Chance bestand, dass sie fossil erhalten blieben. Eine **Vermutung** ist, dass sich Menschen nach dem Sündenfall **von gefährlichen Dinosauriern eher fernhielten** – vielleicht hat Gott ihren Lebensraum auch besonders beschützt. Vor allem hatten die ersten Menschen laut Bibel einen ganz **anderen Lebenszyklus** als die Dinosaurier: Die Menschen der biblischen Urgeschichte wurden im Durchschnitt **deutlich später Eltern** als Dinosaurier (1. Mose 5+11). Danach lebten sie noch sehr lange. Außerdem bekommen Menschen **deutlich weniger Nachwuchs pro Jahr** als Dinosaurier. Es gab also innerhalb weniger Jahrzehnte wahrscheinlich viel mehr Dinosaurier als Menschen. Daher war die Chance auch viel höher, dass Dinosaurier versteinerten.

Die **Erklärung** des Dinosaurier-Experten Kenneth Carpenter auf die Frage, warum *Ankylosaurus* so selten zu finden ist, könnte auch auf **das Fehlen fossiler Menschen** im Erdmittelalter angewendet werden: „Eine Möglichkeit sei, dass der Dinosaurier im Landesinneren lebte, **weit weg** von den Flüssen und Sümpfen, die die Fossilisierung begünstigen. Oder aber sie waren in dem Ökosystem zu jener Zeit **nicht sehr häufig**" (Joseph Castro 2017).

Lebensalter vor dem ersten bekannten Kind (hell) und restliches Lebensalter (dunkel) in Hebräischem Text (blau) und Septuaginta (rot)

Die grüne Linie zeigt die Fortpflanzungsreife von Sauropoden

…icht gemeinsam?

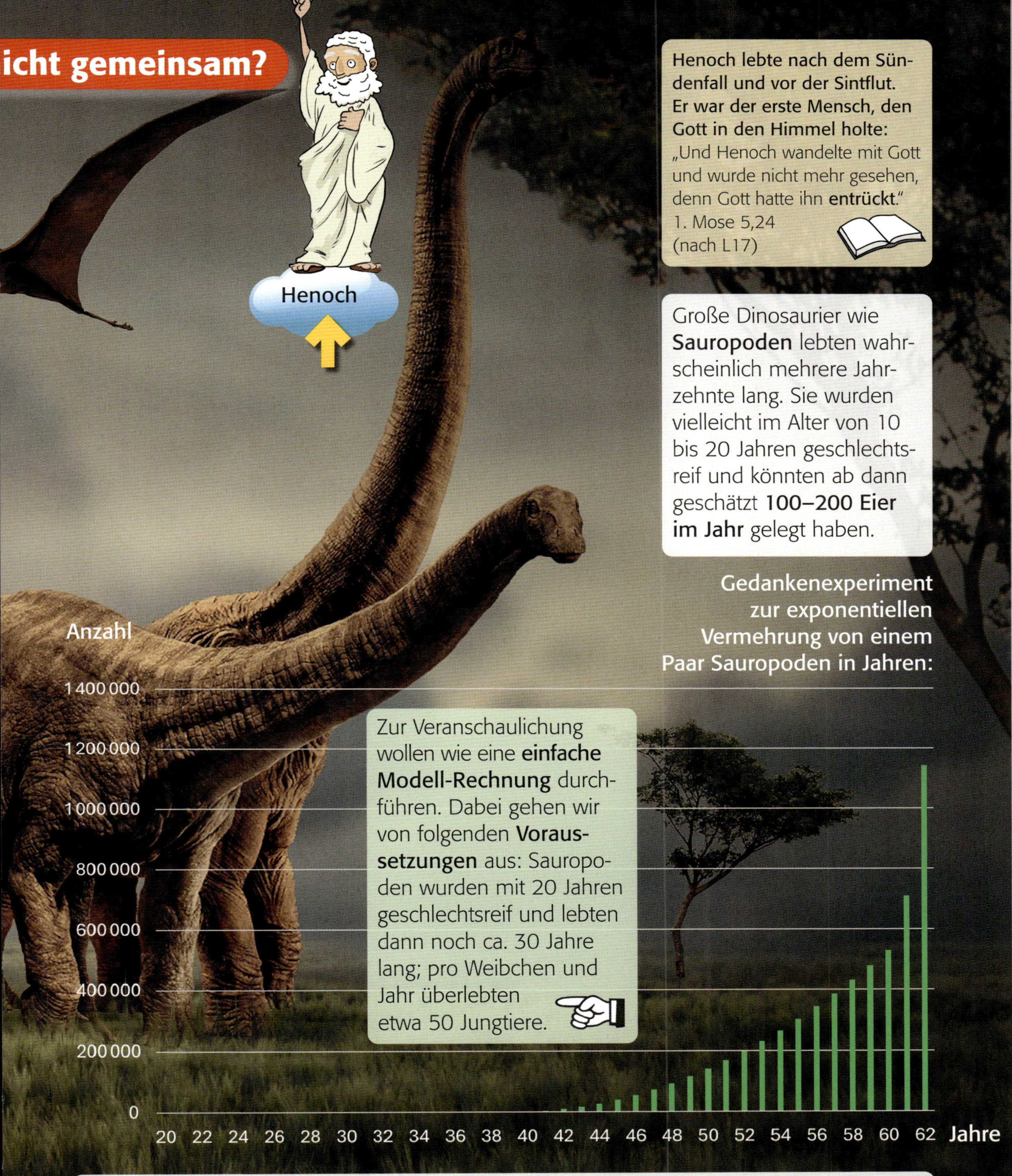

Henoch lebte nach dem Sündenfall und vor der Sintflut. Er war der erste Mensch, den Gott in den Himmel holte:
„Und Henoch wandelte mit Gott und wurde nicht mehr gesehen, denn Gott hatte ihn **entrückt**."
1. Mose 5,24
(nach L17)

Große Dinosaurier wie **Sauropoden** lebten wahrscheinlich mehrere Jahrzehnte lang. Sie wurden vielleicht im Alter von 10 bis 20 Jahren geschlechtsreif und könnten ab dann geschätzt **100–200 Eier im Jahr** gelegt haben.

Gedankenexperiment zur exponentiellen Vermehrung von einem Paar Sauropoden in Jahren:

Zur Veranschaulichung wollen wie eine **einfache Modell-Rechnung** durchführen. Dabei gehen wir von folgenden **Voraussetzungen** aus: Sauropoden wurden mit 20 Jahren geschlechtsreif und lebten dann noch ca. 30 Jahre lang; pro Weibchen und Jahr überlebten etwa 50 Jungtiere.

Ergebnis der Modellrechnung: Ein Paar frisch geschlüpfter Sauropoden könnte somit nach 40 Jahren theoretisch ca. 2000 Jungtiere gezeugt haben, die wiederum wuchsen und sich vermehrten. So könnte es im Jahr 62 schon über **1 Mio. Sauropoden** gegeben haben. Adam und Eva hatten 62 Jahre nach ihrer Erschaffung höchstens ein paar Kinder. Bei Noahs Familie wurden im Jahr 62 nach der Flut gerade erst die ersten Urenkel Noahs geboren (1. Mose 11,10-12) – es gab damals sicher weniger als 2000 Menschen. In jedem Fall vermehrten sich die Dinosaurier viel schneller, und damit war ihre **Versteinerung** auch viel **wahrscheinlicher**.

Steinwerkzeuge fast so alt wie Dinosaurier?

Es ist heute nur Wenigen bekannt, dass vor einem Jahrhundert etliche **Steinwerkzeuge** gefunden wurden, die ein echtes **Problem** für die angebliche Evolution der Menschen darstellen. Aber der Reihe nach: Ab dem 19. Jahrhundert fanden Wissenschaftler diese Steinwerkzeuge. An ihren **Merkmalen** – die in der Regel auch heute noch zur Unterscheidung von Steinwerkzeugen und normalen Steinen dienen – waren sie eindeutig als von Menschen hergestellt zu erkennen.

Eine berühmte Fundstelle dieser Steinwerkzeuge ist **Aurillac** in Südfrankreich.
Die geologischen Schichten, in denen sie dort gefunden wurden, gehören zum Neogen* (oberes Miozän). Einer der Evolutionsforscher, der vor Ort diese Steinwerkzeuge fand, war **Max Verworn**. Völlig begeistert schrieb er im Jahr 1905 an seinen Professor **Ernst Haeckel** – der bis heute als der berühmteste Anhänger von Darwin in Deutschland gilt – eine Postkarte: „Hochverehrter Herr Professor, … Ich bin so glücklich gewesen, gleich am ersten Tage eine Menge Stücke zu finden, deren Entstehung ich mir nicht anders als durch Menschenhand erklären kann."

Eine andere Fundstelle solcher Steinwerkzeuge ist **Boncelles** in Belgien.
Dort fand sie der Geologe Aimé **Rutot**, auch ein Vertreter des evolutionären Weltbildes, bei Grabungen im Jahr 1907 in geologischen Schichten aus dem oberen Paläogen* (oberes Oligozän). Zu seiner Überraschung stellte er fest, dass sich die Form von Steinschabern aus dieser Zeit **nicht von heutigen Steinwerkzeugen unterscheidet**. So gab es in Tasmanien bis Mitte des 19. Jahrhunderts noch Menschen, die solche Steinwerkzeuge anfertigten.

Die **ältesten** Steinwerkzeuge wurden sogar in geologischen Schichten des **unteren Paläogens*** (oberes Paläozän) gefunden, das aus evolutionärer Perspektive eine Zeit repräsentiert, zu der es noch nicht einmal Menschenaffen gab. Das ist ein kaum zu überwindendes Problem für die Evolutionstheorie. Damals nahm man noch an, dass es im Neogen* (damals Tertiär genannt) Menschen bzw. Vormenschen gegeben haben könnte. Dies **änderte** sich aber mit der Zeit. Heute sind Evolutionsbiologen davon überzeugt, dass es Menschen erst ungefähr seit Beginn des Quartärs* geben soll.

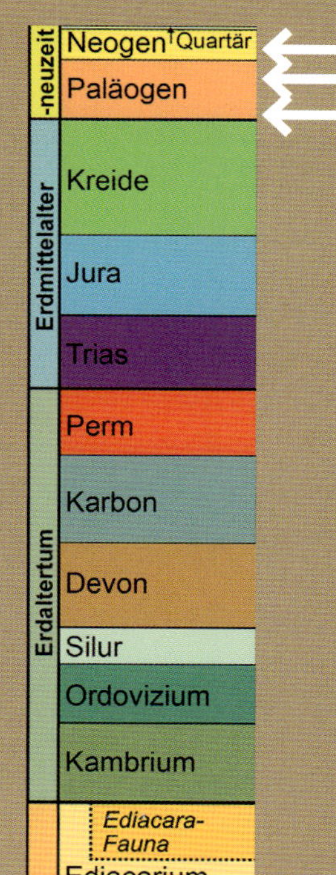

In Boncelles in Belgien wurden in wenigen Kubikmetern Erde ganz verschiedene Steinwerkzeug-Typen gefunden. Sie stammen aus dem oberen Paläogen* (oberes Oligozän) und sind damit aus evolutionärer Perspektive viel zu alt. Einige der Steinwerkzeuge wurden sogar beidseitig bearbeitet („retuschiert"), und an manchen kann man noch die Bohrer-Spitze erkennen.

Die „viel zu alten" Steinwerkzeuge – **„Eolithen"** genannt – wurden einfach **vergessen**. Oder man **behauptete einfach**, dass sie von allein durch natürliche Prozesse entstanden seien. Schließlich wurden die „Eolithen" in die Abstellkammern (Magazine) von Museen verbannt, wo sie heute noch liegen.

Das Vergessen ist nicht nur in der Wissenschaft ein großes Problem – auch wir sollen Gottes Segen in unserem Leben nicht vergessen: „Lobe den HERRN, meine Seele, und **vergiss nicht**, was er dir Gutes getan hat!" Psalm 103,2 (SLT)

Der Arzt Dr. Michael Brandt hat sich intensiv mit diesen Steinwerkzeugen beschäftigt. Er war in mehreren Museen wie z. B. in Erlangen, Halle und Weimar, um sie zu untersuchen. Anschließend ließ er die „Eolithen" von Steinwerkzeug-Experten begutachten. Die Merkmale der Steinbearbeitung weisen viele der „Eolithen" eindeutig als **echte, menschliche Steinwerkzeuge** aus. Seine Ergebnisse hat Brandt in dem Buch **„Vergessene Archäologie"** veröffentlicht. Brandt ist sich sicher, dass bisher **kein natürlicher Prozess** erklären kann, wie sehr viele Feuersteine auf einmal von allein so absplittern können, dass sie wie typische, bearbeitete Werkzeuge der Altsteinzeit aussehen. Geht man von einer evolutionären Erdgeschichte aus, müssen Menschen also schon zu einer Zeit existiert haben, die für heutige Evolutionsmodelle **viel (!) zu früh** ist.

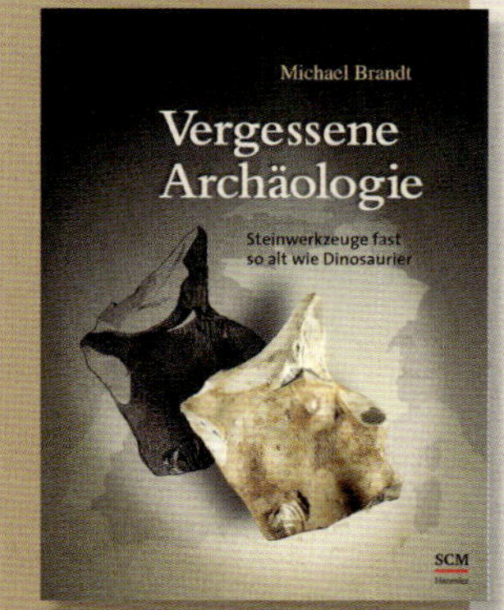

Hätte die Menschheitsgeschichte – wie evolutionär angenommen – 2 bis 3 Mio. Jahre gedauert, wären dafür außerdem **viel zu wenige Steinwerkzeuge** gefunden worden. Deshalb geht Brandt in einem weiteren Buch namens „Wie alt ist die Menschheit?" davon aus, dass die Steinzeit wahrscheinlich nur **einige Jahrhunderte** dauerte. Dafür sprechen auch die seit vielen Jahren gesammelten Daten zum Wachstum der Weltbevölkerung.
Eine solch kurze Menschheitsgeschichte **passt gut zur Bibel**.

T. rex, warum bist du noch so elastisch?

Normalerweise werden Lebewesen nach ihrem Tod durch physikalische, chemische und biologische Einflüsse **zersetzt**. Dieser Zerfallsprozess kann gebremst werden, wenn z. B. Mumien in Mooren oder Gletschern unter Luftausschluss konserviert werden – wenn also **Sauerstoff** fehlt, der die Zersetzungsprozesse ermöglicht. Unter normalen Bedingungen sollte organisches Gewebe aber schließlich **komplett abgebaut** werden. Wenn ein Lebewesen „versteinert" – also zu einem Fossil wird – wird das organische Material vollständig durch Mineralien ersetzt. So dachte man auch über Dinosaurierfossilien. Denn schließlich sollen Dinosaurier laut Evolutionsbiologen vermeintlich seit 66 Mio. Jahren ausgestorben sein …

Knochen bestehen aus einer Art mineralischem Gerüst, in dem auch organische Bestandteile wie Eiweiße enthalten sind. Schon im Jahr 1966 wurden zum ersten Mal **Kollagenstrukturen** in Dinosaurierknochen unter dem Mikroskop untersucht. Auch über Gewebe- und Gefäßstrukturen aus dem inneren, schwammartigen, porösen Bereich der massiven Knochen wurde berichtet. Diese Forschungsergebnisse wurden aber nicht weiter beachtet.

Das änderte sich im Jahr 2005 durch die – mittlerweile berühmte – Arbeit eines Forscherteams unter der Leitung von **Mary Schweitzer**. Die Forscher berichteten von kleinen, **flexiblen Geweberesten**, die sie im Oberschenkelknochen eines ***T. rex*** gefunden hatten, nachdem die Proben entmineralisiert worden waren. Das Fossil stammte aus den Gesteinsschichten der oberen Kreide* der *Hell Creek Formation* in den USA.

Ein Skelett von *T. rex*

Rotes Blutkörperchen

In verzweigten Kanalsystemen der Knochen entdeckte Mary Schweitzer etwas, das wie **rote Blutkörperchen** aussah. Farbe, Form und Größe – alles passte. Der Widerstand ihrer Kollegen war aber groß, denn dass solche Strukturen aus dem Erdmittelalter* erhalten geblieben sein sollten, passte nicht zu bisherigen evolutionären Vorstellungen. Aus verschiedenen Gründen ging man auch davon aus, dass **Eiweißbestandteile wie in Kollagen nicht länger als 1 Mio. Jahre** überdauern können.

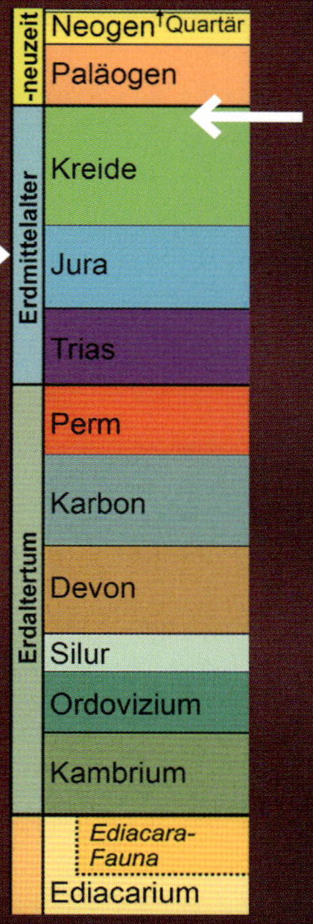

Neogen | Quartär
Paläogen
Kreide
Jura
Trias
Perm
Karbon
Devon
Silur
Ordovizium
Kambrium
Ediacara-Fauna
Ediacarium

-neuzeit
Erdmittelalter
Erdaltertum

Doch alle Bemühungen, die Interpretation als Blutzellen zu widerlegen, scheiterten. Spektroskopische Untersuchungen lieferten Hinweise auf den **roten Blutfarbstoff Hämoglobin**. Mehrere Millimeter große, entmineralisierte Bestandteile des Fossils erwiesen sich zudem als **elastisch**.

Ziemlich sicher wurden auch **Osteozyten** (reife Knochenzellen) und **Kollagenfasern** (Bindegewebsproteine) nachgewiesen. **Massenspektrometrische Untersuchungen** sprechen dafür, dass noch Eiweißbestandteile im Fossil vorhanden sind. Bei diesem Verfahren wird mittels eines elektrischen Feldes die Masse von Atomen bzw. Molekülen gemessen. Bei einem anderen Test wurden Mäusen Extrakte aus den Fossilien injiziert. Daraufhin bildeten diese **Antikörper**, die tatsächlich mit dem roten Blutfarbstoff anderer Tiere verklumpten, was dafür spricht, dass wirklich Blutfarbstoff-Reste im Fossil-Extrakt vorhanden waren.

Die Bibel berichtet von einer richtigen „lebendigen Mumie". Als sein Freund Lazarus schon vier Tage tot war, erweckte ihn Jesus wieder zum Leben: „Er [= Jesus] rief mit lauter Stimme: **Lazarus**, komm heraus! Und der **Verstorbene kam heraus**, an Händen und Füßen mit **Grabtüchern umwickelt** und sein Angesicht mit einem Schweißtuch umhüllt. Jesus spricht zu ihnen: Bindet ihn los und lasst ihn gehen!" Johannes 11,43-44 (nach SLT)

Lazarus

Die *Brachylophosaurus*-Mumie „Leonardo"

In den Jahren 2009 und 2017 erzielte Mary Schweitzer mit den Fossilien eines Entenschnabelsauriers ***Brachylophosaurus canadensis*** **ähnliche Forschungsergebnisse.**

Junge Dinosaurier-Knochen?

Waren die Funde von Dino-Eiweißen, von denen du auf den vorherigen Seiten gelesen hast, **nur ein Einzelfall**? Nein! Andere Forscher konnten mit ähnlichen Methoden gute Argumente für Eiweißbestandteile wie die von Kollagen auch in den Knochen eines Fossils des Mosasauriers ***Prognathodon*** aus der oberen Kreide* liefern.[1] Solche Nachweise gelangen mehreren Forscherteams. Es konnte auch gezeigt werden, dass die Proteine denen von Vögeln ähneln und nicht von bakterieller Verunreinigung stammen.[2]

Bei einem Fossil des Prosauropoden ***Lufengosaurus*** sowie bei einem Dinosaurierembryo aus China konnten Forscher **Blutgefäße** bzw. **Eiweißfragmente** bestätigen.[3] Beide Fossilien stammten aus dem unteren Jura*. Daher nehmen Evolutionsbiologen an, dass sie fast dreimal so alt sind wie Fossilien aus der oberen Kreide*! Selbst bei verschiedenen Saurierfossilien aus der **unteren und mittleren Trias*** wurden **Eiweißbestandteile** und **Blutgefäße** belegt.[4]

Der Prosauropode *Lufengosaurus*

Wie ich es sehe: Einige Evolutionsbiologen blieben aber **skeptisch** und wollten das alles nicht glauben. Ihrer Ansicht nach ist es nicht möglich, dass Eiweißstrukturen **so lange** erhalten bleiben. Allerdings gibt es **bisher keine sinnvolle Erklärung** dafür, wieso Dinosaurierfossilien Eiweißstrukturen enthalten, falls diese tatsächlich viele Mio. Jahre alt wären. Das spricht gegen lange Zeiträume. Obwohl **Mary Schweitzer** selbst Evolutionsbiologin ist, hat sie gezeigt, wie man durch sorgfältige Forschung auch hartnäckigen, darwinistischen **Vorurteilen** begegnen kann. Das macht sie zu einer echten **„Wissenschafts-Heldin"**.

In der Wissenschaft sollte man berücksichtigen, was auch im Glauben gilt: „Prüft alles, das Gute **behaltet**!"
1. Thessalonicher 5,21 (SLT)

[1] Lindgren und Kollegen (s. Binder 2020).
[2] Cleland und Kollegen (s. Binder 2020).
[3] Lee und Kollegen (s. Binder 2020).
[4] Surmik und Kollegen (s. Binder 2020).

Der Mosasaurier *Prognathodon* wurde über 12 Meter lang.

Eine Gruppe von **Schöpfungswissenschaftlern** veröffentlichte vor einigen Jahren einen interessanten Forschungsbericht: Mit der C14-Methode analysierten sie elf Dinosaurierfossilien, die sie selbst gefunden oder von Museen erhalten hatten.[5] Das radioaktive **Kohlenstoff-Isotop C14** hat eine **Halbwertszeit** von ca. **5730 Jahren**. Die Hälfte aller C14-Atome, die zu Lebzeiten eines Organismus in diesen eingebaut wurden, sind nach dieser Zeit bereits zerfallen.

Spätestens **nach 50 000 Jahren** aber dürfte **kein** für uns sicher messbares **C14** mehr vorhanden sein. Das gilt auch für Dinosaurierfossilien, die aus evolutionärer Sicht mehr als 66 Mio. Jahre alt sein sollen. In den elf untersuchten Dinosaurierfossilien konnten die Wissenschaftler aber **C14 finden**. Insgesamt legten sie 24 Messergebnisse vor, aus denen ein **Alter von 22 000 bis 41 000 Jahren** errechnet werden würde.[5] Das bedeutet, dass in den Fossilien C14 in einer Menge nachgewiesen werden konnte, die teilweise noch mehr als einem Sechzehntel des normalerweise in heutigen Organismen vorhandenen C14 entspricht. Bei einem Alter von über 66 Mio. Jahren dürfte aber gar keines mehr da sein.

Achtung – diese Ergebnisse überzeugen nicht alle Schöpfungswissenschaftler! Kritische Stimmen führen an, dass bei **anderen**, ähnlichen **C14-Messungen** von Schöpfungswissenschaftlern die **Messunsicherheit** nicht genügend berücksichtigt wurde. Außerdem könnte es bei den untersuchten Dinoknochen vielleicht **Verunreinigungen** gegeben haben. Daher sollte man solche Untersuchungen **wiederholen**.

Wie ich es sehe: Bis das Gegenteil bewiesen wird, sprechen die genannten C14-Messungen in Dinosaurierknochen für mich **für eine kurze Erdgeschichte**. Übrigens eichen auch Evolutionsbiologen ihre C14-Messkurve.[6]

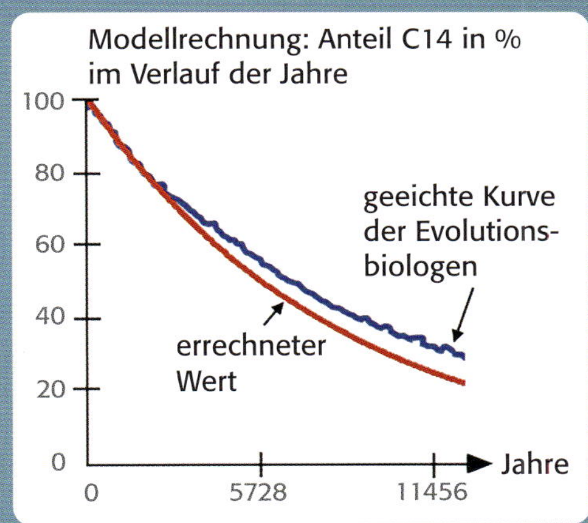

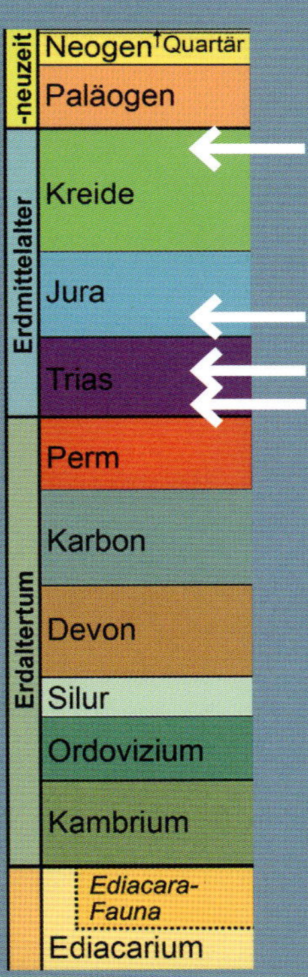

Es ist wichtig, zu wissen, dass man **nicht** einfach davon ausgehen kann, dass die mittels **radiometrischer Datierung** errechneten **Alter wirklich echten Jahren** entsprechen. Die C14-Methode muss nämlich geeicht werden. Dafür braucht es Proben, deren Alter man unabhängig von C14-Messungen eindeutig bestimmen kann. Nur für ein Alter von weniger als 3000 Jahren war das möglich – man hat **Ascheschichten** von Vulkanen gefunden, von denen man aus der **Geschichtsschreibung** genau weiß, wann sie ausgebrochen sind. Für Messungen, die ein **Alter von mehr als ca. 3000 Jahren** ergeben, gibt es also keine Eichung.

[5] Hugh Miller und seine „Paleo Group" (2019) (s. Binder 2020).
[6] Skizze angelehnt an https://upload.wikimedia.org/wikipedia/commons/9/97/Radiokarbon-Kalibrationskurve.png; vgl. Stuvier und Kollegen (1998).

Dinobausteine: klein, aber oho!

Achtung: Hier wird es etwas **komplizierter!**[1] Jetzt geht es um Biochemie – also um die **chemischen Bausteine aller Zellen** und darum, wie sie funktionieren. Vor allem aber werden wir uns mit der Frage beschäftigen, ob es überhaupt möglich ist, dass **das Leben** auf unserer Erde von allein – ohne einen Schöpfer – **entstanden** ist.

Heute gibt's „Ursuppe"!?

Die organischen Stoffe, die in Dinosaurierfossilien gefunden wurden, sind **Makromoleküle**. Makromoleküle bestehen aus bis zu Hunderttausenden verschiedenen Atomen, die miteinander verknüpft sind. Sie sind die **Bausteine**, aus denen alle Lebewesen aufgebaut sind. Dazu gehören **Fette** (Lipide), **Zucker** (Kohlenhydrate), **Eiweiße** (Proteine) und die langkettigen Träger der Erbinformation – die **DNA** (Desoxyribonukleinsäure) bzw. **RNA** (Ribonukleinsäure).

Doch selbst wenn man alle nötigen Makromoleküle zusammenschüttet, **entsteht keine lebende Zelle** – sonst könnte Leben ja auch aus einer Kartoffelsuppe entstehen. Damit eine Zelle leben kann, müssen die molekularen Bausteine nämlich überaus **fein abgestimmt** und präzise reguliert miteinander wechselwirken. Aber könnten wenigstens die Makromoleküle von allein entstehen?

Bis auf wenige Ausnahmen bestehen alle Proteine in Lebewesen aus den gleichen 20 unterschiedlichen **Aminosäuren**. In Zellen erfolgt die **Proteinsynthese** in den Ribosomen. Dort werden diese Aminosäuren wie Perlen an einer **Perlenkette** aufgereiht. Das Erbgut (DNA) enthält die **Information**, in welcher Reihenfolge die Aminosäuren angeordnet werden müssen. Eine kurze Abschrift (Messenger-RNA) übermittelt die Bauanleitung an die Ribosomen. Anschließend **faltet** sich das Protein in seine dreidimensionale Form. Dabei helfen Anziehungs- und Abstoßungskräfte zwischen den Aminosäuren, aber auch Enzyme (Chaperone). Nun kann das Protein seine **Aufgabe** in der Zelle erfüllen. Übrigens sind Proteine in der Zelle nicht einfach nur **Baumaterial** – alle **zellulären Maschinen** (wie Ribosomen oder **Enzyme**) sind ebenfalls Proteine.

In Schulbüchern wird oft behauptet, dass schon im Jahr 1953 mit dem sogenannten **Miller-Urey-Experiment** belegt wurde, dass Proteine – oder sogar das Leben an sich – von allein entstehen können. Stanley Miller setzte eine Mischung verschiedener Gase (Methan, Ammoniak, Wasserstoff und Wasserdampf – aber kein Sauerstoff!) elektrischen Entladungen aus. Damit wollte er die **„Ursuppe"** sowie einschlagende Blitze simulieren. Tatsächlich konnte Miller einige Aminosäuren herstellen. Von den 20 Aminosäuren, die Lebewesen benötigen, traten **nur 2 häufig** auf; 9 waren immerhin selten vorhanden. Die anderen im Experiment entstandenen Stoffe waren für „das Leben" **unbrauchbar**. In Millers „Ursuppe" entstanden außerdem viele Moleküle, die **verhindert** hätten, dass sich **längere Aminosäure-Ketten** bilden. Aber selbst „einfachste" Proteine bestehen aus Ketten von mindestens 60 oder 100 Aminosäuren. Wissenschaftler sind sich heute übrigens einig, dass Millers Gaszusammensetzung **nicht der Uratmosphäre entsprach**.[1]

[1] Wenn dir das noch nicht kompliziert genug ist, dann findest du hier den Link zum Artikel: Schmidtgall (2020): https://www.wort-und-wissen.org/artikel/entstehung-des-lebens-wissenschaftliche-befunde/.

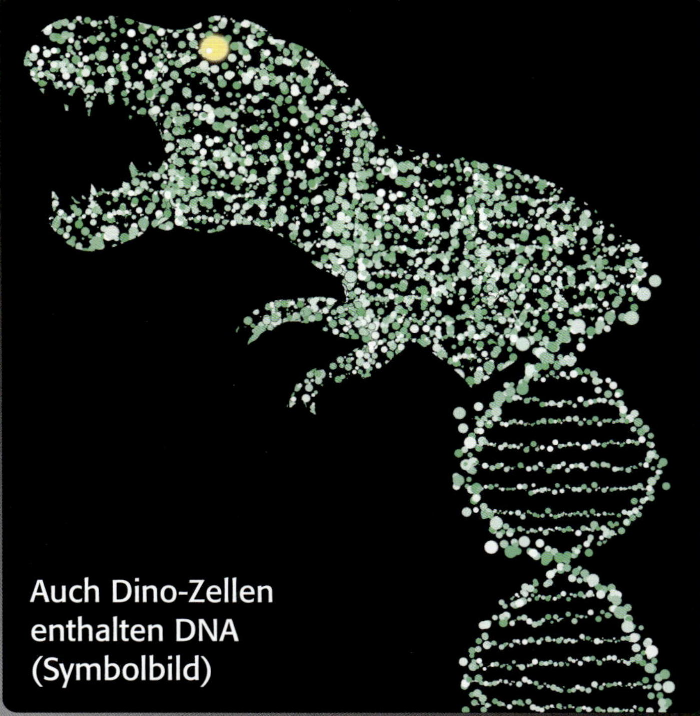

Auch Dino-Zellen enthalten DNA (Symbolbild)

Stanley Miller und sein „Ursuppen"-Experiment

Bis heute wurden **viele weitere Experimente** zur Entstehung von Proteinen durchgeführt – aber alle ohne Erfolg. **Nie** sind dabei alle 20 für das Leben **notwendigen Aminosäuren** erzeugt worden. Komplexer gebaute Aminosäuren entstanden **noch nie** (z. B. Tryptophan, Tyrosin und Methionin) oder zu **selten** (z. B. Phenylalanin und Histidin). Außerdem gibt es bei allen Experimenten ein grundsätzliches Problem: Wasser und andere Stoffe verhindern die Bildung langer Eiweißketten **(„Wasser-Problem")**. Alle Versuche von Evolutionsforschern, diese Probleme zu lösen, bedienen sich außerdem der Intelligenz von Chemikern sowie der Ausstattung eines Hightech-Labors statt natürlicher Bedingungen.

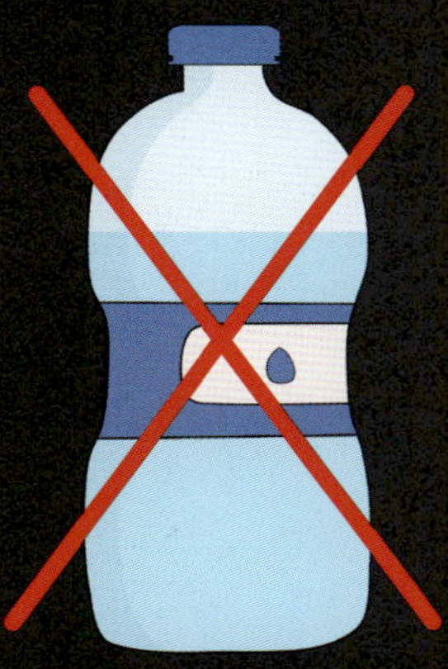

Wasser verboten!

Während es Schulbücher meist so darstellen, als wäre längst geklärt, dass und wie das Leben von allein entstanden ist, sehen manche Wissenschaftler die Sache viel kritischer. 40 Jahre nach seinem berühmten Experiment bezeichnete Stanley **Miller** höchstpersönlich alle diese Experimente als **„Unsinn"** bzw. als bloße **„chemische Kopfgeburten"**.[2] Auch andere Forscher sind überzeugt, dass alle Experimente zur Entstehung des Lebens bzw. der Zellen bisher **gescheitert** sind. Die Forscher Damer und Deamer sind der Meinung, dass der Vorgang, durch den die (evolutionäre) Entstehung der ersten Zelle geschehen sei, ein „fundamentales **Problem** der Biologie" bleibt.[3] Und der Biochemiker Franklin Harold meint, dass wir seit den 1920er-Jahren in der Frage nach der Entstehung des Lebens „der Erleuchtung **kaum näher gekommen** zu sein" scheinen.[4]

Gott, der Schöpfer, bietet uns ewiges Leben an, wenn er in Bildersprache sagt: „Und wen da dürstet, der komme; und wer da will, der nehme das **Wasser des Lebens** umsonst!" Offenbarung 22,17b (SLT)

[2] Alle Zitate nach Boris Schmidtgall (2020). [3] Bruce Damer & David Deamer (2020). [4] Franklin Harold (2014).

Die **Nukleinsäuren** (Bausteine der DNA/RNA) sind noch **komplizierter** gebaut als Aminosäuren. Bei einfachen Ursuppen-Experimenten erwartet man gar nicht, dass auch nur ein einziger dieser Bausteine **(Nukleotide)** entsteht – sie sind dafür einfach zu komplex. In ihnen ist ein Zucker-Molekül mit einer Nukleobase verbunden. Diese Verbindung gehen die Moleküle nur ein, **wenn ständig Wasser entzogen wird**. Die nächste Hürde auf dem Weg zu einer Nukleinsäure ist noch größer. Selbst fertige Nukleotide verbinden sich nämlich nicht einfach zu langen Ketten. Eine solche Verbindung ist nur möglich, wenn der Phosphatteil des Nukleotids chemisch **„aktiviert"** (also in eine energiereiche Form überführt) wird. In lebenden Zellen geschieht das durch komplexe **zelluläre Maschinen**, aber nie von allein. Außerdem dürfen **keine störenden Substanzen** vorhanden sein – wie bei der Proteinsynthese würden sie die Kettenbildung sofort unterbrechen.[1]

Ohne Energie läuft gar nix – auch in Zellen!

Ohne Reparatur-Mechanismen wird das Erbgut (DNA) schnell zerstört.

Auch Zellen brauchen eine Verpackung.

Selbst wenn Nukleinsäuren entstehen könnten – sie würden **sofort wieder zerstört**, da in einer „Ursuppe" die **komplexen Reparaturmechanismen** fehlen, die Zellen ständig zur Reparatur verwenden. Außerdem fehlen die **unglaublich komplizierten molekularen Maschinen** zum Kopieren (Replikation) oder Ablesen (für die Proteinsynthese). Zellen funktionieren eben nur, weil ein **komplexes Netzwerk** vieler genial konstruierter Teile zur rechten Zeit am rechten Ort das Richtige tut. Dazu gehören auch eine schützende, aber für manche Stoffe durchlässige **Außenhülle** (Zellmembran), ein **Energiestoffwechsel** und vieles mehr …

Jesaja sagt über Gott:
„Und du machst mich **gesund** und **erhältst** mich am Leben."
Jesaja 38,16 (ÜE)

[1] Vgl. Boris Schmidtgall (2020). [2] Vgl. Junker & Scherer (2013, S. 121–126).
[3] Vgl. Peter Borger (2023). [4] Vgl. Lara Hartung (2019).

Außerdem gibt es auf dem Weg zu einer lebenden Zelle ein noch viel größeres Problem. **Zufällig** aneinander gereihte Nukleotide enthalten **nicht die Information**, die nötig ist, um aus Aminosäuren spezifische Proteine zu bauen! Was nützt z. B. die **Hardware** eines Computers **ohne** die nötigen Programme **(Software)**? Nichts! Wie groß das Problem ist, zeigt die Mathematik: Es gibt unvorstellbar viele Möglichkeiten, Aminosäuren **zufällig** zu unterschiedlichen „Perlenketten" (Proteinen) zusammenzusetzen. Nach verschiedenen Untersuchungen ergibt aber nur eine einzige von ungefähr **10^{50}** solcher Ketten ein **funktionsfähiges Protein** aus ca. 100 Aminosäuren.[2] **10^{50}** ist eine Zahl mit 50 Nullen, das sind Hundert Mio. mal Trilliarden mal Trilliarden solcher Ketten. Schon die **einfachste Bakterien-Zelle** („Venters Minimalzelle") benötigt aber **mindestens 470 unterschiedliche Proteine** – die Bauanleitung dafür ist in ca. 531 000 genetischen Buchstaben (Nukleotiden) codiert.[3] Wie soll so etwas von allein entstehen?

Bis heute gilt Louis Pasteurs Aussage aus dem Jahr 1864: **„Alles Lebende entsteht aus Lebendem!"**

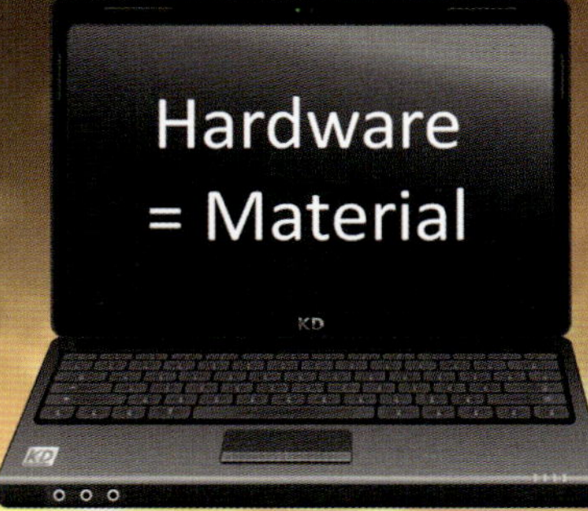

Wie ich es sehe: Selbst wenn jeder der geschätzt 100 Trilliarden Sterne (10^{23}) im beobachtbaren Universum[4] je einen perfekten Planeten wie die Erde hätte – deren Elemente in den Ozeanen voller Aminosäuren und Enzymen wären, die nur darauf warten, Proteine zu bilden … Auch dann wären 14 Milliarden Jahre noch nicht lang genug, dass sich irgendwo auch **nur *eine* einzige lebende Zelle** mit Hunderten Proteinen bildet! Es ist nach aktuellem Wissensstand einfach viel zu **unwahrscheinlich**. Rein **mathematisch** betrachtet sind also die **Makromoleküle in den Zellen** aller Lebewesen – vom winzigen Bakterium bis zum riesigen Dinosaurier – ein **gewaltiger Hinweis auf einen intelligenten Schöpfer**.

Sauropoden und Blauwal: Grob geschätzt 10 000 bis 100 000 Trilliarden Zellen

Das ist aber noch nicht alles: Aus einer einfachen Bakterienzelle müssten sich – nur durch natürlich ablaufende Prozesse (Erbgutänderungen und Auslese) – zufällig **komplexe Lebewesen wie Dinosaurier** entwickeln. Riesige Sauropoden bestanden wahrscheinlich aus bis zu ca. **100 000 Trilliarden Zellen** – ähnlich wie Blauwale heute. Diese Zellen bildeten Gewebe und **hochkomplexe Organsysteme** (z. B. Blutkreislauf- und Nervensystem). Wie viele Nukleotide eine Dinosaurier-Zelle hatte, wissen wir nicht. Krokodile haben ca. 2 bis 3 Milliarden **Nukleotide pro Zelle** (die jeweils doppelt in jeder Zelle vorliegen), bei Vögeln sind es 1 bis 2 Milliarden und bei Menschen ca. 3,2 Milliarden, die jeweils gemeinsam ein **komplexes Gen-Netzwerk** bilden.

Warum sind die Dinosaurier ausgestorben?

Warum sind die Dinosaurier ausgestorben? Manche **Schöpfungswissenschaftler** sind der Meinung, dass es in Folge der Sintflut weltweit **kühler** wurde, sodass die Dinosaurier schließlich zugrunde gingen. Es sind sich aber **nicht alle Schöpfungswissenschaftler einig**, ob wir ausreichend Belege für ein **umfassendes Modell** zum **Aussterben der Dinosaurier** haben. Letztlich gibt es dazu bisher nur mehr oder weniger gut begründete Vermutungen.

Evolutionsbiologen gehen davon aus, dass Dinosaurier am Übergang von Kreide zu Paläogen* ausgestorben sind. Warum das geschah – dazu werden **verschiedene Theorien** diskutiert. Als Hauptursache gilt ein gewaltiger **Asteroideneinschlag** in der Nähe von Mexiko, der den Chicxulub-Einschlagskrater verursacht hat. Aber auch der Einfluss von vielfältigen **Vulkanausbrüchen** in Westindien wird diskutiert. Darauf folgende Katastrophen wie Tsunamis oder gigantische Staubwolken hätten dann eine **Abkühlung des Klimas** bewirkt. Das wiederum hätte zu **Nahrungsmangel** von Pflanzen- und dann auch Fleischfressern geführt, weswegen diese schließlich ausgestorben wären. Viele Meeresbewohner könnten durch eine anschließende Übersäuerung der Meere gestorben sein. Es bleibt aber **bis heute ein Rätsel, im Detail zu begründen**, warum ausgerechnet die Dinosaurier ausstarben.

Wie ich es sehe: Wenn **Behemoth** aus dem Buch Hiob tatsächlich ein Dinosaurier war, dann waren **Dinosaurier** wohl mit auf der **Arche**. Einige davon hätten dann überlebt, waren aber vielleicht **zu selten**, um bei nachsintflutlichen Katastrophen noch zu Fossilien zu werden. Übrigens ist die Frage, ob ein Asteroideneinschlag beim Aussterben ebenfalls eine wichtige Rolle gespielt hat, eigentlich nicht so wichtig: Die Bibel sagt ja **nichts Konkretes** darüber, warum ausgerechnet die Dinosaurier ausgestorben sind. Auch **heutzutage sterben Tierarten aus** – daran sind neben Umweltveränderungen leider auch oft wir Menschen schuld.

Asteroid

Dass die Sintflut mit **tiefer liegenden Gesteinsschichten** als dem Quartär* – zu dem auch unsere Gegenwart gehört – in Zusammenhang steht, dafür spricht ein wichtiges Argument (S. 146f): Die **Geografie der Erde** vor der Sintflut muss sich wohl **stark von heute unterschieden haben**, wenn damals das auf der Erde flüssig vorliegende Wasser alle Berge bedecken konnte. Durch die Sintflut ist es also wohl zu gewaltigen geologischen Veränderungen gekommen. Am einfachsten lassen sich diese wahrscheinlich durch schnell ablaufende **Kontinentaldrift** erklären.

So stellte sich Antonio Snider-Pellegrini im Jahr 1858 das Aufreißen der Kontinentalplatten am Atlantik vor:

So traurig das Aussterben von Tierarten – wie den Dinosauriern – auch ist, es gibt etwas, das uns noch viel mehr Sorgen machen sollte. Im Gespräch über eine unerwartet hereinbrechende Katastrophe warnt uns Jesus: „Ich sage euch, … wenn ihr **nicht Buße** tut [bzw. umkehrt], so werdet ihr alle auch so umkommen!" Lukas 13,5 (SLT)

Massive geologische Veränderungen durch schnelle Kontinentaldrift – statt durch langsame wie im Langzeitmodell – hätten auch das **Klima** und die **Ökosysteme sehr verändert**. Kälteeinbrüche und weniger Nahrung wären besonders für Tiere mit großem Futterbedarf – das sind vor allem große Tiere wie die meisten Dinosaurier – tatsächlich ein Problem gewesen. Denselben Effekt könnten aber auch **Asteroiden-Einschläge** oder massive **Vulkanausbrüche** gehabt haben. Solche Katastrophen als Aussterbeursachen für die Dinosaurier stehen jedenfalls nicht im Widerspruch zur Bibel, erfordern aber weitere Forschungen.

Gottes Heilsplan in der gefallenen Schöpfung

Vor ungefähr 2000 Jahren geschah vor den Toren der Stadt Jerusalem in Israel etwas, das **Auswirkungen auf die ganze Menschheit**, ja, sogar auf die **ganze Schöpfung** hatte. *Hast du eine Idee, was das gewesen sein könnte?* Aber immer schön der Reihe nach … Fassen wir vorher noch einmal Gottes Heilsplan zusammen.

In verschiedenen Kapiteln haben wir gesehen, dass Gott das ganze Universum, unsere Erde und auch alle Tiere – wie die Dinosaurier – **genial erschaffen** hatte.

Dann aber war es zum **Sündenfall** gekommen. Adam, der von Gott als Verwalter über die Erde und die Tierwelt eingesetzt worden war, sündigte. Durch seinen Ungehorsam sagte er sich von Gott los. Damit brachte Adam **Tod und Leid** über die Erde. Das **Böse breitete sich** auf dieser, nun gottlosen, Erde **aus** – und das schloss wohl auch die Brutalität der Tierwelt mit ein. Gerade dieser Brutalität begegnen wir auf Schritt und Tritt, wenn wir uns mit den Dinosauriern und ihren Fossilien beschäftigen. Schreckliche Waffen wie gewaltige Klauen und Zähne machten die Fleischfresser zu gefährlichen „Monstern". Panzer und Stacheln wiederum dienten der Verteidigung der Pflanzenfresser.

Warum steht in der Bibel eigentlich so viel über die Vergangenheit? „Denn **alles**, was **zuvor geschrieben worden ist**, wurde **zu unserer Belehrung** zuvor geschrieben, damit wir durch das Ausharren und den Trost der Schriften **Hoffnung** fassen."
Römer 15,4 (SLT)

Gott wollte einen **Neuanfang**. Er fand einen einzigen Mann, der gerecht war und im Vertrauen auf Gott lebte: **Noah**. Gott befahl Noah, eine **Arche** zu bauen, um sich darin mit seiner Familie und den Landtieren zu retten. Wir wissen es nicht sicher, aber wahrscheinlich waren auch Dinosaurier in der Arche. Der Bibeltext legt jedenfalls die Vermutung nahe, dass die Erde vor der Sintflut völlig anders aussah als heute.

Im **Buch Hiob** erfahren wir etwas über die Zeit und die Menschen kurz nach der Sintflut. Gott ließ den gerechten Mann Hiob leiden, aber nicht um ihn zu quälen, sondern um ihm in seinem Leiden zu begegnen und seinen Glauben zu stärken. Hiob begegnete Gott schließlich höchstpersönlich – Gottes Botschaft an Hiob enthält auch für uns eine wichtige Lektion: **Egal, was passiert, Gott hat alles in der Hand.** Er ist der allmächtige und weise Schöpfer, der sogar die gewaltigen Tiere **Behemoth** und **Leviathan** kontrollieren kann. Wir haben diskutiert, welche Tiere das gewesen sein könnten. Die naheliegendste Erklärung ist, dass es sich tatsächlich um Dinosaurier gehandelt hat – die **größten** bekannten **Pflanzenfresser** und die **gefährlichsten Fleischfresser**. Die Dinosaurier sind also wahrscheinlich **erst in der Zeit nach Hiob ausgestorben**.

Doch nicht nur die Dinosaurier, **auch wir Menschen** sind dem Leid und der Vergänglichkeit unterworfen. Aber genau das wollte Gott nicht! Gottes Absicht war es, die gefallene, zerstörte Schöpfung und besonders die Menschen zu **retten**. Aber er konnte sein gerechtes Gericht über das Böse (= die Sünde) nicht einfach aufgeben. Doch Gott hatte einen **genialen Plan**, den er ca. im Jahr 30 nach Christus in die Tat umsetzte.

Was dieser Plan war, erfährst du auf den nächsten Seiten.

Gott selbst betritt das Dunkel dieser Welt

Gott sah die **Verlorenheit** dieser Welt und beschloss, auf diese Welt zu kommen, um sie zu retten. **Gott** selbst **wurde Mensch**: **Jesus Christus** wurde als Baby ungefähr zur Zeitenwende geboren – das erste **Weihnachten**. Viele Wissenschaftler meinen, dass bei der Erstellung unserer Zeitrechnung ein Fehler passiert ist und dass Jesus ca. 7–4 „vor Christus" geboren wurde – vielleicht auch etwas später. Eigentlich ist es **ein völlig unvorstellbarer Gedanke**: Der Schöpfer des Universums wird ein **hilfloses Baby** in einer armen Familie und liegt in Windeln gewickelt im Stroh einer Futterkrippe, weil kein anderes Babybett da war! Wie sehr muss uns dieser Gott **lieben**, wenn er das auf sich nimmt!

Jesus verließ den Himmel und wurde ein Mensch wie wir: „Eure Einstellung soll so sein wie die von Christus Jesus: Er war in Gottes Gestalt, nutzte es aber nicht aus, **Gott gleich** zu sein, sondern beraubte sich selbst und wurde einem Knecht gleich. **Er wurde Mensch** und alle sahen ihn auch so. **Er erniedrigte sich selbst** und gehorchte Gott bis zum **Tod** – zum Verbrechertod am Kreuz."
Philipper 2,5-8 (nach NEÜ)

Ja, das zeigt, wie sehr Jesus Christus uns **liebt**. Jesus wuchs heran. Er lebte jederzeit so, wie es Gott gefällt. Er **tat nichts Falsches** (= Sünde), sondern handelte immer aus Liebe zu Gott und den Menschen. Als erwachsener Mann zog Jesus einige Zeit lang mit seinen Jüngern – die 12 Wichtigsten von ihnen werden auch **Apostel** genannt – durchs Land Israel und rief alle Menschen zur **Umkehr** zu Gott auf. Jesus liebte die Menschen, half ihnen und heilte sie, wo er nur konnte. Ganz besonders liebte Jesus auch die Kinder (Matthäus 19,14)! Als **sündloser Mensch** war Jesus der **perfekte Stellvertreter**, der Gottes gerechtes Gericht über die Sünde auf sich nehmen konnte – an unserer Stelle, auch für dich und mich!

Weihnachten: Jesus wird geboren

Jesus ist unterwegs mit den 12 Aposteln

Das geschah so: Obwohl Jesus wusste, dass die jüdischen Führer eifersüchtig auf ihn waren und ihn töten wollten, floh er nicht vor ihnen. Zu dieser Zeit war das Land Israel von den Römern besetzt; nur sie durften Menschen hinrichten lassen. Deshalb drängten die jüdischen Führer die Römer, **Jesus vor den Toren Jerusalems zu kreuzigen**. Als Jesus Christus dort am Kreuz starb, **trug er Gottes Gericht über alle Sünden der Welt** – auch für deine und meine. Das geschah ungefähr im Jahr 30 nach Christus. Jesus hatte vorhergesagt, dass er drei Tage später wieder vom Tod auferstehen würde.

Jesus wäscht Petrus die Füße

Jesus trägt sein Kreuz zur Stätte der Kreuzigung

Jesu Tod war nicht das Ende!

Der Schöpfer der Welt wurde von Juden und Römern verhört, angeschrien, angespuckt und geschlagen. Schließlich forderte die Menge seinen Tod: „Kreuzige ihn!" Daher befahl der römische Statthalter Pontius Pilatus, Jesus zu kreuzigen.

Jesu Tod am Kreuz hätte eigentlich das Ende des christlichen Glaubens bedeuten müssen. Zurück blieben einige völlig **verängstigte Jünger**, die sich versteckten und den Verlust ihres Messias (des verheißenen Retters Israels) betrauerten. Doch dann geschah etwas **Unfassbares**: Das von römischen Soldaten bewachte **Grab** war plötzlich **leer**! Die **Jünger**, die kurz zuvor wie **Angsthasen** geflohen waren, wurden zu **mutigen Missionaren**. Überall erzählten sie davon, dass sie den auferstandenen Jesus Christus gesehen hatten. Auch von Verfolgung und Folter ließen sie sich nicht aufhalten. Gemäß christlicher Überlieferung starben schließlich alle Apostel außer Johannes als **Märtyrer** – sie waren bereit, für die Botschaft, dass Jesus Christus vom Tod auferstanden ist, zu sterben.

Besonders spannend ist, dass auch die **Mehrheit der Geschichtswissenschaftler** viele der Dinge, die über Jesu Leben und Tod in der Bibel stehen, so anerkennt.[1] Zu den wichtigen historisch gut belegten Fakten gehört Folgendes:

1. Jesus von Nazareth **starb** vor den Toren Jerusalems am Kreuz.
2. Das **Grab** war wirklich leer, was zuerst von Frauen bestätigt wurde, die in der damaligen Kultur leider als Zeugen nicht ernst genommen wurden.
3. Die Jünger waren davon, dass er auferstanden war und sie ihm mehrmals begegnet waren, tatsächlich so **überzeugt**, dass sie ihr Leben dafür ließen. Das ist umso beachtenswerter, da sie vorher total verängstigt und schon bei der Verhaftung Jesu geflohen waren (Matthäus 26,56).

Der auferstandene Jesus begegnete vielen seiner Jünger – die meisten von ihnen konnte man zur Zeit von Paulus noch persönlich dazu befragen, um die Fakten zu prüfen: „Denn ich habe euch zuallererst das überliefert, was ich auch empfangen habe, nämlich dass **Christus** für unsere Sünden **gestorben** ist, nach den Schriften, und dass er **begraben** worden ist und dass er **auferstanden** ist am dritten Tag, nach den Schriften, und dass er dem **Kephas** [= Petrus] erschienen ist, danach den **Zwölfen**. Danach ist er **mehr als 500 Brüdern auf einmal erschienen**, von denen die meisten noch leben, etliche aber auch entschlafen [= gestorben] sind. Danach erschien er dem **Jakobus**, hierauf **sämtlichen Aposteln**.
Zuletzt aber von allen erschien er auch mir …" 1. Korinther 15,3-8 (SLT)

Wie ich es sehe: Egal, welche Theorien man sich als Erklärung ausdenken könnte – die **logischste Schlussfolgerung** ist: **Jesus Christus ist den Jüngern tatsächlich nach seiner Auferstehung von den Toten begegnet**. Das **veränderte** das **Leben** der Jünger so, dass sie die Frohe Botschaft von der Auferstehung überall todesmutig verkündigten. Diese Schlussfolgerung hat selbst manche skeptische Wissenschaftler oder Journalisten so überzeugt, dass sie sich entschieden, an den auferstandenen Gott und Retter Jesus Christus zu glauben.[2]

Ölgemälde von Antonio Ciseri (1871): Anklage Jesu vor Pilatus

Pilatus-Inschrift von Caesarea Maritima

Früher wurde manchmal behauptet, dass es die **historische Person Pontius Pilatus gar nicht gegeben hätte**. Durch den Fund einer **Inschrift in Caesarea Maritima** im Jahr 1961 wurde aber bestätigt, dass Pilatus tatsächlich zur Zeit des römischen Kaisers Tiberius Präfekt (Statthalter) von Judäa war.

[1] Zusammenfassung nach William Lane Craig (2015, S. 237–285), Theologe und Philosoph.

[2] Siehe dazu das Buch des zuvor skeptischen Journalisten Josh McDowell (2019), der durch die Überprüfung der Fakten zum Glauben an Jesus kam: „Die Tatsache der Auferstehung".

Die „alte Schlange“ wurde besiegt

Was hat nun das Kreuz mit den Sauriern zu tun? In der Bibel werden **gefährliche Reptilien** – vor allem **Schlangen** und „Drachen“ – als **Symbol für den Teufel**, den von Gott abgefallenen Engelfürsten, verwendet. Das wird besonders beim **Sündenfall** deutlich, als es „die Schlange“ war, die Adam und Eva verführte.

Nach dem Sündenfall sprach Gott einen Fluch über die Schlange aus: „Und ich will Feindschaft setzen zwischen dir und der Frau, zwischen deinem Samen [= Nachkommen] und ihrem Samen: **Er wird dir den Kopf zertreten**, und du wirst **ihn in die Ferse stechen**.“ 1. Mose 3,15 (SLT)

Genau das ist tatsächlich geschehen: Der **Nachkomme** der Frau war **Jesus** Christus – er hatte eine menschliche Mutter, aber keinen menschlichen Vater, weil er direkt vom Heiligen Geist in seiner **Mutter Maria** empfangen wurde (Matthäus 1,20). Der Teufel versuchte immer wieder, Jesus zur Sünde zu verführen. Denn hätte Jesus auch nur ein einziges Mal gesündigt, hätte er die Menschen nicht mehr erretten können. So kam es also zum **„Kampf“** zwischen „der Schlange“und ihren Nachfolgern und „dem Samen der Frau“. Schließlich wurde Jesus **„die Ferse durchstochen“** – nämlich von den **römischen Nägeln** bei seiner Kreuzigung. Als er starb, war er absolut **sündlos** (2. Korinther 5,21). Damit besiegte Jesus den Teufel, da der Tod kein Anrecht auf einen Sündlosen hat.

Was Jesu Tod und Auferstehung für uns bedeuten, erklärt Paulus so: „Denn unser vergänglicher irdischer Körper muss in einen himmlischen Körper verwandelt werden, der **nicht mehr sterben** wird. Wenn dies geschieht – dann wird sich das Schriftwort erfüllen: ‚**Der Tod wurde verschlungen vom Sieg. Tod, wo ist dein Sieg? Tod, wo ist dein Stachel?**‘ Denn **die Sünde ist der Stachel, der zum Tod führt**, und das Gesetz verleiht der Sünde ihre Kraft. Wir danken Gott, der uns durch Jesus Christus, unseren Herrn, **den Sieg über die Sünde und den Tod gibt!**“ 1. Korinther 15,53-57 (nach NLB)

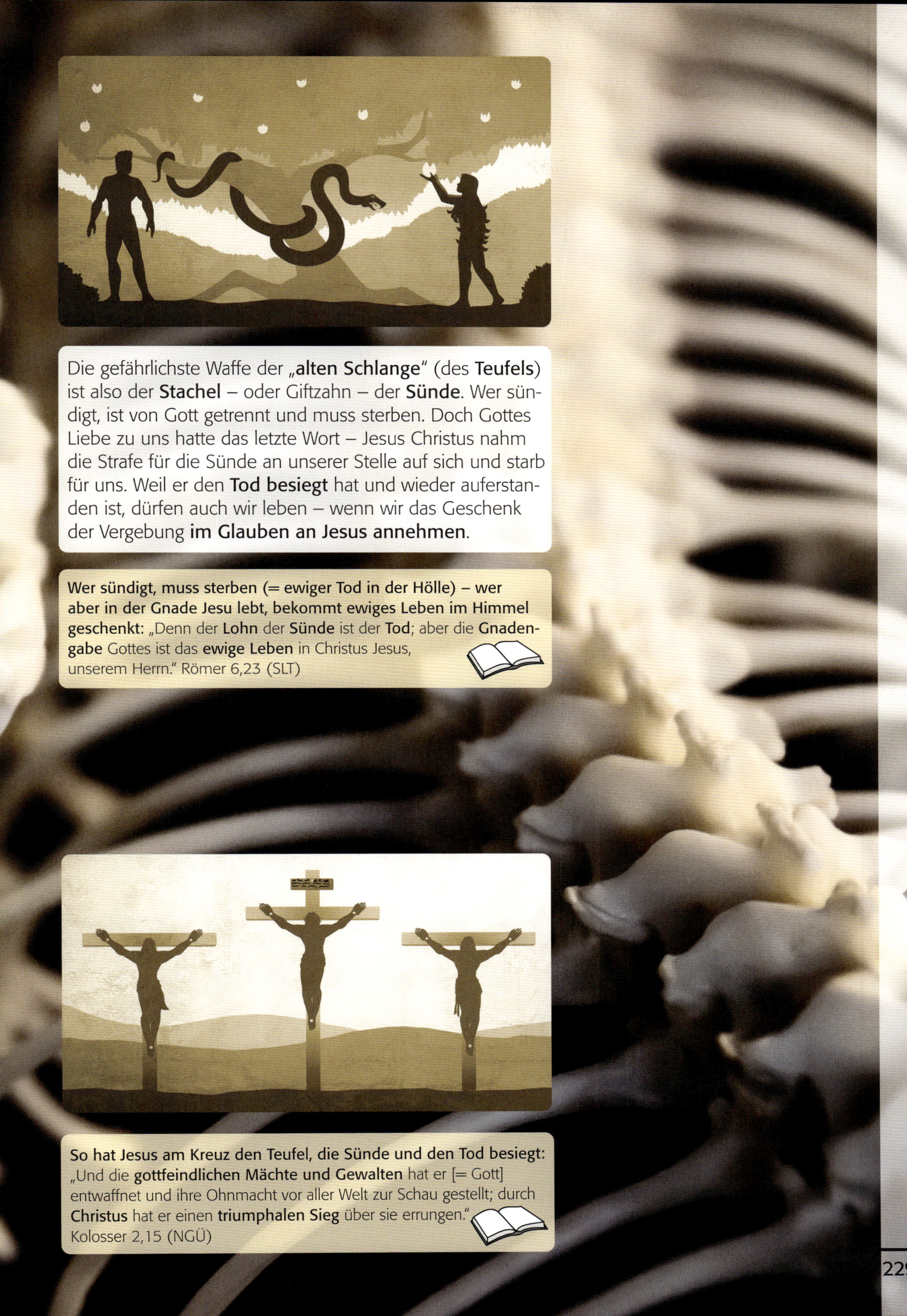

Die gefährlichste Waffe der **„alten Schlange"** (des **Teufels**) ist also der **Stachel** – oder Giftzahn – der **Sünde**. Wer sündigt, ist von Gott getrennt und muss sterben. Doch Gottes Liebe zu uns hatte das letzte Wort – Jesus Christus nahm die Strafe für die Sünde an unserer Stelle auf sich und starb für uns. Weil er den **Tod besiegt** hat und wieder auferstanden ist, dürfen auch wir leben – wenn wir das Geschenk der Vergebung **im Glauben an Jesus annehmen**.

Wer sündigt, muss sterben (= ewiger Tod in der Hölle) – wer aber in der Gnade Jesu lebt, bekommt ewiges Leben im Himmel geschenkt: „Denn der **Lohn** der **Sünde** ist der **Tod**; aber die **Gnadengabe** Gottes ist das **ewige Leben** in Christus Jesus, unserem Herrn." Römer 6,23 (SLT)

So hat Jesus am Kreuz den Teufel, die Sünde und den Tod besiegt: „Und die **gottfeindlichen Mächte und Gewalten** hat er [= Gott] entwaffnet und ihre Ohnmacht vor aller Welt zur Schau gestellt; durch **Christus** hat er einen **triumphalen Sieg** über sie errungen." Kolosser 2,15 (NGÜ)

Das ewige „Drachengefängnis"

Wir haben schon gesehen, dass der Begriff „Drache" (griechisch *drakon*) in der griechischen Übersetzung des Alten Testaments vorkommt (S. 162). Im **Neuen Testament**, das ja auf Griechisch geschrieben wurde, verwendet nur Johannes diesen Begriff, und zwar in seiner **Offenbarung** ab Kapitel 12. Das Buch der Offenbarung ist eine **Vision**, die Gott Johannes zeigte. Es enthält viele Symbolbilder und ist oft nicht ganz einfach zu verstehen.

Der Drache kommt in der Offenbarung ausschließlich als Bild für den **Teufel** vor. Dieser wird als **feuerroter Drache** beschrieben, der sieben Köpfe mit Kronen und zehn Hörnern hat. Das steht symbolisch für verschiedene Königreiche, die ihm dienen.

Die Bibel berichtet aber auch davon, dass es einen Zeitpunkt gibt, an dem es zu einem riesigen **himmlischen Kampf mit dem Drachen**, also dem Teufel, kommt: Der Engel Michael kämpft mit anderen Engeln gegen den Drachen und wirft ihn aus dem Himmel auf die Erde. Dort wütet der Drache mit seinen abgefallenen Engeln (Dämonen) und kämpft gegen die Menschen, die an Jesus glauben. Interessanterweise wird hier beschrieben, dass er eine Wasserflut ausspuckt – anstatt Feuerfunken wie der Leviathan in Hiob 41,11 (S. 182f). Aber **schließlich wird Jesus Christus selbst den Teufelsdrachen besiegen** und in das ewige Feuer (Hölle) werfen. Dann wird Jesus für alle, die an ihn glauben, **eine neue Erde und einen neuen Himmel** schaffen, wo es **kein Leid** mehr gibt.

Wenn Jesus den Drachen endgültig besiegt: „Und der **Teufel**, der sie [= die Menschen] verführte, wurde in den **Feuer- und Schwefelsee geworfen**." Und dort wird er „Tag und Nacht gepeinigt werden von Ewigkeit zu Ewigkeit … Dies ist der **zweite Tod**, der Feuersee. Und wenn jemand nicht geschrieben gefunden wurde **in dem Buch des Lebens**, so wurde er in den Feuersee geworfen."
Offenbarung 20,10+14-15 (ÜE)

Wenn du wissen willst, wer im ***Buch des Lebens*** *steht und daher in den Himmel und nicht in die Hölle kommt, lies* ***Offenbarung 3,1-5*** *und* ***Johannes 5,24****.*

Ausschnitt aus dem größten europäischen Wandteppich-Zyklus namens „Apokalypse" aus dem Mittelalter (14. Jh.), symbolische Darstellung aus Offenbarung 12,9: Der Erzengel Michael bekämpft mit seinen Engeln den siebenköpfigen Drachen (Satan) samt seinen gefallenen Engeln

Als Symbol für den ewigen Feuersee hier der „Feuersee" (Niragongas Vulkan) im Virunga National Park, Demokratische Republik Kongo

Der Drache als Bild für den Teufel in der Offenbarung: „Und es entbrannte ein **Kampf im Himmel**: Michael und seine Engel kämpften gegen den **Drachen**. Und der **Drache** kämpfte und seine Engel, und sie siegten nicht und ihre Stätte wurde nicht mehr gefunden im Himmel. Und es wurde hinausgeworfen der **große Drache**, **die alte Schlange**, die da heißt: **Teufel** und **Satan**, der die ganze Welt verführt, und er wurde auf die Erde geworfen, und seine Engel wurden mit ihm dahin geworfen. Und ich hörte eine laute Stimme, die sprach im Himmel: Nun ist das Heil und die Kraft und das Reich unseres Gottes geworden und die Macht seines Christus; denn **der Verkläger** unserer Brüder ist verworfen, der sie verklagte Tag und Nacht vor unserm Gott. Und **sie haben ihn überwunden durch des Lammes Blut** [= ein Symbol für Jesu stellvertretenden Tod für uns] und durch das Wort ihres Zeugnisses und haben ihr Leben nicht geliebt bis hin zum Tod." Offenbarung 12,7-11 (nach L84)

Jesu zukünftiges Königreich

Wir haben gesehen, dass die **Alte Schlange**, die auch **„der Drache"** oder Teufel genannt wird, **von Anfang** an gegen Gott und gegen die Menschen **gekämpft** hat. Er schaffte es, die Menschen auf seine Seite zu ziehen – sie sagten sich von Gott los und **sündigten**. Welche **Konsequenzen** es hat, in **einer gottlosen Welt zu leben**, können wir leider täglich in den Nachrichten sehen: Überall gibt es Leid, Krankheit, Tod, Krieg und Verbrechen.

Jesu zukünftiges Königreich auf der Erde wird vom Propheten Jesaja folgendermaßen beschrieben: „Da wird der Wolf bei dem **Lämmlein** wohnen und der **Leopard** sich bei dem **Böcklein** niederlegen. Das Kalb, der **junge Löwe** und das **Mastvieh** werden beieinander sein, und ein **kleiner Knabe** wird sie treiben. Die **Kuh** und die **Bärin** werden miteinander weiden und ihre Jungen zusammen lagern, und der **Löwe** wird **Stroh fressen** wie das Rind. Der **Säugling** wird spielen am Schlupfloch der **Natter** und der **Entwöhnte** seine Hand nach der Höhle der **Otter** ausstrecken. Sie werden **nichts Böses tun**, **noch verdorben handeln** auf dem ganzen Berg meines Heiligtums; denn die Erde wird erfüllt sein von der **Erkenntnis des HERRN**, wie die Wasser den Meeresgrund bedecken. Und es wird geschehen an jenem Tag, da werden die Heidenvölker fragen nach **dem Wurzelspross** Isais [= Jesus als Nachfahre Isais], der als Banner [= Siegeszeichen] für die Völker dasteht; und seine Ruhestätte wird Herrlichkeit sein."
Jesaja 11,6-10 (nach SLT)

Jesus stellt das wieder her, was durch den Sündenfall Adams zerstört wurde: „Denn wie in **Adam** alle **sterben**, so werden in **Christus** alle **lebendig** gemacht werden."
1. Korinther 15,22 (L17)

Mit den Menschen ist auch **die ganze Schöpfung** gefallen und leidet. Das wird sich aber ändern, **wenn „der Drache" letztlich bestraft** wird – besiegt ist er durch Jesu Tod und Auferstehung ja schon! Dann wird Jesus sein Königreich für alle sichtbar aufrichten. Die Bibel beschreibt in Offenbarung Kapitel 20 bis 22, dass das in zwei Schritten geschieht – zumindest, wenn man den Text wörtlich versteht: **Zuerst wird Jesus Christus 1000 Jahre lang auf dieser Erde als König herrschen.** Wie das genau sein wird, darüber wissen wir nur wenig. Aber alle Tiere werden dann (wieder) **Vegetarier** sein. Auch Löwen und Leoparden werden Gras fressen. **Nach dieser Zeit erschafft Gott „einen neuen Himmel und eine neue Erde"**, wo alle, die zu ihm gehören, gemeinsam mit ihm **in Ewigkeit glücklich** leben dürfen.

Gibt es im Himmel Dinosaurier?

Werden wir im Himmel auch Tiere und Dinosaurier sehen? Das ist eine Frage, die sich nicht endgültig beantworten lässt. Immerhin fällt auf, dass auch Tiere mit **„lebendigen Seelen"** erschaffen wurden (1. Mose 1,30), so wie die Menschen (1. Mose 2,7). Außerdem wird deutlich, dass die **gesamte Schöpfung auf die Erlösung** und auf die zukünftige Herrlichkeit der Kinder Gottes **wartet** (Römer 8,20-23). Es könnte also durchaus sein, dass es im Himmel auch Tiere gibt – lassen wir uns **überraschen**! Die **wichtigste Frage** aber ist: *Wirst auch du dabei sein?*

Wie wird es im Himmel sein? „Und ich sah **einen neuen Himmel und eine neue Erde**; denn der erste Himmel und die erste Erde waren vergangen, und das Meer gibt es nicht mehr. Und ich, Johannes, sah die **heilige Stadt, das neue Jerusalem**, von Gott aus dem Himmel herabsteigen, zubereitet wie eine für ihren Mann geschmückte Braut. Und ich hörte eine laute Stimme aus dem Himmel sagen: Siehe, **das Zelt Gottes bei den Menschen**! Und er wird **bei ihnen wohnen**; und sie werden seine Völker sein, und Gott selbst wird bei ihnen sein, ihr Gott. **Und Gott wird abwischen alle Tränen von ihren Augen, und der Tod wird nicht mehr sein, weder Leid noch Geschrei noch Schmerz wird mehr sein**; denn das Erste ist vergangen. Und der auf dem Thron saß, sprach: Siehe, **ich mache alles neu**! Und er sprach zu mir: Schreibe; denn diese Worte sind gewiss und wahrhaftig." Offenbarung 21,1-5 (SLT)

Johannes erklärt, wie man in den Himmel kommt: „Dies habe ich euch geschrieben, die ihr **glaubt** an den Namen des Sohnes Gottes, damit ihr wisst, dass ihr **ewiges Leben habt**, und damit ihr (auch weiterhin) an den Namen des Sohnes Gottes **glaubt**." 1. Johannes 5,13 (SLT)

Voller strahlender Farben wird es im Himmel sein: Der „**Lichtglanz** gleicht dem alleredelsten Stein, wie ein kristallheller **Jaspis**."
Offenbarung 21,11
(nach SLT+M)

Mit „Jaspis" könnte hier auch ein Diamant gemeint sein.

Eine symbolische Darstellung des „Neuen Jerusalems" bzw. des Himmels von Gebhard Fugel (1863–1939)

Wir dürfen sicher wissen, dass es im Himmel **wunderschön** sein wird! Der Jünger Johannes findet kaum passende Worte, als er in der **Offenbarung** beschreibt, wie **herrlich** es im Himmel ist. Wann immer wir auf dieser Erde wirklich **schöne und gute Dinge** erleben – wie z. B. die Liebe unserer Familie oder die herrliche Natur im Frühling –, dürfen wir wissen, dass es **im Himmel noch viel schöner** werden wird!

Der Weg in den Himmel: Gott verspricht uns in seinem Wort, dass wir im Himmel mit dabei sein dürfen, wenn wir Jesus als unseren **Retter** um **Vergebung** unserer Schuld bitten und ihm unser **Leben anvertrauen**, sodass er unser Herr und König sein kann (s. Römer 10,9). Wenn du noch unsicher bist, ob du in den Himmel kommst, dann warte nicht länger und **besprich das mit Gott im Gebet**! Er hört dir jederzeit zu und wartet auf dich.

I. ANHANG

Themen

Mit KI erzeugtes Bild

Informationen für Mitarbeiter und Eltern

Dinosaurier – kaum eine Tiergruppe lässt Kinderaugen so leuchten wie diese! In Spielzeugform erobern sie die Kinderzimmer, in Filmen und Computerspielen die Köpfe der Teens. Doch wie soll man **als Christ** mit Informationen über diese ausgestorbenen Tiere **umgehen**? Welche Rolle können sie in einem christlichen Weltbild spielen? Für **Eltern** sowie **Kinder- und Jugendmitarbeiter** in christlichen Gemeinden gibt es prinzipiell **drei Möglichkeiten**:

1. Man **ignoriert** Dinosaurier und Fossilien – aus Angst davor, sich tiefer mit materialistischen, evolutionären Weltbildern (Evolutionstheorien) auseinandersetzen zu müssen. Doch das ist **kurzsichtig**, denn unsere Kinder werden in der Schule und durch die Medien irgendwann damit konfrontiert – ob wir das nun wollen oder nicht. **Ähnlich kurzsichtig** ist es, den Kindern **nur oberflächliche Deutungen** zu biblischem Text und wissenschaftlichem Forschungsstand zu liefern. Allzu einfache Antworten und vereinfachende Bibelauslegungen hören sich zwar gut an und mögen die Kinder im ersten Moment zufrieden stellen – treffen diese dann aber in höheren Klassenstufen oder im Studium auf informierte Evolutionisten, ist die Katastrophe vorprogrammiert: Das christliche Weltbild aus dem Elternhaus beginnt zu zerbröckeln, wenn tatsächlich **berechtigte Kritikpunkte** daran vorgebracht werden. Schnell kommt das Gefühl auf, dass man als „denkender" Mensch den Glauben an die Schöpfung ganz über Bord werfen müsse – was ja aber nicht stimmt.

2. Man **übernimmt unkritisch wissenschaftlich populäre Weltbilder und Vorurteile** und stülpt sie dem christlichen Weltbild über. Wenn es dabei zu **Konflikten** mit eindeutigen biblischen Aussagen kommt, ist man gezwungen, diese zu **verdrehen**, umzudeuten oder bewusst zu verschweigen. Nur so lassen sich der biblische Text und **Theistische Evolution** (Gott erschafft durch Evolution) miteinander kombinieren.[1] Diese Herangehensweise ist eigentlich die traurigste: **Man geht missbräuchlich mit dem Wort Gottes um**, statt ihm einfach zu vertrauen (Apostelgeschichte 24,14), was katastrophale Auswirkungen im Leben der Kinder haben kann (siehe 1. Timotheus 4,16). Gleichzeitig verschließt man die Augen davor, **dass sich viele „wissenschaftliche Beweise" für die Evolutionstheorie bei einer genaueren Prüfung gar nicht als so stark erweisen**, wie sie üblicherweise präsentiert werden. Einige davon sind veraltet, andere übertrieben oder haben gar nichts mit Makro-Evolution (gemeinsame Abstammung aller Lebewesen) zu tun. Außerdem gibt es sehr starke Argumente für einen Schöpfer und für die Grenzen von Evolutionsmechanismen.

Vorbereitung ist wichtig: „Ich weiß, dass nach meinem Abschied **reißende Wölfe** zu euch hereinkommen werden, die die Herde **nicht verschonen**." Apostelgeschichte 20,29 (ÜE)

Paulus mahnt zu achtsamem Umgang mit der Bibel: „Habe acht auf dich selbst und auf die Lehre; bleibe beständig dabei! Denn wenn du dies tust, wirst du sowohl dich selbst **retten** als auch die, welche auf dich hören." 1. Timotheus 4,16 (SLT)

Das Glaubensvorbild von Paulus: „Aber dies bekenne ich dir, dass ich … so dem Gott meiner Väter diene, **indem ich allem** glaube, was in **dem Gesetz und in den Propheten** [= Altes Testament] geschrieben steht …" Apostelgeschichte 24,14 (ÜE)

3. Man setzt sich ausgehend vom Wort Gottes kritisch mit den wissenschaftlichen Daten und Deutungen auseinander. Das ist sicher der **beste Weg**, um unsere Kinder auf Anfechtungen im Glauben vorzubereiten. Allerdings ist es zweifellos der **mühsamste** – auch, weil Daten und Deutungen häufig völlig vermischt und irreführend als „Tatsachen" präsentiert werden. Deshalb ist hier sehr viel wissenschaftliche und theologische Detailarbeit notwendig. Das ist auch ein Grund dafür, dass dieses Buch das erste Jugendbuch der Studiengemeinschaft Wort und Wissen über Dinosaurier ist. **Der Weisheit letzter Schluss** ist es allerdings ganz sicher **nicht**!

So wichtig Erkenntnis auch ist, es gibt im Leben noch Wichtigeres – die Liebe zu Jesus: „Und wenn ich weissagen könnte und **wüsste** alle **Geheimnisse und alle Erkenntnis** … und hätte die **Liebe nicht**, so wäre ich **nichts** … Denn unser **Wissen ist Stückwerk** … Nun aber bleibt Glaube, Hoffnung, Liebe, diese drei; aber die **Liebe** ist die **größte** unter ihnen." 1. Korinther 13,2+9+13 (nach L12)

Über die Vorläufigkeit der Wissenschaft: Es gibt viele gute Wissenschaftler, die redlich und gründlich zu Fossilüberlieferung, Zoologie und auch der Bibel forschen – allerdings leider selten in dieser Kombination. **Wissenschaft ist aber „immer im Fluss"**. Gerade in der Fossilienforschung können gestern weltweit anerkannte Hypothesen durch ein einziges Fossil plötzlich in sich zusammenbrechen. Tatsächlich passiert genau das wöchentlich! Die **Anzahl immer neuer wissenschaftlicher Publikationen steigt rasant**. Wurden im Jahr 2018 noch ca. 4 Mio. neue wissenschaftliche Artikel publiziert, waren es 2022 schon 5 Mio. Im Jahr 2016 wurden über 1 Mio. Fachartikel aus dem Bereich der Biomedizin veröffentlicht – zwei neue Artikel pro Minute! Das bedeutet: **Absolut niemand auf dieser Welt hat den Überblick über alle aktuell verfügbaren Informationen** aus den Bereichen Biologie, Evolutionsbiologie und Fossilien. Wissenschaftler sind nur Menschen – auch sie kennen lediglich den Teil der aktuell gültigen Informationen, den sie verarbeiten können.

So gut wir können, versuchen wir als **Studiengemeinschaft Wort und Wissen** einerseits, die betreffenden **biblischen Texte gründlich** zu lesen und sie mit der Hilfe des Heiligen Geistes immer besser zu verstehen. Andererseits beschäftigen wir uns mit **Argumenten für Schöpfung – aber auch für Evolution** – und **überprüfen** sie, wo es möglich ist. Aus meiner Tätigkeit in der Schöpfungsforschung ist mir bewusst, dass es viele verschiedene Argumente für Evolution gibt – und sie sind nicht alle schlecht oder falsch. Aus meiner Perspektive gibt es aber noch **deutlich stärkere Argumente**, die **gegen Evolution und für einen Schöpfer** sprechen – **trotz offener Fragen**, die wir auch ansprechen sollten! Es gibt also **keinen Grund, sich als denkender Christ von atheistischen Wissenschaftlern einschüchtern zu lassen**. Und das, obwohl wir nicht alles wissen und richtig machen können, weil wir auf einen **gnädigen Gott** vertrauen dürfen, der **alles weiß** und **keine Fehler macht**! Daher freue ich mich, wenn dieses Dinosaurierbuch vielen begeisterten großen und kleinen Dinosaurier-Forschern den Anstoß gibt, sich **selbst weiter mit dem Thema „Dinosaurier und die Bibel" auseinanderzusetzen** …

Was ich Ihnen jetzt noch wünsche:
Gottes reichen Segen und Freude im Umgang mit Ihren Kindern und Teens.

Benjamin Scholl

Vater von drei Töchtern zwischen 8 und 11 Jahren, ausgebildeter Gymnasiallehrer für Biologie und wissenschaftlicher Mitarbeiter für Biologie bei der Studiengemeinschaft Wort und Wissen.

E-Mail: benjamin.scholl@wort-und-wissen.de

W W Studiengemeinschaft WORT UND WISSEN

[1] Hier findet man beispielhaft die Probleme eines theistisch-evolutionären Kinderbuches: Scholl (2023): https://www.wort-und-wissen.org/rezension/als-gott-die-dinosaurier-schuf/.

10 Argumente für einen Schöpfergott – Teil 1

Eine Zusammenfassung der wichtigsten Argumente dieses Buches:

1. **Kein Mensch war dabei**, als das Universum und das Leben ins Dasein kamen. Wie Kriminalkommissare können wir daher nur die **Indizien** sammeln und auswerten, um die **wahrscheinlichste Antwort** zu finden. Die meisten Naturwissenschaftler forschen in den Ursprungsfragen aber von vorneherein so, als ob es keinen Gott gäbe. Allerdings können ihre **begrenzten naturwissenschaftlichen Methoden** keine Antwort auf **den letzten Grund** und das Ziel aller Dinge geben. Außerdem ist Wissenschaft immer **vorläufig** und ständig im Wandel. Doch leider geben Evolutionsbiologen, Lehrbücher oder sonstige Medien häufig keine **Rechenschaft** über ihre **methodischen** und **erkenntnistheoretischen Grenzen** (S. 10–15). Wenn es **Gott** hingegen **wirklich gibt** – wovon ich überzeugt bin –, dann sollte man unbedingt auch Gottes **wahrhaftigen Zeugenbericht** zur Erschaffung der Welt in der **Bibel** ernst nehmen (S. 12f), da Gott als Einziger dabei war (z. B. 1. Mose 1–2; 2. Mose 20,11; Matthäus 19,4f).

2. Die **Feinabstimmung des Universums** und auch unseres **Sonnensystems** ist ein gewaltiger Hinweis auf einen Schöpfer (S. 32–37). Dieses Universum ist hinsichtlich seiner Naturkonstanten bis auf viele Nachkommastellen **exakt** so eingestellt, dass es hier **komplexes Leben** geben kann.

3. **Fossilien tragen keine Etiketten!** Es braucht daher immer ein **Weltbild**, um die Daten zu deuten. Dies gilt auch hinsichtlich vieler Merkmale der Dinosaurier, die man mit viel Phantasie rekonstruiert (z. B. S. 10, 20f, 22f, 65, 174f). Aus der **Schöpfungsperspektive** kann man Dinosaurier als Arten **ausgestorbener Grundtypen** deuten, die getrennt **erschaffen** wurden. Die Ergebnisse bisheriger empirischer Studien mit Tiergruppen zeigen, dass weder Mutationen (Erbgutänderungen) noch Hybridisierungen (Kreuzungen) über den Rahmen dieser Grundtypen auf mittlerer systematischer Ebene (häufig Familien-Ebene) hinausweisen. Dies nennt man **Mikro-Evolution**, bei der – im Gegensatz zur **Makro-Evolution** – keine neuen komplexen Informationen hinsichtlich Organsystemen und Genwirkketten entstehen, sondern lediglich **angelegte genetische Vielfalt entfaltet** wird (S. 118f und 122–131). Natürlich *kann* man **Ähnlichkeiten** als Hinweise auf eine **gemeinsame Abstammung** im evolutionären Stammbaum des Lebens interpretieren, wenn man will – das ist aber nichts, was die Daten an sich ergeben, sondern es ist eine Deutung, die man über die Daten legt. Gott gibt uns Menschen so viel Licht, dass derjenige, der glauben *will*, auch glauben kann (S. 18).

4. Ein **gewaltiges Problem** für Darwins Sichtweise auf **Ähnlichkeiten** als **Abstammungsindikatoren** ergibt sich daraus, dass ständig **unabhängiges Entstehen** von Ähnlichkeiten (Konvergenzen) angenommen werden muss, was *einer eindeutigen* **Stammbaumrekonstruktion** des Lebens **entgegensteht** (S. 19, 45, 69, 73, 100, 103, 164f). Die ungelösten Schwierigkeiten, die sich daraus für die Rekonstruktion eines Dinosaurier-Stammbaums ergeben, zeigen sich beispielhaft bei *Chilesaurus*, dem **„Puzzle-Dinosaurier"** (S. 104–107). Ein **Schöpfer** hingegen ist frei, **Merkmale unabhängig** bei verschiedenen Grundtypen zu **verteilen** – „Konvergenzen" bzw. das „Baukastensystem der Schöpfung" sind daher aus Schöpfungsperspektive zu erwarten (S. 69).

5. Ein weiteres Phänomen, dass die **Erklärungskraft der Darwinschen Evolutionstheorie** ernsthaft **mindert**, sind die sogenannten **„lebenden Fossilien"**, die sich mindestens seit dem Erdmittelalter auf Familienebene, also im grundsätzlichen **Körperbauplan, so gut wie nicht verändert haben** (S. 83–103, 190f, 194f). Im Extremfall sind Arten, die sich nach evolutionären Vorstellungen seit vielen Millionen Jahren auseinander entwickelt haben sollen, **genetisch heute immer noch so ähnlich**, dass sie kreuzbar sind (wie z. B. die Störe auf S. 126). Die **zahlreichen Fälle**, bei denen trotz Jahrmillionen eben keine Makro-Evolution, sondern **lediglich Mikro-Evolution** abgelaufen ist, stellen Makro-Evolution generell in Frage. Natürlich werden Evolutionsbiologen immer mit der **Hilfshypothese** argumentieren, dass sich eben ausgerechnet deren **Lebensräume** über viele Millionen Jahre **kaum verändert** hätten oder dass diese Arten eben einfach schon **„perfekt" angepasst** gewesen seien und daher kein weiterer Evolutionszwang bestünde. Mir erscheint dies aber nicht glaubwürdig und es müsste im Detail nachgewiesen werden.

6. **Geniales Design** perfekt angepasster Lebewesen begegnet einem in der Biologie **auf Schritt und Tritt** – sei es auf morphologischer (körperbaulicher) oder molekulargenetischer Ebene (S. 76–82, 164f, 182f). Dies gilt auch für Dinosaurier (S. 70f, 86–93, 174–178, 186f)! Lebewesen und ihre Organe und Zellen sehen einfach so aus, als ob sie mit einem Zweck, also für ein **bestimmtes Ziel**, erschaffen worden sind **(= Teleologie)**. Aus evolutionstheoretischer Perspektive hingegen kann dies nur eine Illusion sein, da blinde und zufällige Naturprozesse eben keine Ziele anstreben können. Und dennoch sprechen Evolutionsbiologen ehrfurchtsvoll von all den genialen Merkmalen und Funktionen der Lebewesen – auch bei Dinosauriern (z. B. S. 88). Dabei wird immer deutlicher, dass insbesondere im Erbgut eine **unglaubliche Informationsdichte** steckt, die eben weit über rein materialistische Prozesse hinausweist (S. 219). Außerdem weisen Lebewesen sogar genetisch **vorprogrammierte Anpassungsmodule (Plastizität)** auf, die bei Bedarf abgerufen werden können (S. 71). Vielleicht bieten sich hier **Erklärungsmodelle** dafür an, was sich durch den **Sündenfall** (1. Mose 3; Römer 5,12-21; 8,19-23) bei Lebewesen verändert haben könnte. Die Erklärungskraft zukunftsblinder Evolutionsfaktoren für solche zukunftsorientierten „Extras" ist grundsätzlich zu bezweifeln, da hier eben kein **genialer Programmierer** (Schöpfer) am Werk sein darf. Unübersehbar treten solche materialistischen Probleme bei der **Entstehung des Lebens** selbst zutage: **Experimentelle Ansätze** sind so gravierend **gescheitert**, dass mit Recht die Frage gestellt werden darf, ob es überhaupt noch eine begründete Hoffnung darauf gibt, dass ohne einen Schöpfer Leben anders als nur aus bereits vorhandenem Leben entstehen könnte (S. 216–219). **Rein statistisch** ist nach aktuellem Kenntnisstand nicht davon auszugehen, dass sich einfachste Bakterienzellen von allein entwickeln könnten – auch nicht im konventionellen Zeitrahmen von 13,8 Milliarden Jahren im gesamten beobachtbaren Universum (S. 219).

7. Sowohl der biblische Schöpfungsbericht als auch die Aussagen über eine weltweite Sintflut (1. Mose 6–8; Matthäus 24,39; 2. Petrus 2,5+3,6) wurden häufig **als „unglaubwürdig" abgestempelt**. Als historisches Ereignis ist es strenggenommen **nicht möglich**, den biblischen Bericht über die weltweite Sintflut und das Überleben der Landtiere mit Noahs Familie in der Arche **zu *beweisen***. Allerdings kann man naturwissenschaftlich **begründete Argumente** aus der **Forschung** über **Schiffsbau, archäologische Funde** (wie unabhängige Sintflutberichte anderer Völker) und auch **Grundtypen** vorlegen, welche die **Glaubwürdigkeit** der biblischen Texte ***untermauern*** (S. 110–133). So wird deutlich, dass in Anbetracht von **Schwimmeigenschaften** und **Größe der Arche** die **Aufnahme all der Grundtypen** (bzw. Familien) lungenatmender Landtiere (inklusive Dinosaurier) in einem schwimmfähigen Schiff **rechnerisch möglich** ist (S. 118f, 132f).

10 Argumente für einen Schöpfergott – Teil 2

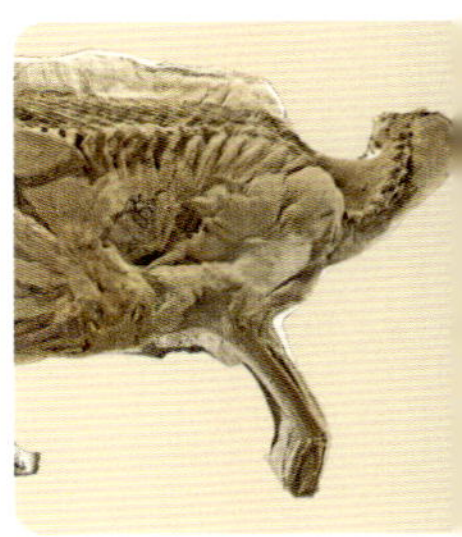

8. Die **Reihenfolge der Fossilien** in den geologischen Schichten sowie deren **Datierung** stellen die **größten Herausforderungen** für eine biblische Geologie und Chronologie der Geschichte dar (S. 136–155). Hinsichtlich der **Fossilreihenfolge** werden in diesem Buch zwei **verschiedene Modelle** als Erklärungsansätze angeboten, die auf ökologischen statt evolutionsbiologischen Überlegungen basieren – nämlich **„Ablagerung entsprechend der Großlebensräume"** (S. 148f) sowie **„ökologische Wiederbesiedlungsstadien nach der Flut"** (Mega-Sukzessionen) (S. 150f). Beide Modelle bieten aussichtsreiche Impulse, müssen aber noch in vielen Details weiter ausgebaut werden. Grundsätzliche Gedanken zu der Verfügbarkeit von Wasser auf der Erde bei einer als weltweit dargestellten Flut legen nahe, dass sich das Sintflutgeschehen wahrscheinlich in geologischer ferner Vergangenheit (d. h. vor der Erdneuzeit) abgespielt hat, als es noch eine **andere Topografie** gab (S. 147, 221). Dann könnte ein gewisser – wenn nicht gar großer – Teil der aus Sedimentgesteinen bestehenden Erdschichten in Beziehung zu den wahrscheinlich gewaltigen geologischen Auswirkungen und Nachwehen der Sintflut stehen.

Noch wesentlich komplexer ist die Frage nach dem **realen Alter der geologischen Schichten**. Es empfiehlt sich, dazu die umfangreiche **Literatur** von **Manfred Stephan** und **Michael Kotulla** bei der Studiengemeinschaft Wort und Wissen zu konsultieren (s. dazu das Literaturverzeichnis für Kapitel F auf S. 247f): Es mangelt nämlich vor allem an einer **unabhängigen Eichung** für die auf Radioisotopenzerfallskurven basierenden radiometrischen Jahre, was bedeutet, dass wir bei hohen Radioisotopenjahren schlichtweg **nicht wissen, was diese radiometrischen Jahre in realen Jahren bedeuten** (S. 137, 139).

Außerdem gibt es doch **einige geologische** (lithostratigrafische) **Befunde**, die den konventionellen **radiometrischen Altersangaben entgegenstehen** (S. 136–141, 146). Auch Befunde von **gut erhaltenen organischen Dinosauriersubstanzen** stellen zumindest die unermesslich lange Dauer vieler Jahrmillionen in Frage (S. 212–215). Dies gilt auch für die immer noch **kreuzungsfähigen „lebenden Fossilien"** (s. Argument 5) und ganz besonders für die nach konventionellem Zeitrahmen um viele Millionen Jahre zu **alten Steinwerkzeuge**, die man „Eolithen" nennt (S. 210f). Archäologische Befunde, die die **zeitgleiche Existenz von Dinosauriern und Menschen** beweisen sollen, liegen bisher leider nicht in eindeutiger Form vor (S. 198–207).

Andererseits stellt sich auch die Frage nach dem **Alter der Menschheit nach der Bibel**. Tatsächlich fließen in die populären **„6000 Jahre Menschheitsgeschichte"** einige Vorannahmen hinsichtlich der Auslegung der biblischen Texte bezüglich **Lückenlosigkeit** und **konkreten Jahreszahlangaben** von 1. Mose 5 und 11 ein, die auch aufgrund des Zeugnisses biblischer Handschriften (Manuskripte) überdacht werden sollten (S. 142–145). Unabhängig davon ist wohl die **Mehrheit der** Bibelausleger der unterschiedlichen theologischen Lager der Meinung, dass das biblische Zeugnis in seiner Gesamtheit ein Menschheitsalter von **Jahrtausenden statt Jahrmillionen** nahelegt (S. 145). Bis heute besteht allerdings bei der Zusammenführung von biblischen und geologischen Befunden weiterhin **großer Forschungsbedarf**.

9. Trotz der gerade genannten offenen Fragen aus Schöpfungsperspektive wurden **wesentliche Erwartungen des Darwinismus** an die **fossile Überlieferung überhaupt nicht erfüllt**. Obwohl Darwin eine schrittweise Evolution von einfachen zu immer komplexer werdenden Lebensformen postulierte und auf das Auffinden zahlreicher „Übergangsformen“ hoffte, hat sich diese Hoffnung im Allgemeinen nicht bestätigt. Es gibt durchaus (insgesamt eher wenige) **Fossilfunde**, die man in Bezug auf **einige Merkmale** als **Übergangsformen interpretieren** *könnte*. Bei diesen widersprechen aber **andere Merkmale** (und häufig auch das stratigrafische Alter) den anvisierten Positionen als Übergangsformen **im Stammbaum** (vgl. S. 42, 45, 79, 82f). Zudem sind viele **Evolutionsbiologen** der Meinung, dass (mindestens) **99 Prozent der Fossilien fehlen** (S. 152f). Selbst wenn man aus schöpfungstheoretischer Sicht die **berechtigte Frage** stellen kann, wieso Fossilien von **Menschen** und von vielen Wirbeltier-Grundtypen in Erdmittelalter und Erdaltertum **unbekannt** sind, ist die **Fossilüberlieferung aus Schöpfungsperspektive nicht unvollständiger** als aus Evolutionsperspektive – eher im Gegenteil (S. 152f). Beide Perspektiven greifen in der Regel auf umfangreiche „fossil nicht überlieferte Lebensräume“ zurück (S. 152f, 159). Das **größte Problem** der Fossilien aus darwinistischer Sicht stellt aber die **Kambrische Explosion** dar. Bis auf wenige, heiß umstrittene Ausnahmen gibt es **so gut wie keine fossilen Vorläufer** für die Vielfalt der kambrischen Ökosysteme: **Dutzende Stämme und Klassen** (die unterschiedlichsten systematischen Ebenen im Tierreich!) tauchen in evolutionär kurzer geologischer Periode **ohne mögliche Übergangsformen** auf (S. 154–159). Dieses Problem, das Darwin bereits bekannt war, hat sich seitdem noch verschärft (S. 156f, 159). Auch viele **andere wichtige Stationen** des **vermeintlichen Evolutionsprozesses** bleiben nach aktuellem wissenschaftlichem Stand weitgehend im Dunkeln – dazu gehört z. B. der **Ursprung der Fotosynthese** sowie die Herkunft von **menschlich aufrechtem Gang** und menschlicher **Intelligenz**; letztere spiegelt sich in **Artefakten** wie Steinwerkzeugen, Holzspeeren und Mondkalendern wider und spricht gegen unintelligente Affenmenschen (S.130f, 172, 210f).

10. Weitere, insbesondere **historische** bzw. **archäologische Argumente** zur Glaubwürdigkeit der Bibel konnten in diesem schwerpunktmäßig biologisch orientierten Dinosaurierbuch nur angerissen werden. Beispielhaft sei hier nur auf die in der Menschheitsgeschichte einzigartige und **exakte Überlieferungsgeschichte der Bibel** (S. 12, 142f) sowie auf **Argumente zur historischen Totenauferstehung** von Jesus Christus (S. 226f) verwiesen.

Insgesamt kratzen die in diesem Buch dargestellten Schöpfungsargumente **nur an der Oberfläche** der Thematik. Eine **große Zahl weiterer Beispiele** für Feinabstimmung, Konvergenzen, lebende Fossilien, Intelligentes Design in der Natur und archäologische Indizien zur Glaubwürdigkeit der Bibel finden sich in vielen Artikeln und Büchern im Literaturverzeichnis sowie auf der **Website: www.wort-und-wissen.org** unter den Rubriken „Artikel“ oder „Shop“. Der **Youtube-Kanal „Wort und Wissen“** wiederum bietet über 200 Videos – von einfachen Erklärvideos für Schüler bis hin zu Fachvorträgen zu apologetischen Themen. Einfache Überblicksartikel und Wissenschafts-News hingegen findet man bei **www.genesisnet.info**.

„… Seid aber allezeit bereit zur **Verantwortung** gegenüber jedermann, der **Rechenschaft** fordert über die Hoffnung, die in euch ist, (und zwar) mit **Sanftmut** und **Ehrerbietung**; und bewahrt ein **gutes Gewissen** …“
1. Petrus 3,15-16 (SLT)

Literatur

Allgemeine Literatur

Das Kürzel „am" bedeutet „Zugriff am".

Agresta J & Hurt AE (2018) Dino Rekorde. de Rijke H (Übersetzung und Redaktion). 1. Ed. Mailand: National Geographic Kids @ Edizioni White Star s.r.l.

Brusatte S (2018) The Rise and Fall of the Dinosaurs. The Untold Story of a Lost World. eBook. Picador.

Brusatte S (2022) The Rise and Reign of the Mammals. A New History, from the Shadow of the Dinosaurs to Us. eBook. Pan Macmillan.

Caroll C & Caroll M (Hrsg.) (2023) Als Gott die Dinosaurier schuf. Illustrationen: Carroll Jesús Sotés. Holzgerlingen: SCM R. Brockhaus.

Chinsamy-Turan A (2022) Wundervolle Welt der Dinosaurier und der Urzeit. München: Kindersley Verlag GmbH.

Darwin C (1882; dt. Übersetzung 2002) Über die Entstehung der Arten durch natürliche Zuchtwahl oder die Erhaltung der begünstigten Rassen im Kampfe ums Dasein. Nach der letzten englischen Auflage wiederholt durchgesehen von J. Victor Carus. Stuttgart: Parkland-Verlag

Fischer N, Aiglstorfer M & Herkner B (2020) Wilde Welten der Urzeit. Naturhistorisches Museum Mainz (Hrsg.) Oppenheim am Rhein: Nünnerich-Asmus Verlag & Media.

Junker R (2016) Evolution „erklärt" Sachverhalte und ihr Gegenteil. Stud. Integr. J. *23*, 4–12.

Junker R (2022) Schöpfung oder Evolution. Ein klarer Fall!? 2. Aufl. Dillenburg: Christliche Verlagsgesellschaft.

Junker R & Scherer S (Hrsg.) (2013) Evolution – Ein kritisches Lehrbuch. 7. aktual. und erw. Auflage. Gießen: Weyel.

Junker R & Widenmeyer M (Hrsg.) (2021) Schöpfung ohne Schöpfer? Eine Verteidigung des Design-Arguments in der Biologie. Holzgerlingen: SCM Hänssler.

Lindsay W (2005) Bildatlas der Dinosaurier. Starnberg: Kindersley Verlag GmbH.

Natural History Museum: Dinosaurs in Austria, am 16.11.2023, https://www.nhm.ac.uk/discover/dino-directory/country/austria/gallery.html.

Natural History Museum: Dinosaurs in Belgium, am 16.11.2023, https://www.nhm.ac.uk/discover/dino-directory/country/belgium/gallery.html.

Natural History Museum: Dinosaurs in England, am 16.11.2023, https://www.nhm.ac.uk/discover/dino-directory/country/england/gallery.html.

Natural History Museum: Dinosaurs in France, am 16.11.2023, https://www.nhm.ac.uk/discover/dino-directory/country/france/gallery.html.

Natural History Museum: Dinosaurs in Germany, am 16.11.2023, https://www.nhm.ac.uk/discover/dino-directory/country/germany/gallery.html.

Natural History Museum: Dinosaurs in Portugal, am 16.11.2023, https://www.nhm.ac.uk/discover/dino-directory/country/portugal/gallery.html.

Palme R & Palme G (1997) Dinosaurier - Faszinierende Geschöpfe. Dinosauriersteckbriefe. Über Rupert Palme zu beziehen.

Ravensburger Buchverlag (2017) Lexikon der Dinosaurier und Urzeittiere. Übersetzung: Voigt J & Kallmeyer S. Fachl. Beratung: Palmer D. Ravensburg: Ravensburger Buchverlag Otto Maier GmbH.

Schweitzer MH, Schroeter ER & Czajka CD (2021) Dinosaurs. How We Know What We Know. Boca Rato, London, New York: CRC Press.

Studiengemeinschaft Wort und Wissen (2007) DINOSAURIER – faszinierende Geschöpfe. 9. Aufl. Holzgerlingen: SCM Hänssler.

Studiengemeinschaft Wort und Wissen (2012) Naturwissenschaft bei Wort und Wissen – eine zweite Bilanz. W+W Diskussionsbeitrag 12-1, https://www.wort-und-wissen.org/disk/d12-1/.

Woodward J (2020) Dinosaurier: Die Urzeitriesen in spektakulären Bildern. München: Kindersley Verlag GmbH.

Literatur zu einzelnen Themen

A. Was wissen wir über Dinosaurier?

American Museum of Natural History: Types of Dinosaurs, am 03.04.2024, https://www.amnh.org/dinosaurs/types-of-dinosaurs.

Berman DS, Reisz RR, Martens T & Henrici AC (2001) A new species of *Dimetrodon* (Synapsida: Sphenacodontidae) from the Lower Permian of Germany records first occurrence of genus outside of North America. Can. J. Earth Sci. *38*, https://doi.org/10.1139/e00-106.

Borowicz A et al (2018) Multi-modal survey of Adélie penguin mega-colonies reveals the Danger Islands as a seabird hotspot. Sci. Rep. *8*, 3926.

Drumheller SK, Boyd CA, Barnes BMS & Householder ML (2022) Biostratinomic alterations of an *Edmontosaurus* "mummy" reveal a pathway for soft tissue preservation without invoking "exceptional conditions". PLoS ONE *17*, e0275240.

Endevelt-Shapira Y et al. (2021) Maternal chemosignals enhance infant-adult brain-to-brain synchrony. Sci. Adv. *7*, eabg6867.

Grossmann L (2009) Three dino types may be just three dino ages, vom 27.10.2009, https://www.sciencenews.org/article/three-dino-types-may-be-just-three-dino-ages.

Horner J & Makela R (1979) Nest of juveniles provides evidence of family structure among dinosaurs. Nature *282*, 296–298.

Horner JR & Goodwin MB (2009) Extreme Cranial Ontogeny in the Upper Cretaceous Dinosaur *Pachycephalosaurus*. PLoS ONE *4*, e7626.

Horner JR (2011) The shape-shifting skulls of dinosaurs | Jack Horner | TEDxVancouver, vom 13.04.2011, https://www.youtube.com/watch?v=xYbMXzBwplo.

Manz A (2022) Streit um Dinosaurier-Eier. Hatten die ersten Dino-Eier eine harte oder eine weiche Schale? vom 04.11.2022, https://www.scinexx.de/news/biowissen/streit-um-dinosaurier-eier/.

Mark BG & David CE (2016) The early expression of squamosal horns and parietal ornamentation confirmed by new end-stage juvenile *Pachycephalosaurus* fossils from the Upper Cretaceous Hell Creek Formation, Montana. J. Vertebr. Paleontol. *36*, 2.

Schlott K (2022) Stücke versteinerter Dinosaurierhaut, vom 13.10.2022, https://www.spektrum.de/news/kreidezeit-stuecke-versteinerter-dinosaurierhaut/2067024.

Scholl B (2022a) Der Einfluss von Müttern auf die Gehirnentwicklung ihrer Babys. W+W Online-Artikel vom 25.04.2022, https://www.wort-und-wissen.org/artikel/sind-muetter-wichtig/.

Scholl B (2022b) Widersprüchliche Zahnevolution. Ausgestorbene Reptilien und Säugetiere widersetzen sich Stammbaumrekonstruktionen. Stud. Integr. J. *29*, 72–79.

Scholl B (2023) Eine kreative Rezension: „Als Gott die Dinosaurier schuf". Didaktische Hinweise zur Nutzung dieses Dinosaurier-Kinderbuches über Theistische Evolution, https://www.wort-und-wissen.org/rezension/als-gott-die-dinosaurier-schuf/.

Shalev BA (2003) 100 Years of Nobel Prizes. New Delhi: Atlantic publishers and distributors.

B. Saurier und die Schöpfungswoche

BBC News (2011) Fossil 'suggests plesiosaurs did not lay eggs', vom 12.08.2011, https://www.bbc.com/news/science-environment-14447187.

Bechly G (2024) Fossil Friday: Discontinuities in the Fossil Record – A Problem for Neo-Darwinism, vom 10.05.2024, https://evolutionnews.org/2024/05/fossil-friday-discontinuities-in-the-fossil-record-a-problem-for-neo-darwinism/.

Carey B (2005) Dung Reveals Dinosaurs Ate Grass, vom 17.11.2005, https://www.livescience.com/3912-dung-reveals-dinosaurs-ate-grass.html.

Castro J (2022) Pterodactyl, Pteranodon & Other Flying 'Dinosaurs', vom 13.10.2022, https://www.livescience.com/24071-pterodactyl-pteranodon-flying-dinosaurs.html.

Craig WL (2015) On Guard. Mit Verstand und Präzision den Glauben verteidigen. Neuried b. München: Christlicher Veranstaltungs- und Mediendienst.

Gill FL et al. (2018) Diets of giants: the nutritional value of sauropod diet during the Mesozoic. Rapid Communication, https://doi.org/10.5061/dryad.9j92p2b.

Ham K (2009) Dinosaurs for Kids. Green Forest: Master Books Inc.

Ham K (2015) Dinosaurs of Eden (Revised & Updated): Did Adam and Noah Live with Dinosaurs? Green Forest: Master Books Inc.

Junker R (Hrsg.) (2016) Genesis, Schöpfung und Evolution. Beiträge zur Auslegung und Bedeutung des ersten Buches der Bibel. Studium Integrale. Holzgerlingen: SCM Hänssler.

Kirschner J & Hoorn C (2019) The onset of grasses in the Amazon drainage basin, evidence from the fossil record. Frontiers of Biogeography *12*, doi: 10.21425/F5FBG44827.

Klatt R (2023) Balaenognathus maeuseri: Ungewöhnliche Flugsaurierart in Deutschland entdeckt, vom 25.01.2023, https://www.forschung-und-wissen.de/nachrichten/archaeologie/ungewoehnliche-flugsaurierart-in-deutschland-entdeckt-13377047.

Krabbe A & Pailer N (2023) Der vermessene Kosmos. Holzgerlingen: SCM Hänssler.

Lukeneder A, Zverkov N, Kaurin C & Blüml V (2022) First Early Cretaceous ichthyosaurs of Austria and the problem of Jurassic–Cretaceous ichthyosaurian faunal turnover. Cretac. Res. *136*, 105224.

Manz A (2022) Ältestes Pterodactylus-Fossil in Deutschland entdeckt. Kleiner Flugsaurier flog schon vor 152 Millionen Jahren über die Fränkische Alb, 1.12.2022, https://www.scinexx.de/news/biowissen/aeltestes-pterodactylus-fossil-in-deutschland-entdeckt/.

O'Keefe FR & Chiappe LM (2011) Viviparity and K-Selected Life History in a Mesozoic Marine Plesiosaur (Reptilia, Sauropterygia). Science *333*, 870–873.

Pailer N (2024) Licht.Welten. Spurensuche eines Astrophysikers. 3. Auflage. Holzgerlingen: SCM Hänssler.

Prasad V et al. (2005) Dinosaur Coprolites and the Early Evolution of Grasses and Grazers. Science *370*, 1177–1180.

Sander PM, De Villar PRP, Furrer H & Wintrich T (2021) Giant Late Triassic ichthyosaurs from the Kössen Formation of the Swiss Alps and their paleobiological implications. J. Vertebr. Paleontol. *41*, e2046017.

Simonite T (2005) Dinosaurs munched on grassy snacks. Nature News vom 17.11.2005, https://doi.org/10.1038/news051114-13.

Smith AS (2011) An old debate settled – plesiosaurs gave birth to live young, vom 11.08.2011, https://plesiosauria.com/an-old-debate-settled-plesiosaurs-gave-birth-to-live-young/.

Widenmeyer M (Hrsg.) (2021) Das geplante Universum. Wie die Wissenschaft auf Schöpfung hindeutet. 3. Aufl. Holzgerlingen: SCM Hänssler.

C. Saurier und der Sündenfall

Benson RBJ et al. (2014) Rates of Dinosaur Body Mass Evolution Indicate 170 Million Years of Sustained Ecological Innovation on the Avian Stem Lineage. PLoS Biol *12*, e1001853, Dataset S1.

Castro J (2016a) Allosaurus: Facts About the 'Different Lizard', vom 15.03.2016, https://www.livescience.com/24815-allosaurus.html.

Castro J (2016b) Giganotosaurus: Facts about the 'Giant Southern Lizard', vom 17.03.2016, https://www.livescience.com/24642-giganotosaurus.html.

Castro J (2016c) Stegosaurus: Bony Plates & Tiny Brain, vom 18.03.2016, https://www.livescience.com/24184-stegosaurus-facts.html.

Castro J (2016d) Triceratops: Facts About the Three-Horned Dinosaur, vom 18.03.2016, https://www.livescience.com/24011-triceratops-facts.html.

Castro J (2016e) Velociraptor: Facts about the 'Speedy Thief', vom 18.03.2016, https://www.livescience.com/23922-velociraptor-facts.html.

Castro J (2017) Ankylosaurus: Facts About the Armored Dinosaur, vom 10.03.2017, https://www.livescience.com/25222-ankylosaurus.html.

Castro J / Geggel L (2024) Tyrannosaurus Rex: Facts about T. Rex, King of the Dinosaurs, vom 01.04.2024, https://www.livescience.com/23868-tyrannosaurus-rex-facts.html.

D'Anastasio R et al. (2022) Histological and chemical diagnosis of a combat lesion in *Triceratops*. Sci. Rep. *12*, 3941.

Dengler R (2018) *Archaeopteryx* may have been the first feathered dino to go airborne on its own. Science News vom 13.03.2018, doi: 10.5555/article.2389122.

Greshko M (2020) Dino-Duell: T. rex und Triceratops wurden womöglich im Kampf zu einem Fossil, vom 19.11.2020, https://www.nationalgeographic.de/wissenschaft/2020/11/dino-duell-t-rex-und-triceratops-wurden-womoeglich-im-kampf-zu-einem-fossil.

Han G et al. (2023) An extraordinary fossil captures the struggle for existence during the Mesozoic. Sci. Rep. *13*, 11221.

Hone D (2022) Paleontologist Rates 10 Dinosaur Scenes In Movies And TV | How Real Is It? vom 15.02.2022, ab Min. 3:55, https://www.youtube.com/watch?app=desktop&v=hmfvonGPU2Y.

Junker R (2022) Stummelarme bei T. rex, vom 25.06.22, https://www.genesisnet.info/index.php?News=274.

Junker R (Hrsg.) (2016) Genesis, Schöpfung und Evolution. Beiträge zur Auslegung und Bedeutung des ersten Buches der Bibel. Studium Integrale. Holzgerlingen: SCM Hänssler.

Manz A (2023a) Vorläufer der Dinosaurier war gepanzert. 235 Millionen Jahre altes Saurierfossil überrascht mit Knochenplatten auf dem Rücken, vom 07.08.2023, https://www.scinexx.de/news/biowissen/vorlaeufer-der-dinosaurier-war-gepanzert/.

Manz A (2023b) Wer waren die Dinosaurier Europas? Den rätselhaften Rhabdodontiden von Europas Inseln auf der Spur, vom 07.09.2023, https://www.scinexx.de/news/biowissen/wer-waren-die-dinosaurier-europas/.

Menne K (2023) Gut gegessen, Gorgosaurus?, vom 13.12.2023, https://www.spektrum.de/news/versteinerter-mageninhalt-eines-tyrannosauriers-enthuellt-beute/2201301.

Ortega RP (2023a) *T. rex* had lips, new study suggests. Science News vom 30.03.2023, doi: 10.1126/science.adi0479.

Ortega RP (2023b) First-of-its-kind tyrannosaur fossil reveals what younglings ate. Science News vom 08.12.2023, doi: 10.1126/science.zhd4cuu.

Spektrum (1999) Lexikon der Biologie: Eudimorphodon, am 08.12.2023, https://www.spektrum.de/lexikon/biologie/eudimorphodon/22832.

D. Genial designte Dinosaurier und lebende Fossilien

Abella J et al. (2012) *Kretzoiarctos gen. nov.*, the Oldest Member of the Giant Panda Clade. PLoS One *7*, e48985.

American Museum of Natural Historiy (2006) Earliest Rabbit Fossil Found, Suggests Modern Mammal Group Emerged As Dinosaurs Faced Extinction, vom 05.02.2006, https://www.amnh.org/research/science-news/2006/earliest-rabbit-fossil-found-suggests-modern-mammal-group-emerged-as-dinosaurs-faced-extinction.

American Museum of Natural History: Sauropod Dinosaur Babies, am 16.11.2023, https://www.amnh.org/exhibitions/sauropods-worlds-largest-dinosaurs/outside-mamenchisaurus/sauropod-dinosaur-babies.

Apesteguía S, Gómez RO & Rougier GW (2014) The youngest South American rhynchocephalian, a survivor of the K/Pg extinction. Proc. R. Soc. B. *281*, 20140811.

Archibald J, Averianov A & Ekdale E (2001) Late Cretaceous relatives of rabbits, rodents, and other extant eutherian mammals. Nature *414*, 62–65.

Baron MG (2020) Difficulties with the origin of dinosaurs: a short comment on the current debate. Palaeovertebrata *43* (1)-e3.

Batten D (2013) Modern birds found with dinosaurs. Are museums misleading the public? Creation magazine *34*, 48–50.

Bauer K et al. (2013) Fossil ginkgophyte seedlings from the Triassic of France resemble modern *Ginkgo biloba*. BMC Evol Biol *13*, 177.

Bayerisches Landesamt für Umwelt: Fossillagerstätte Solnhofener Plattenkalke, am 16.11.2023, https://www.lfu.bayern.de/geologie/bayerns_schoenste_geotope/71/index.htm.

Becker RE, Valverde RA & Crother BI (2010) Proopiomelanocortin (POMC) and testing the phylogenetic position of turtles (Testudines). J. Zool. Syst. Evol. Res. *49*, 148–159.

Bennett CV et al. (2017) Data from: Deep time diversity of metatherian mammals: implications for evolutionary history and fossil–record quality, Dryad, Dataset, https://doi.org/10.5061/dryad.bt651.

Biddle D (2017) How Do Dinosaurs Fit into the Bible? Scientific Evidence That Dinosaurs Lived Recently. Genesis Apologetics.

Bomfleur B, Blomenkemper P, Kerp H & McLouglin S (2018) Chapter 24 - Polar Regions of the Mesozoic–Paleogene Greenhouse World as Refugia for Relict Plant Groups. In: Krings M et al. (eds.) Transformative Paleobotany. Academic Press, S. 593–611.

Bomfleur B, Grimm GW & McLoughlin S (2017) The fossil Osmundales (Royal Ferns)—a phylogenetic network analysis, revised taxonomy, and evolutionary classification of anatomically preserved trunks and rhizomes. PeerJ *5*, e3433.

Castro J (2016) Apatosaurus: Facts About the 'Deceptive Lizard', vom 16.03.2023, https://www.livescience.com/25093-apatosaurus.html.

Castro J (2018) Archaeopteryx: Facts about the Transitional Fossil, vom 14.03.2018, https://www.livescience.com/24745-archaeopteryx.html.

Castro J (2022) Pterodactyl, Pteranodon & Other Flying 'Dinosaurs', vom 13.10.2022, https://www.livescience.com/24071-pterodactyl-pteranodon-flying-dinosaurs.html.

Chiappe LM & Dyke GJ (2002) The Mesozoic Radiation of Birds. Annu. Rev. Ecol. Evol. Syst. *33*, 91–124.

Close RA et al. (2015) Evidence for a Mid-Jurassic Adaptive Radiation in Mammals. Curr. Biol. *25*, 2137–2142.

Contreras DL et al. (2019) Reconstructing the Early Evolution of the Cupressaceae: A Whole-Plant Description of a New Austrohamia Species from the Cañadón Asfalto Formation (Early Jurassic), Argentina. Int. J. Plant. Sci. *180*, 834–868.

CORDIS. Forschungsergebnisse der EU (2008) Schnabeltierstudie deckt eigenartige genetische Bauweise auf, vom 02.06.2008, https://cordis.europa.eu/article/id/29503-platypus-study-reveals-strange-genetic-makeup/de.

Cserhati M, Thomas B & Tay J (2020) Hierarchical clustering in dinosaur baraminology studies. Is Archaeopteryx a part of the same baramin as land-based dinosaurs? Journal of Creation *34*, 53–63.

de Lazaro E (2022) Cretaceous-Period Softshell Turtle Lived alongside Giant Dinosaurs, vom 14.05.2022, https://www.sci.news/paleontology/hutchemys-walkerorum-10616.html.

Dong L et al. (2022) A new stem-varanid lizard (Reptilia, Squamata) from the early Eocene of China. Phil. Trans. R. Soc. B *377*, 20210041.

Eldridge MDB et al. (2019) An emerging consensus in the evolution, phylogeny, and systematics of marsupials and their fossil relatives (Metatheria). J. Mammal. *100*, 802–837.

Erickson GM et al. (2017) Dinosaur incubation periods directly determined from growth-line counts in embryonic teeth show reptilian-grade development. PNAS *114*, 540–545.

Evans SE & Jones MEH (2010) The Origin, Early History and Diversification of Lepidosauromorph Reptiles, S. 27–44. In: Bandyopadhyay S (ed.), New Aspects of Mesozoic Biodiversity, 27 Lecture Notes in Earth Sciences *132*.

FAZ (2008) Erbgut des Schnabeltiers analysiert: Ein recht verrücktes Tier, vom 07.05.2008, https://www.faz.net/aktuell/wissen/natur/erbgut-des-schnabeltiers-analysiert-ein-recht-verruecktes-tier-1540089.html.

Flannery TF et al. (2022) A review of monotreme (Monotremata) evolution. Alcheringa *46*, 1, 1–20.

Florida State University (2017) How long did it take to hatch a dinosaur egg? 3-6 months, vom 17.02.2017, www.sciencedaily.com/releases/2017/01/170102155018.htm.

Foley NM et al. (2023) A genomic timescale for placental mammal evolution. Science *380*, eabl8189.

Gaffney ES (2011) Evolution of the Side-Necked Turtles: The Family Podocnemididae. Bull. Am. Mus. Nat. Hist. *350*, 1–237.

GeoSphere Austria: Paläoklima / 4,6 Mrd. Jahre, am 14.06.2024, https://www.zamg.ac.at/cms/de/klima/informationsportal-klimawandel/klimavergangenheit/palaeoklima/4-6-mrd.-jahre.

Gheerbrant E (2009) Paleocene emergence of elephant relatives and the rapid radiation of African ungulates. PNAS *106*, 10717–10721.

Horner JR & Goodwin MB (2006) Major cranial changes during *Triceratops* ontogeny. Proc. R. Soc. B. *273*, 2757–2761.

Hou L, Zhou Z, Gu Y & Zhang H (1995) *Confuciusornis sanctus*, a new Late Jurassic sauriurine bird from China. Chinese Science Bulletin *40*, 1545–1551.

Jasinski SE et al. 2022. A softshell turtle (Testudines: Trionychidae: Plastomeninae) from the uppermost Cretaceous (Maastrichtian) Hell Creek Formation, North Dakota, USA, with implications for the evolutionary relationships of plastomenines and other trionychids. Cretaceous Res. *135*, 105172.

Jones ME et al. (2013) Integration of molecules and new fossils supports a Triassic origin for Lepidosauria (lizards, snakes, and tuatara). BMC Evol. Biol. *13*, 208.

Joyce WG (2014) A Review of the Fossil Record of Turtles of the Clade *Pan-Carettochelys*. Bull. Peabody Mus. Nat. Hist. *55*, 3–33.

Junker R & Scholl B (2024) Angiospermen: Der Stammbaum steht auf dem Kopf, vom 02.01.2024, https://www.genesisnet.info/?News=328.

Junker R (2000) Dinosaurier wuchsen schnell. Stud. Integr. J. *7*, 40–46.

Junker R (2011) Der Ursprung der Schildkröten. Genesisnet-Artikel vom 10.10.2011, https://www.genesisnet.info/pdfs/Der_Ursprung_der_Schildkroeten.pdf.

Junker R (2012) Hoatzin: Schräger Vogel mit verzwickter Biogeographie. Stud. Integr. J. *19*, 56–57.

Junker R (2015) Buntes Merkmalsmosaik: Ein „Schnabeltier" unter den Raubdinosauriern, vom 19.05.2015, http://www.genesisnet.info/schoepfung_evolution/n227.php.

Junker R (2017a) *Anchiornis* – nur „fast ein Vogel"? Stud. Integr. J. *24*, 102–104.

Junker R (2017b) Dino-Federvieh – Zum Ursprung von Vogelfeder und Vogelflug. W+W Special Paper B-17-1, https://www.wort-und-wissen.org/artikel/dino-federvieh-zum-ursprung-von-vogelfeder-und-vogelflug/.

Junker R (2019) Sind Vögel Dinosaurier? Eine kritische Analyse fossiler Befunde. W+W Special Paper B-19-4, https://www.wort-und-wissen.org/artikel/sind-voegel-dinosaurier-eine-kritische-analyse-fossiler-befunde/.

Junker R (2023) Flugsaurier ähnlich wie Vögel entstanden? Stud. Integr. J. *30*, 63–64.

Junker R (2024a) Confuciusornis: Alter Vogel mit hoher Flugkunst, vom 14.02.2024, https://www.genesisnet.info/index.php?News=332.

Junker R (2024b) War „Aufscheuchen" die erste Funktion flächiger Federn, vom 22.02.2024, https://www.genesisnet.info/index.php?News=333.

Junker R (Hrsg.) (2016) Genesis, Schöpfung und Evolution. Beiträge zur Auslegung und Bedeutung des ersten Buches der Bibel. Studium Integrale. Holzgerlingen: SCM Hänssler.

Kemp TS (2005) The Origin and Evolution of Mammals. Oxford University Press.

Kleesattel W (2001) Die Welt der lebenden Fossilien: Eine Reise in die Urzeit. wpg Theiss in Wissenschaftliche Buchgesellschaft.

Klinghoffer D (2022) "Bizarre Bird" Highlights the Problem of Biogeography, vom 18.07.2022, https://evolutionnews.org/2022/07/bizarre-bird-highlights-the-problem-of-biogeography/.

Kurochkin EN, Dyke GJ & Karhu AA (2002) A New Presbyornithid Bird (Aves, Anseriformes) from the Late Cretaceous of Southern Mongolia. Am. Mus. Novit. *3386*, 1–11.

Lamm L (2023) Sagenhafte 15 Meter: Dieser Dinosaurier hatte den längsten Hals von allen, vom 17.03.2023, https://www.nationalgeographic.de/geschichte-und-kultur/2023/03/sensationsfund-aus-dem-jura-dino-mit-15-meter-langem-hals-sauropode-saurier.

Lange M (2008) Entziffertes Schnabeltier, vom 08.05.2008, https://www.deutschlandfunk.de/entziffertes-schnabeltier-100.html.

Li CK et al. (2016) A new mimotonidan Mina hui (Mammalia, Glires) from the Middle Paleocene of Qianshan, Anhui, China. Vertebrata PalAsiatica *54*, 121–136.

Longrich NR & Field DJ (2012) *Torosaurus* Is Not *Triceratops*: Ontogeny in Chasmosaurine Ceratopsids as a Case Study in Dinosaur Taxonomy. PLoS One *7*, e32623.

Luo ZX & Wible JR (2005) A Late Jurassic digging mammal and early mammalian diversity. Science *308*, 103–107.

Luskin C (2011) The Case of the Mysterious Hoatzin: Biogeography Fails Neo-Darwinism Again, vom 05.11.2011, https://evolutionnews.org/2011/11/the_case_of_the_mysterious_hoa/.

Ma QW et al. (2021) Compressions of *Sequoia* (Cupressaceae *sensu lato*) from the Middle Jurassic of Daohugou, Ningcheng, Inner Mongolia, China. Palaeobio. Palaeoenv. *101*, 25–33.

Manz A (2022) Sauropoden – dem Gigantismus auf der Spur. Warum die langhalsigen Dinosaurier so riesig waren, vom 11.11.2022, https://www.scinexx.de/service/dossier_print_all.php?dossierID=263021.

Mayr G (2009) Paleogene Fossil Birds. Berlin, Heidelberg: Springer-Verlag.

Mayr G, Alvarenga H & Mourer-Chauviré C (2011) Out of Africa: Fossils shed light on the origin of the hoatzin, an iconic Neotropic bird. Naturwissenschaften *98*, 961.

Mayr G, De Pietri VL (2014) Earliest and first Northern Hemispheric hoatzin fossils substantiate Old World origin of a "Neotropic endemic". Naturwissenschaften *101*, 143–148.

Mayr G, Peters SD, Plodowski G & Vogel O (2002) Bristle-like integumentary structures at the tail of the horned dinosaur *Psittacosaurus*. Naturwissenschaften *89*, 361–365.

Moore AJ et al. (2023) Re-assessment of the Late Jurassic eusauropod *Mamenchisaurus sinocanadorum* Russell and Zheng, 1993, and the evolution of exceptionally long necks in mamenchisaurids. J. Syst. Palaeontol. *21*, 1.

Nalewicki J (2023) 125 million-year-old dinosaur feathers were remarkably similar to modern bird feathers, analysis reveals, vom 27.09.2023, https://www.livescience.com/animals/dinosaurs/125-million-year-old-dinosaur-feathers-were-remarkably-similar-to-modern-bird-feathers-analysis-reveals.

Nesbitt SJ et al. (2023) The earliest-diverging avemetatarsalian: a new osteoderm-bearing taxon from the Triassic (?Earliest Late Triassic) of Madagascar and the composition of avemetatarsalian assemblages prior to the radiation of dinosaurs. Zool. J. Linn. Soc. *199*, 327–353.

Olson SL (1985) The Fossil Record of Birds. In: Avian Biology, 79–238. Academic Press.

Pereira AG et al. (2017) Multilocus phylogeny and statistical biogeography clarify the evolutionary history of major lineages of turtles. Mol. Phylogenetics Evol. *113*, 59–66.

Phillips MJ & Fruciano C (2018) The soft explosive model of placental mammal evolution. BMC Evol. Biol. *18*, 104.

Prasad V et al. (2011) Late Cretaceous origin of the rice tribe provides evidence for early diversification in Poaceae. Nat. Commun. *2*, 480.

Payer B & Lee JT (2008) X Chromosome Dosage Compensation: How Mammals Keep the Balance. Annu. Rev. Genet. *42*, 733–772, v. a. S. 737f.

Rauhut OWM, Martin T, Ortiz-Jaureguizar E & Puerta PF (2002) A Jurassic mammal from South America. Nature *416*, 165–168.

Rio JP & Mannion PD (2021) Phylogenetic analysis of a new morphological dataset elucidates the evolutionary history of Crocodylia and resolves the long-standing gharial problem. PeerJ *9*, e12094.

Rougier GW, Martinelli AG, Forasiepi AM & Novacek MJ (2007) New Jurassic Mammals from Patagonia, Argentina: A Reappraisal of Australosphenidan Morphology and Interrelationships. Am. Mus. Novit. *3566*, 1–54.

Rowe T et al. (2008) The oldest platypus and its bearing on divergence timing of the platypus and echidna clades. PNAS *105*, 1238–1242.

Rüschemeyer G (2005) Das gottlose Schnabeltier, vom 24.07.2006, https://www.faz.net/aktuell/wissen/natur/fauna-das-gottlose-schnabeltier-1355640.html.

Saltzmann B (2022) Dynamical Paleoclimatology: Generalized Theory of Global Climate Change. Academic Press. San Diego / London.

Sander PM et al. (2011) Biology of the sauropod dinosaurs: the evolution of gigantism. Biol. Rev. Camb. Philos. Soc. *86*, 117–155.

Scannella J & Horner JR (2010) *Torosaurus* Marsh, 1891, is *Triceratops* Marsh, 1889 (Ceratopsidae: Chasmosaurinae): synonymy through ontogeny. J. Vertebr. Paleontol. *30*, 1157–1168.

Scholl B (2022) Viele Saurier waren „gleichwarm" – Die völlig unsystematische Verteilung der Endothermie. Stud. Integr. J. *29*, 127.

Scholl B (2023) Moderne Algen sind älter als die Kambrische Explosion. Stud. Intergr. J. 30, 65f.

Scholl B (2024) Die ältesten fossilen Fische: Große Vielfalt seit Beginn der fossilen Überlieferung. W+W Online-Artikel, https://www.wort-und-wissen.org/artikel/die-aeltesten-fossilen-fische/.

Scholl B & Junker R (2024) Der „bizarre Frankenstein-Dinosaurier" *Chilesaurus*. Wie ein Fossil den Dinosaurier-Stammbaum durcheinanderwirbelt. Stud. Integr. J. *31*, 13–21.

Schwarz D et al. (2019) Ultraviolet light illuminates the avian nature of the Berlin *Archaeopteryx* skeleton. Sci. Rep. *9*, 6518.

Schwarz-Wings D et al. (2010) Mechanical implications of pneumatic neck vertebrae in sauropod dinosaurs.

Proc. Biol. Sci. *277*, 1678, https://doi.org/10.1098/rspb.2009.1275.

science ORF.at (2021) Wie das Schnabeltier zu zehn Sex-Chromosomen kam, vom 07.10.2021, https://science.orf.at/stories/3203953/.

Simões TR, Kinney-Broderick G & Pierce SE (2022) An exceptionally preserved *Sphenodon*-like sphenodontian reveals deep time conservation of the tuatara skeleton and ontogeny. Commun. Biol. *5*, 195.

Spektrum (2014) Schnabeltier besitzt fünf Paar Geschlechtschromosomen, vom 27.10.2014, https://www.spektrum.de/news/schnabeltier-besitzt-fuenf-paar-geschlechtschromosomen/763214.

Stidham T (1999) Did parrots exist in the Cretaceous period? Nature *399*, 318.

Süddeutsche Zeitung (2010) Schnabeltier-Erbgut entschlüsselt: Säuger, Vogel und Reptil, vom 11.05.2010, https://www.sueddeutsche.de/wissen/schnabeltier-erbgut-entschluesselt-saeuger-vogel-und-reptil-1.180530.

Taylor G (2023) Marsupials in Australia—an act of God? Journal of Creation *37*, 3–6.

Thenius E (2000) Lebende Fossilien: Oldtimer der Tier- und Pflanzenwelt. Zeugen der Vorzeit. München: Dr. Friedrich Pfeil.

Thomas M (2006) Mammalian evolution in the Mesozoic – recent advances and perspectives. 4th Swiss Geoscience Meeting, Bern 2006, https://geo-science-meeting.ch/sgm2006/SGM06_abstracts/04_Tertiary_and_Quaternary/Martin_Thomas_Talk.pdf.

Tong H, Li L & Ouyang H (2014) A revision of *Sinaspideretes wimani* Young & Chow, 1953 (Testudines: Cryptodira: Trionychoidae) from the Jurassic of the Sichuan Basin, China. Geol. Mag. *151*, 600–610.

Ullrich H (2012) Verwirrende Konvergenzen. Zur Evolution des Mittelohres der Säugetiere. Stud. Integr. J. *19*, 20–33.

Ullrich H (2015) Wann entstanden die modernen Säugetiere? Einsichten aus Fossilien, Molekülen und Datierungen. Stud. Integr. J. *22*, 23–29.

Ullrich H (2023) Modernes Mittelohr bei alten Säugetieren. Stud. Integr. J. *31*, 51–54.

Universität Wien (2021) Die außergewöhnliche Entwicklung von Schnabeltier, Emu und Ente, vom 07.01.2021, https://medienportal.univie.ac.at/media/aktuelle-pressemeldungen/detailansicht/artikel/die-aussergewoehnliche-entwicklung-von-schnabeltier-emu-und-ente/.

van den Hoek Ostende LW, Furió M, Madern A & Prieto J (2016) Enters the shrew, some considerations on the Miocene palaeobiogeography of Iberian insectivores. Comptes Rendus Palevol. *15*, 813–823.

Villa A, Montie R, Röper M, Rothgaenger M & Rauhut OWM (2021) *Sphenofontis velserae* gen. et sp. nov., a new rhynchocephalian from the Late Jurassic of Brunn (Solnhofen Archipelago, southern Germany). PeerJ *9*, e11363.

Vinther J et al. (2016) 3D Camouflage in an Ornithischian Dinosaur. Curr. Biol. *26*, 18, 2456–2462.

Voeten DFAE et al. (2018) Wing bone geometry reveals active flight in *Archaeopteryx*. Nat. Commun. *9*, 923.

Walton DW & Richardson BJ (eds.) (1989) Fauna of Australia: Volume 1B Mammalia. Canberra Australian Government Publishing Service, Links zu den einzelnen Kapiteln: https://www.dcceew.gov.au/science–research/abrs/publications/fauna–of–australia/fauna–1b.

Wang R et al. (2022) A new confuciusornithid bird with a secondary epiphyseal ossification reveals phylogenetic changes in confuciusornithid flight mode. Commun. Biol. *5*, 1398.

Warren WC et al. (2008) Genome analysis of the platypus reveals unique signatures of evolution. Nature *453*, 175–183.

Wedel MJ (2007) Aligerando a los gigantes (Lightening the giants). iFundamental! *12*, 1–84 [in Spanish, with English translation], https://sauroposeidon.files.wordpress.com/2010/04/wedel-2007-fundamental.pdf.

Wilhelm K (2023) Irrtum Phylogenese: Das nachgewiesene Potenzial des Artenwandels. Baden-Baden: Deutscher Wissenschaftsverlag.

Williamson TE, Brusatte SL & Wilson GP (2014) The origin and early evolution of metatherian mammals: The Cretaceous record. ZooKeys *465*, 1–76.

WWF (2021) Der Seeadler – größter Greifvogel Europas, vom 07.10.2021, https://www.wwf.de/themen-projekte/bedrohte-tier-und-pflanzenarten/adler/seeadler.

Zhou CF et al. (2013) A Jurassic mammaliaform and the earliest mammalian evolutionary adaptations. Nature *500*, 163–167.

Zhou Y et al. (2021) Platypus and echidna genomes reveal mammalian biology and evolution. Nature *592*, 756–762.

Zhou ZY (2009) An overview of fossil Ginkgoales. Palaeoworld *18*, 1–22.

E. Passten die Saurier in die Arche?

Aaron M (2014) Discerning tyrants from usurpers: a statistical baraminological analysis of Tyrannosauroidea yielding the first dinosaur holobaramin. Answers Research Journal *7*, 459–477.

AGF American Goat Federation: Breeds of Goats, am 21.03.2024, https://americangoatfederation.org/breeds-of-goats-2/.

Alexander vom Stein (2024) land:läufer. Die Tiere des Feldes. Lychen: Daniel Verlag.

American Museum of Natural History: Sauropod Dinosaur Babies, am 14.06.2024, https://www.amnh.org/exhibitions/sauropods-worlds-largest-dinosaurs/outside-mamenchisaurus/sauropod-dinosaur-babies.

Ark Encounter (2017a) Ark Survival 101: Animal Care, vom 18.05.2017, https://arkencounter.com/blog/2017/05/18/ark-survival-101-animal-care/.

Ark Encounter (2017b) Ark Survival 101: Lighting and Ventilation, vom 31.08.2017, https://arkencounter.com/blog/2017/08/31/ark-survival-101-lighting-and-ventilation/.

Ark Encounter (2020) How Did All the Land Animal Kinds Fit Inside the Ark?, vom 21.02.2020, https://arkencounter.com/blog/2020/02/21/how-did-all-the-land-animal-kinds-fit-inside-the-ark/.

Battenflied JR (1971) ATRA-HASIS: A Survey. Grace Theological Journal 12.2, 3-22, https://biblicalelearning.org/wp-content/uploads/2022/01/Battenfield-Atra-Hasis-GTJ.pdf.

BBC News (2021) Baby tyrannosaurs dinosaurs were the 'size of a Border Collie', vom 25.02.2021, https://www.bbc.com/news/uk-scotland-edinburgh-east-fife-55796799.

Behe MJ (2019) Darwin Devolves. The New Science About DNA That Challenges Evolution. New York. Kindle-Version, v. a. S. 94–136.

Belknap M & Chaffey T (2019) How Could All the Animals Fit on the Ark? vom 02.04.2019, https://answersingenesis.org/noahs-ark/how-could-all-animals-fit-ark/.

Black R (2021) An Ode to the World's Most Average Dinosaurs, vom 10.05.2021, https://www.smithsonianmag.com/science-nature/ode-worlds-most-average-dinosaurs-180977614/.

Blackburn TM & Gaston KJ (1994) The Distribution of Body Sizes of the World's Bird Species. Oikos *70*, 127–130.

Boback SM & Guyer C (2003) Empirical evidence for an optimal body size in snakes. Evolution *57*, 345–351.

Bomfleur B, McLoughlin S & Vajda V (2014) Fossilized Nuclei and Chromosomes Reveal 180 Million Years of Genomic Stasis in Royal Ferns. Science *343*, 1376–1377.

Brandt M (2000) Gehirn. Sprache. Artefakte. Fossile und archäologische Zeugnisse zum Ursprung des Menschen. Studium Integrale. Holzgerlingen: SCM Hänssler.

Brandt M (2018) Merkmalsnetz statt Stammbaum. Neues Vernetzungsmodell in der Paläanthropologie ähnelt Verwandtschaftsverhältnissen im Grundtyp Mensch. Stud. Integr. J. *25*, 47–51.

Brandt M (2022) *Homo erectus* mit modern menschlichem Hörvermögen. Stud. Integr. J. *29*, 113–115.

Brandt M (2023) Frühe Homininen. Eine Bestandsaufnahme anhand fossiler und archäologischer Zeugnisse. 2. stark erw. Aufl. Studium Integrale Special. Holzgerlingen: SCM Hänssler.

Brian T (2010) A Round Noah's Ark? vom 15.01.2010, https://www.icr.org/article/round-noahs-ark/.

Brian T (2014) Cuneiform Reed-Ark Story Doesn't Float, vom 10.02.2014, https://www.icr.org/article/cuneiform-reed-ark-story-doesnt-float.

Brusatte S (2022b) How long did it take dinosaur eggs to hatch? vom 23.02.2022, https://www.sciencefocus.com/planet-earth/dinosaur-eggs-hatch.

Castro J (2016) Brachiosaurus: Facts About the Giraffe-like Dinosaur, vom 16.03.2016, https://www.livescience.com/25024-brachiosaurus.html.

Catalogue of Life, Zugriff am 28.3.23, https://www.catalogueoflife.org/data/taxon.

Chaffey T & Welch L (eds.) (2016) Inside Noah's Ark: Why It Worked. Illustrated Edition. Master Books Inc. Kindle Edition.

Chaffey T (2019) Did Noah Bring Seven or Fourteen Clean Animals onto the Ark? vom 01.02.2019, https://answersingenesis.org/noahs-ark/did-noah-bring-fourteen-or-seven-animals/.

Crompton N (2019) Mendel'sche Artbildung und die Entstehung der Arten. W+W Special Paper B-19-3, https://www.wort-und-wissen.org/wp-content/uploads/b-19-3_mendel.pdf.

Dalley S (1991) Myths From Mesopotamia. Creation, The Flood, Gilgamesh And Others. A new translation by Stephanie Dalley. World's Classics. Oxford University Press.

Finkel I (2014) The Ark Before Noah: Decoding the Story of the Flood. Hachette UK.

Focus Online (2015) Carl von Linné. Gottes Schöpfungsordner, vom 09.09.2015, https://www.focus.de/wissen/natur/gottes-schoepfungsordner-carl-von-linne_id_1964372.html.

Gitt W (2000) Das sonderbarste Schiff der Weltgeschichte. Sonderdruck aus Fundamentum 3/2000, https://bruderhand.de/download/Werner_Gitt/pdf/deutsch/Das_sonderbarste_Schiff_der_Weltgeschichte.pdf.

Guiness World Records (2013) Largest living cat, am 21.03.2024, https://www.guinnessworldrecords.com/world-records/largest-living-cat.

Guy J (2021) Baby tyrannosaurs were about the same size as a dog, new research shows, vom 25.01.2021, https://edition.cnn.com/2021/01/25/world/baby-tyrannosaur-dog-size-scli-intl-scn/index.html.

Ham K (2022) How Many Animals Were on Noah's Ark?, vom 08.09.2022, https://answersingenesis.org/blogs/ken-ham/2022/09/08/how-many-animals-were-noahs-ark/.

Hartmann F (1999) Der Turmbau zu Babel – Mythos oder Wirklichkeit? Neuhausen-Stuttgart: Hänssler-Verlag, https://www.wort-und-wissen.org/wp-content/uploads/Turmbau_zu_Babel.pdf.

Hartmann F (2007) Neue Sintflut-, Turmbau- und Ursprachesagen. W+W-Disk.-Beitr. 2/07, https://www.wort-und-wissen.org/disk/d07-2/.

Hartmann J & Junker R (2009) Paßten alle Tiere in die Arche Noah? W+W-Diskussionsbeitrag 4/90, https://www.wort-und-wissen.org/disk/d90-4/.

Hennigan T (2013a) An Initial Estimate Toward Identifying and Numbering Amphibian Kinds within the Orders Caudata and Gymnophiona. Answers Research Journal *6*, 17–34.

Hennigan T (2013b) An Initial Estimate Toward Identifying and Numbering the Frog Kinds on the Ark: Order Anura. Answers Research Journal *6*, 335–365.

Hennigan T (2014a) An Initial Estimate toward Identifying and Numbering the Ark Turtle and Crocodile Kinds. Answers Research Journal *7*, 1–10.

Hennigan T (2014b) An Initial Estimate toward Identifying and Numbering Extant Tuatara, Amphisbaena, and Snake Kinds. Answers Research Journal *7*, 31–47.

Hennigan T (2015) An Initial Estimation of the Numbers and Identification of Extant Non-Snake/Non-Amphisbaenian Lizard Kinds: Order Squamata, Answers Research Journal *8*, 171–186.

History of Information: Discovery of the "Ark Tablet": Decoding the Story of the Flood. Circa 1900 to 1700 BCE, am 08.11.2023, https://historyofinformation.com/detail.php?id=4060.

Holden JM et al. (2000) Elephant Notes and News. Elephant *2*, 87–106.

Holzmagazin (2019) „Historisch" rekonstruiert: die Arche in Kentucky, vom 24.05.2019, http://www.archiv.holz-magazin.com/architektur/2028-historisch-rekonstruiert-die-arche-in-kentucky.

Irvine C (2010) Noah's Ark was circular raft made of reeds, according to ancient tablet, vom 02.01.2010, https://www.telegraph.co.uk/news/religion/6923122/Noahs-Ark-was-circular-raft-made-of-reeds-according-to-ancient-tablet.html.

Junker R (2014b) Plastizität der Lebewesen: Baustein der Makroevolution? W+W Special Paper B-14-2, https://www.wort-und-wissen.org/wp-content/uploads/b-14-2-plastizitaet.pdf.

Kennedy M (2010) Relic reveals Noah's ark was circular, vom 01.01.2010, https://www.theguardian.com/uk/2010/jan/01/noahs-ark-was-circular.

Kennedy M (2014) Babylonian tablet shows how Noah's ark could have been constructed, vom 24.01.2014, https://www.theguardian.com/culture/2014/jan/24/babylonian-tablet-noah-ark-constructed-british-museum.

Knapton S (2014) Noah's Ark would have floated… even with 70,000 animals, vom 03.04.2014, https://www.telegraph.co.uk/news/science/science-news/10740451/Noahs-Ark-would-have-floated…even-with-70000-animals.html.

Kotulla M (2021) Atrahasis-Epos, Gilgamesch-Epos und die Sintflut, vom 28.09.2021, http://www.genesisnet.info/schoepfung_evolution/n294.php.

Lacey T (2021) Dinosaurs on the Ark: How It Was Possible, vom 28.04.2021, https://answersingenesis.org/dinosaurs/humans/dinosaurs-ark-how-possible/.

Lambert WG & Millard AR (1999) Atra-ḫasīs: The Babylonian Story of the Flood, with The Sumarian Flood Story by Civil M. Winona Lake: Eisenbrauns, S. 127.

Landgren L, Gustafsson L & Kutzelnigg H (2011) Grundtypstudien an Papageien. Stud. Integr. J. *18*, 4–16.

Lehmkuhl T (2010) 300 Jahre Carl von Linné: Der Kanzleibeamte des Herrgotts, vom 19.05.2010, https://www.sueddeutsche.de/wissen/300-jahre-carl-von-linne-der-kanzleibeamte-des-herrgotts-1.913308-2.

Lightner J (2012) Mammalian Ark Kinds. Answers Research Journal *5*, 151–204.

Lightner J (2013) An Initial Estimate of Avian Ark Kinds. Answers Research Journal *6*, 409–466.

Lightner J, Hennigan T, Purdom G & Hodge B (2011) Determining the Ark Kinds. Answers Research Journal *4*, 195–201.

McGrath JF (2014) The Nippur Flood Tablet and Genesis. Religion Prof: The Blog of James F. Mc Grath, vom 23.11.2014, https://www.patheos.com/blogs/religionprof/2014/11/the-nippur-flood-tablet-and-genesis.html.

Meyer A (2007) 300. Geburtstag von Linné: Die Sternstunde, in der die Schöpfung ihren Lotsen fand, vom 23.05.2007, https://www.faz.net/aktuell/wissen/natur/300-geburtstag-von-linne-namensgeber-der-goettlichen-schoepfung-1435615.html.

Ocambo D et al. (2020) Body mass data set for 1,317 bird and 270 mammal species from Colombia, https://doi.org/10.1002/ecy.3273, Supporting Information DataS1.

Okstate.edu Department of Animal and Food Sciences: Breeds of Livestock. Breeds of Sheep, am 21.03.2024, https://breeds.okstate.edu/sheep/.

Parker HG et al. (2017) Genomic Analyses Reveal the Influence of Geographic Origin, Migration, and Hybridization on Modern Dog Breed Development. Cell Reports *19*, 697–708.

Pierce L (2000) The Large Ships of Antiquity, vom 01.06.2000, https://answersingenesis.org/noahs-ark/the-large-ships-of-antiquity/.

Prince JD & Vanderburgh FA (1910) The New Hilprecht Deluge Tablet. The American Journal of Semitic Languages and Literatures *26*, 303–308.

Santini L, Benítez-López A, Ficetola GF & Huijbregts MAJ (2018) Length–mass allometries in amphibians. Integrative Zoology *13*, 36–45, Supporting Information, https://onlinelibrary.wiley.com/action/downloadSupplement?-doi=10.1111%2F1749-4877.12268&-file=inz212268-sup-0001-S1.pdf.

Sarfati J (2003) Die Sintflut und das Gilgamesch-Epos, am 08.11.2023, https://creation.com/die-sintflut-und-das-gilgamesch-epos.

Scherer S (Hg.) Typen des Lebens. Berlin: Pascal-Verlag, v. a. S. 11–30.

Scholl B (2018) Affe = Mensch? Ein Überblick über verhaltensbiologische Unterschiede zwischen Affen und Menschen. W+W Special Paper B-18-1, https://www.wort-und-wissen.org/artikel/verhalten-affe mensch/.

Scholl B (2022a) Homininen-Schädel: „Stolpersteine" des Grundtypmodells? Eine schöpfungstheoretische Deutung der Funde von Dmanisi. W+W Special Paper B-22-1, https://www.wort-und-wissen.org/artikel/homininen-schaedel/.

Scholl B (2022b) Schimpansen leben außerhalb der Steinzeit. Überraschende Neuigkeiten aus der Verhaltensforschung. Stud. Integr. J. *29*, 12–19.

Scholl B (2022c) Schlaue schwäbische Neandertaler. Stud. Integr. J. *29*, 37–40.

Scholl B (2022d) „Totales Chaos": Unklare Abstammungsverhältnisse bei Menschenaffen und Menschen. W+W Special Paper B-22-2, https://www.wort-und-wissen.org/artikel/miozaene-affen/.

Scholl B (2023a) Banyoles-Unterkiefer: Kein Neandertaler und doch nicht der älteste moderne Mensch in Europa, vom 10.05.2023, http://www.genesisnet.info/schoepfung_evolution/n314.php.

Scholl B (2023b) Betrieben Neandertaler Gesundheitsfürsorge? Stud. Integr. J. *30*, 40–43.

Scholl B (2023c) Hatte *Homo erectus* eine verkürzte Kindheit ähnlich derjenigen der Menschenaffen? W+W Special Paper B-22-3, https://www.wort-und-wissen.org/artikel/homo-erectus-individialentwicklung/.

Scholl B (2023d) Waren Neandertaler Menschen wie wir? Ein archäologischer Überblick. Stud. Integr. J. *30*, 4–12.

Scholl B (2023e) Beherrschen Schimpansen etwa doch Grammatik? W+W-Onlineartikel vom 23.03.2023, https://www.wort-und-wissen.org/artikel/schimpansengrammatik/.

Scholl B (2023f) „Syntaxähnliche" Struktur bei Schimpansen nachgewiesen, vom 15.06.2023, https://www.genesisnet.info/schoepfung_evolution/n316.php?a=15.

Scholl B (2024a) Alles Gute zum 50. Jubiläum, liebe Lucy … Ein Rückblick auf die Forschungsgeschichte um den berühmtesten vermeintlichen „Vormenschen", vom 22.04.2024, https://www.genesisnet.info/index.php?News=338.

Scholl B (2024b) Die Tagesschau behauptet, Schimpansen seien vergleichbar intelligent wie Schulkinder, vom 13.03.2024, https://www.genesisnet.info/index.php?News=335.

Scholl B (2024c) Wie intelligent war der Frühmensch? Die Hinterlassenschaften von Bilzingsleben und Schöningen in Mitteldeutschland (in Vorbereitung), https://www.wort-und-wissen.org/artikel/.

Schott A: Gilgamesch - Epos / 11. Tafel. zwischen 2100 - 600 v.Chr. aus dem Raum Babylonien bis Kleinasien überliefert. Von Prof. Dr. Albert Schott übersetzt und in das von ihm vermutete Versmaß gesetzt, am 08.11.2023, https://www.lyrik.ch/lyrik/spur1/gilgame/gilgam11.htm.

Schuler TA (2017) Ark Encounter Exterior Wall, vom 06.01.2017, https://www.architectmagazine.com/technology/architectural-detail/ark-encounter-exterior-wall_o.

Schwaiger A (2015) Geschichte und Gott. Eine Deutung aus christlicher Sicht. Dillenburg: Christliche Verlagsgesellschaft.

Shehata D (2019) Atra-Chasis, vom 31.01.2019, https://bibelwissenschaft.de/stichwort/14201/.

Smith C (2023a) The Biblical Case for Dinosaurs on Noah's Ark. Dealing with Dinosaurs on Noah's Ark (Part 1), vom 27.03.2023, https://answersingenesis.org/blogs/calvin-smith/2023/03/27/biblical-case-for-dinosaurs-on-noahs-ark/.

Smith C (2023b) 65-million-year-old Dinosaurs on 4,500-year-old Noah's Ark? Dealing With Dinosaurs on Noah's Ark (Part 2), vom 10.04.2023, https://answersingenesis.org/blogs/calvin-smith/2023/04/10/65-million-year-dinosaurs-4500-year-ark/.

Smith C (2023c) Why Have No Human and Dinosaur Fossils Been Found Together? Dealing with Dinosaurs on Noah's Ark (Part 3), vom 17.04.2023, https://answersingenesis.org/blogs/calvin-smith/2023/02/13/deal-breaker-biblical-creation/.

Smith C (2023d) How Could Noah Look After Dinosaurs on Noah's Ark? Dealing With Dinosaurs on Noah's Ark (Part 4), vom 24.04.2023, https://answersingenesis.org/blogs/calvin-smith/2023/04/24/how-could-noah-look-after-dinosaurs-on-noahs-ark/.

Spektrum (1999a) Lexikon der Biologie: Winterschlaf, am 04.06.2024, https://www.spektrum.de/lexikon/biologie/winterschlaf/70865.

Spektrum (1999b) Lexikon der Biologie: Linné, Carl von, am 10.03.2022, https://www.spektrum.de/lexikon/biologie/linne-carl-von/39482.

Spiegel Wissenschaft (2019) T-Rex wird bei Ebay angeboten - Forscher sind schockiert, vom 17.04.2019, https://www.spiegel.de/wissenschaft/natur/t-rex-wird-bei-ebay-angeboten-forscher-entruestet-a-1263314.html.

Staatliche Museen zu Berlin: Tontafelfragment der 11. Tafel des Gilgamesch-Epos mit Sintflutbericht, am 08.11.2023, https://recherche.smb.museum/detail/1984797/tontafelfragment-der-11--tafel-des-gilgamesch-epos-mit-sintflutbericht.

Steininger S (2021) Forscher: Tyrannosaurus-Babys waren nicht größer als Schäferhunde, vom 25.01.2021, https://weather.com/de-DE/wissen/tiere/news/2021-01-25-forscher-tyrannosaurier-als-babys-nur-so-gross-wie-schaferhunde.

The Paleobiology Database, am 16.12.2022, https://paleobiodb.org.

Thomas B (2015) Modern Archaeology and Genesis, vom 30.12.2015, https://www.icr.org/article/9087.

University of Michigan: Museum of Zoology (2023) Animal Diversity Web Quaardvark, Datenaufruf am 23.03.2023, https://animaldiversity.ummz.umich.edu/quaardvark/search/.

Wasserman N (2020) The Flood: The Akkadian Sources. A New Edition, Commentary and a Literary Discussion. Levuen - Paris - Bristol: Peeters, https://www.peeters-leuven.be/pdf/9789042941748.pdf.

Wiener N (2024) The Animals Went in Two by Two, According to Babylonian Ark Tablet, vom 15.02.2024, https://www.biblicalarchaeology.org/daily/news/the-animals-went-in-two-by-two-according-to-babylonian-ark-tablet/.

Woodmorappe J (2009) Caring for the Animals on the Ark, vom 24.03.2009, https://answersingenesis.org/noahs-ark/caring-for-the-animals-on-the-ark/.

Woodruff DC et al. (2008) The Smallest Diplodocid Skull Reveals Cranial Ontogeny and Growth-Related Dietary Changes in the Largest Dinosaurs. Sci. Rep. *8*, 14341.

Youle O, Raymer K, Jordan B & Morris T (2013) The animals float two by two, hurrah! P2_9. Journal of Physics Special Topics, https://journals.le.ac.uk/ojs1/index.php/pst/article/view/2169.

Linksammlung Futtermengen und Transportboxen heutiger Haustiere:

- https://herz-fuer-tiere.de/haustiere/kleintiere/ratten/artgerechte-ernaehrung-von-ratten
- https://kaninchenwiese.de/ernaehrung/
- https://www.amazon.de/EUGAD-Hundebox-Hundetransportbox-Transportbox-Katzenbox/dp/B07K7NR941
- https://www.boeckmann-buetzow.com/anhaenger-angebote/pferdeanhaenger/comfort/151799-boeckmann-comfort-mit-alu-boden-silber
- https://www.edenfood.de/fuetterungsempfehlung-hund
- https://www.fressnapf.de/magazin/katze/ernaehrung/futtermenge/
- https://www.gv-solas.de/wp-content/uploads/2016/01/Fu%CC%88tterungskonzepte-Ratte_2016.pdf
- https://www.hausgarten.net/was-duerfen-schafe-fressen/
- https://www.hoeveler.com/gut-zu-wissen/artikel/vorschlaege-zur-optimierung-der-kraftfutterfuetterung.html
- https://www.humane-endpoints.info/de/maus/futter
- https://www.hundeland.de/futterfinder_original/wie-viel-und-wie-oft-soll-ich-fuettern
- https://www.kaninchen-haltung.com/kaninchenfutter/futterplan/
- https://www.perfect-fit.de/katzenhaltung/fuettern/wieviel-futter-katzen-futterungstabelle
- https://www.pferd-aktuell.de/ausbildung/pferdehaltung/pferdefuetterung
- https://www.rottweiler.de/rottweiler-ernaehrung/
- https://www.schafe-und-ziegen.nl/futterungsempfehlung/wieviel-sollten-sie-futtern/
- https://www.stallbedarf24.de/ratgeber/was-fressen-hamster-fakten-zu-fressverhalten-und-ernaehrung-von-hamstern/

F. Sintflut und Geologie

Benton M (2009) The completeness of the fossil record. significance *6*, 117–121.

Berthault G (2000) Experiments in Stratification, Acts & Facts *29*, 10, https://www.icr.org/article/473/.

Biddle D (2017) How Do Dinosaurs Fit into the Bible? Scientific Evidence That Dinosaurs Lived Recently. Genesis Apologetics.

Borger P (2020) Was sind Viren und woher stammen sie, vom 03.04.2020, http://www.genesisnet.info/schoepfung_evolution/n278.php.

Borger P (2023) Woher kommen Viren? Dresdner Frühjahrstagung | Dr. Peter Borger, vom 26.08.2023, https://www.youtube.com/watch?v=fQE1E25HeQM.

Briggs DEG (2015) The Cambrian explosion. Curr. Biol. *25*, 19.

Clarey TL & Werner DJ (2020) The pre-Flood world resembled Pangaea. Journal of Creation *34*, 8–11.

Clarey TL & Werner DJ (2023) A Progressive Global Flood Model Confirmed by Rock Data Across Five Continents. In: Whitmore JH (ed.) Proceedings of the Ninth International Conference on Creationism, 412–445.

Drüeke S (2023) Fossilien vs. Junge Erde? Erdgeschichte im Zeitraffer, vom 15.07.2023, https://www.youtube.com/watch?v=N65iECE5n_w.

Garner P (2019) 99% missing, or where on earth did the time go? The dark matter of sedimentology. Biblical Creation Basics 3. Second Printing. Biblical Creation Trust, https://biblicalcreationtrust.org/resources-booklets.html.

Junker R (2014) Zur neueren Diskussion über die kambrische Explosion. W+W Special Paper B-14-1, https://www.wort-und-wissen.org/wp-content/uploads/b-14-1_kambrische_explosion.pdf.

Junker R (2016a) Hakenrüssler (Kinorhyncha) – ein weiterer Tierstamm der „kambrischen Explosion". Stud. Integr. J. *23*, 120.

Junker R (Hrsg.) (2016b) Genesis, Schöpfung und Evolution. Beiträge zur Auslegung und Bedeutung des ersten Buches der Bibel. Studium Integrale. Holzgerlingen: SCM Hänssler.

Junker R (2018) Komplexaugen: Komplex von Anfang an. Stud. Integr. J. *25*, 60f.

Junker R (2019) Trilobiten bestätigen die „kambrische Explosion". Stud. Integr. J. *26*, 62.

Junker R (2021a) Der älteste fossile Ringelwurm mit „modernen" Merkmalen. Stud. Integr. J. *28*, 61f.

Junker R (2021b) Weiterer Zuwachs für die „kambrische Explosion". Stud. Integr. J. *28*, 123f.

Junker R (2022a) Moostierchen – willkommen im „explosiven" Kambrium- Club. Stud. Integr. J. *29*, 56–57.

Junker R (2022b) Ein Update zur „kambrischen Explosion". Stud. Integr. J. *29*, 103–106.

Kotulla M (2014a) Geologische Zeitskala im Test: Die Schmiedefeld-Formation. W+W-Online-Artikel vom 18.09.2014, https://www.wort-und-wissen.org/artikel/geologische-zeitskala-im-test-die-schmiedefeld-formation/.

Kotulla M (2014b) Megafluten. Stud. Integr. J. *21*, 4–11.

Kotulla M (2016) Ringwoodit: Gigantische Wasserreservoire in großer Tiefe? Stud. Integr. J. *23*, 48–52.

Kotulla M (2020a) Bentonit-Horizonte in paläozoischen Sedimentfolgen: Tephrostratigraphie und U-Pb-Altersbestimmungen mit magmatogenen Zirkonen. W+W Special Paper G-20-1, https://www.wort-und-wissen.org/artikel/bentonit-horizonte-in--palaeozoischen-sedimentfolgen/.

Kotulla M (2020b) Gültigkeit und Grenzen geologischer Zeitbestimmung. Online-Loseblattsammlung, Stand: 10/2020, https://www.wort-und-wissen.org/publikationen/geologie-loseblattsammlung/.

Kotulla M & Drüeke S (2021) Die Fossilkliffe von Joggins, Nova Scotia, Kanada: Zur Entstehung der karbonischen Kohleablagerungen. W+W Special Paper G-21-1, https://www.wort-und-wissen.org/artikel/fossilkliffe-joggins-kohleablagerungen/.

Kotulla M (2021a) Die Sintflut. Stud. Integr. J. *28*, 4–12.

Kotulla M (2021b) Entgegnung auf Roger Wiens Artikel „Radiometrische Altersbestimmungen – Eine christliche Sicht" und „Wie alt ist nun das Gestein?". Diskussionsbeitrag 21/1, https://www.wort-und-wissen.org/disk/datierungen-entgegnung-wiens/.

Kotulla M (2023) Entgegnung auf das „Faraday Paper 8" mit dem Titel „Das Alter der Erde" von Robert S. White. Diskussionsbeitrag 1/23, https://www.wort-und-wissen.org/disk/faraday-paper-8/.

Kraus W & Karrer M (Hrsg.) (2009) Septuaginta Deutsch. Das griechische Alte Testament in deutscher Übersetzung. Stuttgart: Deutsche Bibelgesellschaft. Logos-Edition.

Kühl G et al. (2009) A Great-Appendage Arthropod with a Radial Mouth from the Lower Devonian Hunsrück Slate, Germany. Science *323*, 771.

Liebi R (2017) Ist die Bibel glaubwürdig? Bielefeld: CLV.

Liebi R (2018) Herkunft und Entwicklung der Sprachen: Linguistik kontra Evolution. Bielefeld: CLV.

Makse HA, Havlin S, King PR & Stanley HE (1997) Spontaneous stratification in granular mixtures. Nature *386*, 379–382.

McLain MA et al. (2023) A Preliminary analysis of archosauromorph baraminology. In Whitmore JH (ed.), Proceedings of the Ninth International Conference on Creationism, 487–539.

New Creation Stuff (2023) Our Experience at the International Conference on Creationism 2023, vom 02.08.2023, https://newcreation.blog/our-experience-at-the-icc-2023/.

Scheven J (2015) Ehe denn die Berge worden. Auf Schritt und Tritt Versteinerungen. Die ersten hundert Jahre nach der Sintflut. Eine Erdgeschichte ohne Evolution. Hofheim a. T.: Kuratorium Lebendige Vorwelt.

Scholl B (2023a) Beherrschen Schimpansen etwa doch Grammatik? W+W-Onlineartikel vom 23.03.2023, https://www.wort-und-wissen.org/artikel/schimpansengrammatik/.

Scholl B (2023b) „Syntaxähnliche" Struktur bei Schimpansen nachgewiesen, vom 15.06.2023, https://www.genesisnet.info/schoepfung_evolution/n316.php?a=15.

Scholl B (2024) Ist die Menschheit laut Bibel 6000 Jahre alt? Neue Erkenntnisse zu der Handschriftenbezeugung von Kenan II und den Folgen für die Lückenlosigkeit der Genealogien im Buch Genesis. W+W Diskussionsbeitrag 3/24, https://www.wort-und-wissen.org/disk/menschheitsalter/.

Schwab IR (2018) The evolution of eyes: major steps. The Keeler lecture 2017: centenary of Keeler Ltd. Eye *32*, 302–313

Stephan M (2002) Der Mensch und die geologische Zeittafel. Warum kommen Menschenfossilien nur in den obersten geologischen Schichten vor? Holzgerlingen: SCM Hänssler.

Stephan M (2012) 20 Millionen Jahre geologischer Dauerstillstand? Studium Integrale. Holzgerlingen: SCM Hänssler.

Stephan M (Hrsg.) (2015) Sintflut und Geologie. Schritte zu einer biblisch-urgeschichtlichen Geologie. Holzgerlingen: SCM Hänssler.

Studiengemeinschaft Wort und Wissen (2003) Warum vertritt Wort und Wissen eine biblische Kurzzeit-Erdgeschichte, aber kein geologisches Sintflut-Modell? W+W-Diskussionsbeitrag 2/03, https://www.wort-und-wissen.org/disk/d03-2-2/.

Tov E (2017) The Essence and History of the Masoretic Text. БОГОСЛОВЉЕ *1*, 7–26, https://www.ceeol.com/search/journal-detail?id=2482.

Tribelhorn TB (2023) „Die Bibel ist ein Mythos" – muss ich das glauben? Holzgerlingen: SCM Hänssler.

Wiskin R (1996) Die Bibel und das Alter der Erde. 2. erw. Aufl. Holzgerlingen: SCM Hänssler.

Wood T & Garner P (2023a) Let's Talk Creation. Episode 55: Which rocks are Flood Rocks? Part 1: Introduction, vom 27.03.2023, https://www.youtube.com/watch?v=iF3hggPt-DM.

Wood T & Garner P (2023b) Let's Talk Creation. Episode 56: Where does the Flood end? Position #1 Featuring Tim Clarey, vom 10.04.2023, https://www.youtube.com/watch?v=yjKEFZJTYaQ.

Wood T & Garner P (2023c) Let's Talk Creation. Episode 57: Where Does the Flood End? Position #2 featuring Dr. Marcus Ross, vom 24.04.2023, https://www.youtube.com/watch?v=XKyb9QmrBDA.

Wood T & Garner P (2023d) Let's Talk Creation. Episode 58: Which rocks are Flood Rocks? Part 4: Parting Thoughts, vom 08.05.2023, https://www.youtube.com/watch?v=ka3UhjK5OuE.

Wood T & Garner P (2023e) Episode 54: Genesis Genealogies: Calculating the Age of Creation, vom 13.03.2023, https://www.youtube.com/watch?v=R-wDzEW32snk.

Wood T & Garner P (2023f) Episode 59: Understanding the Septuagint featuring Henry Smith, vom 22.05.2023, https://www.youtube.com/watch?v=G_so7yX6QwA.

Wood T & Garner P (2023g) Episode 67: Understanding the Masoretic with Doug Smith, vom 11.09.2023, https://www.youtube.com/watch?v=6L2PrDDDQ0s.

Wood T & Garner P (2024a) Episode 76: Genesis Chronology: Crunching the Numbers, vom 15.01.2024, https://www.youtube.com/watch?v=xyT_YMfz2KM.

Wood T & Garner P (2024b) Episode 84: The Samaritan Pentateuch. With Nate Labadorf, vom 06.05.2024, https://www.youtube.com/watch?v=78sJGXLbXhw.

Zrzavý J, Storch D & Mihulka S (2009) Evolution. Ein Lese-Lehrbuch. Hrsg. der deutschen Ausgabe: Burda H & Begall S. Heidelberg: Spektrum Akademischer Verlag.

G. Saurier und Drachen in der Bibel?

Arndt EM, Moore W, Lee WK & Ortiz C (2015) Mechanistic origins of bombardier beetle (Brachinini) explosion-induced defensive spray pulsation. Science *348*, 563–567.

Becker M (2007) Eidechse flog mit überlangen Rippen, vom 20.03.2007, https://www.spiegel.de/wissenschaft/natur/bizarrer-gleiter-eidechse-flog-mit-ueberlangen-rippen-a-471853.html.

Bosman HJ, Oosting R & Potsma F (2009) Wörterbuch zum Alten Testament: Hebräisch/Aramäisch-Deutsch und Hebräisch/Aramäisch-Englisch (A Hebrew/Aramaic-English and Hebrew/Aramaic-German Lexicon of the Old Testament). Deutsche Bibelgesellschaft. Logos Edition.

Bräumer H (2004) Das Buch Hiob. Wuppertaler Studienbibel. AT. Sonderausgabe. 3. Edition. SCM R. Brockhaus.

Brunk I & Kielhorn K-H (2008) Wiederfund des großen Bombardierkäfers *Brachinus crepitans* (LINNÉ, 1758) in Brandenburg (Coleoptera: Carabidae). Märkische Ent. Nachr. *10*, 99–103, https://www.zobodat.at/pdf/Maerkische-Ent-Nachr_2008_1_0099-0103.pdf.

Carly Silver (2020) Crocodiles in Ancient Egypt, vom 26.10.2023, https://daily.jstor.org/crocodiles-in-ancient-egypt/.

Castro J (2016a) Apatosaurus: Facts About the 'Deceptive Lizard', vom 16.03.2023, https://www.livescience.com/25093-apatosaurus.html.

Castro J (2016b) Diplodocus: Facts About the Longest Dinosaur, vom 17.03.2016, https://www.livescience.com/24326-diplodocus.html.

Castro J (2016c) Spinosaurus: The Largest Carnivorous Dinosaur, vom 18.03.2016, https://www.livescience.com/24120-spinosaurus.html.

Conti S et al. (2022) Multibody analysis and soft tissue strength refute supersonic dinosaur tail. Sci. Rep. *12*, 19245.

Cossette AP & Brochu CA (2020) A systematic review of the giant alligatoroid *Deinosuchus* from the Campanian of North America and its implications for the relationships at the root of Crocodylia. J. Vertebr. Paleontol. *40*, e1767638.

De Cupere B et al. (2023) Newly discovered crocodile mummies of variable quality from an undisturbed tomb at Qubbat al-Hawā (Aswan, Egypt), PLoS ONE *18*, e0279137.

Dietzfelbinger E (1990) Das Neues Testament Interlinearübersetzung. Griechisch-Deutsch. Hänssler-Verlag.

Dunn J: The Nile Crocodile, am 16.11.2023, http://www.touregypt.net/featurestories/crocodiles.htm.

Frey-Anthes H (2007) Mischwesen, am 16.11.2023, https://bibelwissenschaft.de/stichwort/27841/.

Gaebelein AC (1997) Kommentar zum Alten Testament. 1. Mose - Maleachi. Bielefeld: CLV.

Gesenius W et al. (1915) Hebräisches und Aramäisches Handwörterbuch über das Alte Testament. Buhl F (Hrsg.), Leipzig: F. C. W. Vogel. Logos Edition.

Ham K (2015) Dinosaurs of Eden (Revised & Updated): Did Adam and Noah Live with Dinosaurs? Master Books Inc.

Hone DWE & Holtz TR Jr. (2021) Evaluating the ecology of *Spinosaurus*: Shoreline generalist or aquatic pursuit specialist? Palaeontologia Electronica 24(1):a03.

Huber K (2018) Drache, am 16.12.2023, https://www.bibelwissenschaft.de/stichwort/47864/.

Irmis RB, Nesbitt SJ & Sues HD (2013) Early Crocodylomorpha. In: Nesbitt SJ, Desojo JB & Irmis RB (eds.) Anatomy, Phylogeny and Palaeobiology of Early Archosaurs and their Kin. Geological Society, London, Special Publications *379*, 275–302, https://doi.org/10.1144/SP379.24.

Kautzsch E (1900) Das 1. Buch Henoch (äthiopischer Henoch 3.-1.Jh.v.Chr.). In: (ebd.) Die Apokryphen und Pseudepigraphen des Alten Testaments. Bd. 2, Tübingen: Mohr.

Kazandjian TD et al. (2021) Convergent evolution of pain-inducing defensive venom components in spitting cobras. Science *371*, 386–390.

Kraus W & Karrer M (Hrsg.) (2009) Septuaginta Deutsch. Das griechische Alte Testament in deutscher Übersetzung. Stuttgart: Deutsche Bibelgesellschaft. Logos-Edition.

Lederman R: What Is the Biblical Flying Serpent?, am 14.05.2024, https://www.thetorah.com/article/what-is-the-biblical-flying-serpent.

Li PP, Gao KQ, Hou LH & Xu X (2007) A gliding lizard from the Early Cretaceous of China. PNAS *104*, 5507–5509.

Lingenhöhl D (2015) Das explosive Geheimnis der Bombardierkäfer, vom 01.05.2015, https://www.spektrum.de/news/das-explosive-geheimnis-der-bombardierkaefer/1344470.

Lockley MG et al. (2010) The fossil record of crocodylian tracks and traces. An overview. In: Milàn J, Lucas SG, Lockley MG & Spielmann JA (eds.) Crocodyle tracks and traces. New Mexico Museum of Natural History and Science Bulletin *51*, 1–14, https://cactus.utahtech.edu/jharris/Croc_Tracks_Overview.pdf.

Lunkenbein M (Text) & Piel A (Illustrationen) (2003) Dinosaurier. Frag mich was. Bindlach: Loewe Verlag GmbH.

MacDonald W (1999) Kommentar zum AT – einbändige Ausgabe. Sondereinband. Bielefeld: CLV.

MacDonald W (1999) Kommentar zum NT – einbändige Ausgabe. Sondereinband. Bielefeld: CLV.

Mannion PD et al. (2012) New information on the anatomy and systematic position of *Dinheirosaurus lourinhanensis* (Sauropoda: Diplodocoidea) from the Late Jurassic of Portugal, with a review of European diplodocoids. J. Syst. Palaeontol. *10*, 521–551.

McIntosh A (2022) Die explosive Konstruktion des Bombadierkäfers | Prof. Dr. Andy McIntosh | DEU + ENG, vom 29.07.2022, https://www.youtube.com/watch?v=ZLjvUiJJJww.

Morley R (2019) What is Job's 'Behemoth'?, vom 18.01.2019, https://armstronginstitute.org/138-what-is-jobs-behemoth.

Paul JM (2010) Behemoth and leviathan in the book of Job. Journal of Creation *24*, 94–100.

Peters B (2020) Kommentar zum Buch Hiob. Bielefeld: CLV.

Price P (2020) Responding to liberal scholarship on Behemoth, vom 04.08.2020, https://creation.com/behemoth-liberal-scholarship-response.

Price P (2023) Mountains and molehills. A response to Ben Stanhope on behemoth, vom 26.01.2023, https://creation.com/ben-stanhope-reply-on-behemoth.

Rienecker F & Meyer G (2005) Lexikon zur Bibel. 5., aktual. Sonderausgabe. Wuppertal: R. Brockhaus.

Roller T (2015) Hilfe, Dinos! Eine biblische Perspektive. vom 08.06.2015, https://www.bibelabenteurer.de/docs/hilfe_dinos_v1.pdf.

Ryrie CC (2012) Die Ryrie Studienbibel. Elberfelder Bibel 2006. Witten: SCM R. Brockhaus.

Scheven J (2023) Siehe der Behemot, den ich neben dir gemacht habe. Hofheim a. T.: Kuratorium Lebendige Vorwelt.

Schwaiger A (2015) Geschichte und Gott. Eine Deutung aus christlicher Sicht. Dillenburg: Christliche Verlagsgesellschaft.

Sereno PC et al. (2022) *Spinosaurus* is not an aquatic dinosaur. eLife *11*, e80092.

Sheridan P (2015) Herodotus on How to Catch a Nile Crocodile, vom 14.06.2015, https://www.anecdotesfromantiquity.com/herodotus-on-how-to-catch-a-nile-crocodile/.

Sibley A (2014) Adam as the protoplast—views from the early church in response to the archetypal view. J. Creation *28*, 86–91.

Solly M (2023) Archaeologists in Egypt Unearth 2,500-Year-Old Mummified Crocodiles, vom 23.01.2023, https://www.smithsonianmag.com/smart-news/cache-of-mummified-crocodiles-discovered-in-egypt-180981487/.

Spektrum.de (1999) Iguanodon. Lexikon der Biologie, am 16.11.2023, https://www.spektrum.de/lexikon/biologie/iguanodon/33706.

Spiegel Wissenschaft (2014) Riesenkrokodile, so lang wie ein Omnibus, vom 15.10.2014, https://www.spiegel.de/wissenschaft/natur/riesenkrokodile-fossilien-verraten-groesse-von-machimosaurus-arten-a-997158.html.

Spiegel Wissenschaft (2020) Warum diese Schlangen fliegen können, vom 29.06.2020, https://www.spiegel.de/wissenschaft/natur/schmuckbaumnattern-forscher-entschluesseln-warum-einige-schlangen-fliegen-koennen-a-48080679-6d8f-4e94-b4f4-16ac8e66f8c9.

St John JA et al. (2012) Sequencing three crocodilian genomes to illuminate the evolution of archosaurs and amniotes. Genome Biol. *13*, 415.

Steel AK (2001) Could Behemoth have been a dinosaur? Journal of Creation *15*, 42–45.

Stern (2019) Alligator will Weibchen anlocken – und klingt original wie ein laufender Motor, vom 11.05.2019, https://www.stern.de/panorama/video/ins-netz-egangen/tiergeschichten/alligator--die-lockrufe-von-maennchen-klingen-wie-motorgeraeusche-8703020.html.

Swanson JA (1997) A Dictionary of Biblical Languages with Semantic Domains: Hebrew (OT). Faithlife. Logos Edition.

Unger MF (2003) Ungers Grosses Bibelhandbuch. Gebundene Ausgabe. Bielefeld: CLV.

Universität Wien (2017) Alligatoren: Ruf vermittelt Körpergröße. Reptilien teilen Artgenossen ihre eigene Größe mit – zum Abschrecken und Verführen, vom 15.05.2017, https://idw-online.de/de/news674550.

Upchurch P (1994) Manus claw function in sauropod dinosaurs. Gaia *10*, 161–171.

Vieweg M (2022) Dino-Schwanz: Doch kein Überschall-Peitschenknall, vom 15.12.2022, https://www.wissenschaft.de/erde-umwelt/dino-schwanz-doch-kein-ueberschall-peitschenknall/.

vom Stein A (2018) Hiobs Botschaft. 2. Aufl. Lychen: Daniel Verlag.

Vostanis EC (2022) How the Crocodile Became An Enduring Egyptian Symbol, vom 01.07.2022, https://egyptianstreets.com/2022/07/01/how-the-crocodile-became-an-enduring-egyptian-symbol/.

Wegner JH (2022) Horus on the Crocodiles: Egyptian Magic and Medicine in the Glencairn Museum Collection, Glencairn Museum News 4, vom 17.07.2022, https://www.glencairnmuseum.org/newsletter/2022/7/17/horus-on-the-crocodiles-egyptian-magic-and-medicine-in-the-glencairn-museum-collection.

Whitaker R et al. (1906) The Abridged Brown-Driver-Briggs Hebrew-English Lexicon of the Old Testament: from A Hebrew and English Lexicon of the Old Testament by Francis Brown, S.R. Driver and Charles Briggs, based on the lexicon of Wilhelm Gesenius. Boston/New York: Houghton, Mifflin and Company. Logos Edition.

Witton MP (2019) Plesiosaurs on the rocks: the terrestrial capabilities of four-flippered marine reptiles. Mark P. Witton's blog. Palaeontological artist, consultant and author, vom 25.01.2019, http://markwitton-com.blogspot.com/2019/01/plesiosaurs-on-rocks-terrestrial.html.

Wood T & Garner P (2023) Episode 53: What, in the world, are Behemoth and Leviathan???, vom 27.02.2023, https://www.youtube.com/watch?v=NA2cAOY_cDc.

Württembergische Bibelanstalt Stuttgart (1974) Lutherbibel erklärt. Die Heilige Schrift in der Übersetzung Martin Luthers mit Erläuterungen für die bibellesende Gemeinde Stuttgart.

Yeaton IJ et al. (2020) Undulation enables gliding in flying snakes. Nat. Phys. *16*, 974–982.

H. Dinosaurier und wir Menschen

Abrahams I: Kachina Bridge Dinosaur Petroglyph, am 28.11.2023, https://answersingenesis.org/dinosaurs/humans/kachina-bridge-dinosaur-petroglyph/.

Antonio Lanza (ed.) (1982) "Il Milione" di Marco Polo. L'Unità - Editori Riuniti. dizione fuori commercio riservata agli abbonati per l'anno 1982, https://it.wikisource.org/wiki/Milione/118.

B.T. (2018) Lensgreve Christoffer Knuth har brugt kæmpe summer på vild dinosaur-jagt: 'Vi fandt noget, som ingen har set før', vom 28.11.2018, https://www.bt.dk/film-tv-og-streaming/lensgreve-christoffer-knuth-har-brugt-kaempe-summer-pa-a-vild-dinosaur.

Barnosky A et al. (2011) Has the Earth's sixth mass extinction already arrived? Nature *471*, 51–57.

Berlingske (2018) Berlingske Uimodståelig Dino-jagt på DR2, vom 28.11.2018, https://www.berlingske.dk/kultur/uimodstaaelig-dino-jagt-paa-dr2.

Binder H (2020) Elastische Gewebereste, Zellbausteine und Proteinfragmente in Dinosaurier-Fossilien. W+W Special Paper B-20-2, https://www.wort-und-wissen.org/artikel/elastische-gewebereste-zellbausteine-und-proteinfragmente-in-dinosaurier-fossilien/.

Black R (2009) Stegosaurus, Rhinoceros, or Hoax?, vom 12.03.2009, https://www.smithsonianmag.com/science-nature/stegosaurus-rhinoceros-or-hoax-40387948/.

Błaszczyk K & Buszek A (2010) Fragment of a palette with a relief decoration from tell el-farkha. Folia Orient. *47*, 415–422.

Blietz M (2021) Drachen oder Dinosaurier? | Gab es Drachen wirklich?, vom 21.06.2021, https://www.youtube.com/watch?v=BpOiKSm8Z2w.

Booker P (2005) A new candidate for Leviathan? Journal of Creation *19*, 14–16.

Borger P (2023) Hat sich die Minimalzelle weiter entwickelt?, vom 08.09.2023, https://www.genesisnet.info/index.php?News=319.

Brandt M (2017) Kritik an „Vergessene Archäologie". W+W Diskussionsbeitrag 4/17, https://www.wort-und-wissen.org/disk/d17-4/.

Brandt M (2019) Vergessene Archäologie. Steinwerkzeuge fast so alt wie die Dinosaurier. 2. erw. Aufl. Holzgerlingen: SCM Hänssler.

Brandt M (2020) Wie alt ist die Menschheit? Demographie und Steinwerkzeuge mit überraschenden Befunden. 6., aktual. und erw. Aufl. Studium Integrale. Holzgerlingen: SCM Hänssler.

Bube A (2023) Rätsel um Monster von Loch Ness: Neue Fotos und Wärmebildaufnahme aufgetaucht! Ist das wirklich Nessie?, vom 01.09.2023, https://www.news.de/panorama/857118875/monster-von-loch-ness-mit-waermebildkamera-gefilmt-ist-nessie-in-video-zu-sehen-neue-fotos-von-kreatur-aufgetaucht/1/.

Castro J (2017) Ankylosaurus: Facts About the Armored Dinosaur, vom 10.03.2017, https://www.livescience.com/25222-ankylosaurus.html.

Catchpoole D (2015) The secret of Leviathan's body-armour? Creation *37*, 20–21, https://creation.com/leviathan-body-armour.

Cedar J (2017) Is the Cambodian Stegosaur-like Carving Another Argument Creationists Should Not Use? Answers Research Journal *10*, 39–43.

Clarey T (2015) Tracking Down Leviathan. Acts & Facts. 44 (7), vom 30.06.2015, https://www.icr.org/article/tracking-down-leviathan.

Cotner S & Wassenberg D (2020) The Evolution and Biology of Sex. 3.7 Cells, am 28.02.2024, https://open.lib.umn.edu/evolutionbiology/chapter/cells-2/.

Craig WL (2015) On Guard. Mit Verstand und Präzision den Glauben verteidigen. Neuried b. München: Christlicher Veranstaltungs- und Mediendienst.

Curcic D (2023) Number of Academic Papers Published Per Year, vom 01.06.2023, https://wordsrated.com/number-of-academic-papers-published-per-year/.

Davis E (1991) A Whale of a Tale: Fundamentalist Fish Stories. Perspectives on Science and Christian Faith *43*, 224–237.

Dietzfelbinger E (1990) Das Neues Testament Interlinearübersetzung. Griechisch-Deutsch. Hänssler-Verlag.

DR (2018) Dokumentation: MOKELE MBEMBE: Hunting the Last Dinosaur 2018 Expedition [EN SUB], https://www.youtube.com/watch?v=efnKNhXIe_M.

Drüeke S (2023a) Tiere der Bibel - Der Leviatan || Stefan Drüeke, vom 13.11.2023, https://www.youtube.com/watch?v=LTufhpmUaDE.

Drüeke S (2023b) Tiere der Bibel - Der Behemot || Stefan Drüeke, vom 27.11.2023, https://www.youtube.com/watch?v=7q5cP8RuE08.

Drüeke S (2023c) Wie alles begann. Die spannende Geschichte von der Schöpfung bis zur Flut. Hückeswagen: CSV.

Goethe University Frankfurt (2023) Analysis of dinosaur eggshells: Bird-like Troodon laid 4 to 6 eggs in a communal nest, vom 03.04.2023, www.sciencedaily.com/releases/2023/04/230403162635.htm.

Gramling C (2017) Dinosaur babies took a long time to break out of their shells, vom 02.01.2017, https://www.science.org/content/article/dinosaur-babies-took-long-time-break-out-their-shells.

Grigg R (1995) Jona und der große Fisch, Creation magazine *17*, 34–36.

Gross J (2022) Langhalsiger Saurier. Fossilienfund fasziniert Nessie-Fans, vom 20.08.2022, https://www.tagesanzeiger.ch/fossilienfund-fasziniert-nessie-fans-530352071282.

Grzywacz B & Skórka P (2021) Genome size versus geographic range size in birds. PeerJ. *9*, e10868.

Gustavsson S (2018) Kein Grund zur Skepsis! Acht Gründe für die Glaubwürdigkeit der Evangelien. Cuxhaven: Neufeld Verlag.

Hartung L (2019) Eine Formel für außerirdisches Leben, vom 30.12.2019, https://www.spektrum.de/news/eine-formel-soll-verraten-wie-haeufig-leben-im-universum-entsteht/1693892.

Hodge B (2019) Are Dragons Real?, vom 11.10.2019, https://answersingenesis.org/dinosaurs/were-dragons-real/.

Horner JR (1984) The Nesting Behavior of Dinosaurs. Scientific American *250*, 130–137.

Jerlström P (1998) Live plesiosaurs: weighing the evidence. Journal of Creation *12*, 339–346.

Junker R & Scherer S (Hrsg.) (2013) Evolution – Ein kritisches Lehrbuch. 7. aktual. und erw. Auflage. Gießen: Weyel.

Kjazimi F (2019) Monster von Loch Ness: Lüften Wasserproben das Rätsel um Nessi?, vom 03.06.2019, https://www.news.de/panorama/855766315/monster-von-loch-ness-in-schottland-liefert-wasserproben-studie-neue-erkenntnisse-zu-nessi/1/.

Koster J (1977) What Was the New Zealand Monster? Oceans Magazine November 1977, 56–59, https://web.archive.org/web/20090125223019/http://www.gennet.org/facts/nessie.html.

Kotulla M (2024) Über Radiokarbonanalysen an Bernsteinen, Diamanten, Kohlen, fossilen Hölzern und Dinosaurierknochen. W+W Diskussionsbeitrag 2/24, https://www.wort-und-wissen.org/disk/ueber-radiokarbonanalysen-an-bernsteinen-usw/.

Kuban GJ (2008) A Russian "Paluxy?", vom September 2008, http://www.paleo.cc/paluxy/russ.htm.

Kuban GJ (2013) The Alvis Delk Print: An Alleged Human Footprint on a Loose Rock, vom 20.01.2013, http://paleo.cc/paluxy/delk.htm.

Kuban GJ (2014) Sea-monster or Shark? An Analysis of a Supposed Plesiosaur Carcass Netted in 1977. (Originally published in: Reports of the National Center for Science Education (1997) *17*, 16–28), Update 2014, http://www.paleo.cc/paluxy/plesios.htm.

Kuban GJ (2016) „Moab Man" - „Malachite Man", am 28.11.2023, http://paleo.cc/paluxy/moab-man.htm.

Kuban GJ (2017) Stegosaurus Carving on a Cambodian Temple?, am 15.01.2024, http://paleo.cc/paluxy/stegosaur-claim.htm.

Kuban GJ (2020) Living Pterosaurs ("pterodactyls")?, vom 05.12.2020, http://paleo.cc/paluxy/livptero.htm.

Lan T et al. (2017) Evolutionary history of enigmatic bears in the Tibetan Plateau–Himalaya region and the identity of the yeti. Proc. R. Soc. B. *284*, 20171804.

Landhuis E (2016) Scientific literature: Information overload. Nature *535*, 457–458.

Lane N & Xavier JC (2024) To unravel the origin of life, treat findings as pieces of a bigger puzzle. Nature *626*, 948–951.

Lee JJ (2020) Early dinosaurs may have laid soft-shelled eggs, vom 03.08.2020, https://www.snexplores.org/article/early-dinosaurs-soft-shelled-eggs-fossil.

Lehman TM & Woodward HN (2008) Modeling Growth Rates for Sauropod Dinosaurs. Paleobiology *34*, 264–281.

Leisola M (2004) Über die Entstehung neuer Proteine. Stud. Integr. J. *11*, 67–75.

Lindgren J et al. (2011) Microspectroscopic Evidence of Cretaceous Bone Proteins. PLoS ONE *6*, e19445.

Lingenhöhl D (2016) Drache ist Star neu entdeckter Arten, vom 19.12.2016, https://www.spektrum.de/news/drache-ist-star-neu-entdeckter-arten/1433057.

Lingenhöhl D (2019) 10 unerwartete Entdeckungen im Tierreich, vom 27.02.2019, https://www.spektrum.de/wissen/10-unerwartete-entdeckungen-im-tierreich/1626568.

Manz A (2023) Feinstaub als Dino-Killer? Atmosphärischer Silikatschleier könnte 15 Jahre dauernden globalen Winter ausgelöst haben, vom 31.10.2023, https://www.scinexx.de/news/geowissen/feinstaub-als-dino-killer/.

Mattia Tagliavento et al. (2023) Evidence for heterothermic endothermy and reptile-like eggshell mineralization in Troodon, a non-avian maniraptoran theropod. PNAS *120*, e2213987120.

Mazzetta GV, Christiansen P & Fariña RA (2004) Giants and Bizarres: Body Size of Some Southern South American Cretaceous Dinosaurs. In: Historical Biology *16*, 71–83.

McDowell J (2019) Die Tatsache der Auferstehung. 8. Aufl. Bielefeld: CLV.

Moger-Reischer RZ et al. (2023) Evolution of a minimal cell. Nature *620*, 122–127.

Patalong F (2018) Langhälse waren Rabeneltern, vom 12.10.2018, https://www.spiegel.de/wissenschaft/natur/dinosaurier-junge-sauropoden-wuchsen-ohne-schutz-von-eltern-auf-a-1232158.html.

Pickrell J (2017) Yeti-Legenden basieren laut DNA-Untersuchung auf echten Tieren, vom 29.11.2017, https://www.nationalgeographic.de/wissenschaft/2017/11/yeti-legenden-basieren-laut-dna-untersuchung-auf-echten-tieren.

Range MM et al. (2022) The Chicxulub Impact Produced a Powerful Global Tsunami. AGU Advances *3*, e2021AV000627.

Reber SA et al. (2017) Formants provide honest acoustic cues to body size in American alligators. Sci. Rep. *7*, 1816.

Roller T (2012) Werkzeuge, die keine sein dürfen, aktualisiert am 02.04.2012, https://www.bibelabenteurer.de/html/archiv-werkzeuge-die-keine-sein-duerfen.html.

Sander PM (2004) Adaptive radiation in sauropod dinosaurs: bone histology indicates rapid evolution of giant body size through acceleration. Organisms Diversity & Evolution *4*, 165–173.

Scherer S & Wiskin R (1996) "Menschliche" Fußabdrücke in der Kreide: Ein Lehrstück für die Schöpfungsforschung. Diskussionsbeitrag 86/1, https://www.wort-und-wissen.org/disk/d86-1m-3/.

Schmidtgall B (2020) Leben aus Nichtleben – was sagen die wissenschaftlichen Befunde? W+W Special Paper B-20-3, https://www.wort-und-wissen.org/artikel/entstehung-des-lebens-wissenschaftliche-befunde/.

Schwaiger A (2015) Geschichte und Gott. Eine Deutung aus christlicher Sicht. Dillenburg: Christliche Verlagsgesellschaft.

Senter P (2017) Did Australia's Aborigines See Plesiosaurs? Yes-In a Children's Book. Skeptical Inquirer *41*, 34–37.

Senter PJ & Cole SJ (2011) "Dinosaur" petroglyphs at Kachina Bridge site, Natural Bridges National Monument, southeastern Utah: not dinosaurs after all. Palaeontologia Electronica 14, 1; 2A:5p, http://palaeo-electronica.org/2011_1/236/index.html.

Senter PJ (2013) Dinosaurs and pterosaurs in Greek and Roman art and literature? An investigation of young-earth creationist claims. Biological Science Working Papers. Paper *8*, http://digitalcommons.uncfsu.edu/bio_wp/8.

Senter PJ (2020) Radiocarbon in Dinosaur Fossils: Compatibility with an Age of Millions of Years. Am. Biol. Teach. *82*, 72–79.

Stuvier M et al. (1998) INTCAL98 Radiocarbon Age Calibration, 24000–0 cal BP. Radiocarbon *40*, 3, 1041–1083.

Tagesschau (2019) Das Monster von Loch Ness Drache? Saurier? Riesen-Aal! vom 05.09.2019, https://www.tagesschau.de/schlusslicht/nessie-loch-ness-monster-101.html.

Tagesschau (2023) Jetzt doch? Fotos sollen Nessie zeigen, vom 31.08.2023, https://www.tagesschau.de/ausland/europa/fotos-nessie-monster-loch-ness-100.html.

Tagesspiegel (2022) Europa-Dino war Nestflüchter: Gehörig und folgsam, vom 20.12.2022, https://www.tagesspiegel.de/wissen/europa-dino-war-nestfluchter-gehorig-und-folgsam-9066142.html.

The ETCSL project, Faculty of Oriental Studies, University of Oxford (2006) The Keš temple hymn, vom 19.12.2006, https://etcsl.orinst.ox.ac.uk/cgi-bin/etcsl.cgi?text=t.4.80.2&display=Crit&charenc=&lineid=t4802.p13#t4802.p13.

Thomas B (2020a) Spinosaurus Swam! How a Swimming Spinosaurus Fits Scripture, vom 26.05.2020, https://www.icr.org/article/spinosaurus-swam-swimming-spinosaurus-scripture.

Thomas B (2020b) Leviathan: Legend, Croc, or Something Else? Acts & Facts 49 (10), https://www.icr.org/article/leviathan-legend-croc-or-something-else.

Thomas B (2011) Utah Dinosaur Petroglyph Disputed, vom 07.04.2011, https://www.icr.org/article/utah-dinosaur-petroglyph-disputed.

Thunig F (2017) Kryptozoologie als Legitimationsstrategie im Kreationismus. Zeitschrift für junge Religionswissenschaft *12*, doi: 10.4000/zjr.859.

Totani T (2020) Emergence of life in an inflationary universe. Sci. Rep. *10*, 1671.

University of California - Berkeley (2008) Rapid growth, early maturity meant teen pregnancy for dinosaurs, vom 15.01.2008, www.sciencedaily.com/releases/2008/01/080114173919.htm.

von Drach MCS (2010) Lebende Flugsaurier, vom 17.05.2010, https://www.sueddeutsche.de/wissen/serie-mythen-von-monstern-9-lebende-flugsaurier-1.469422.

Walker T (2019) The Alvis Delk human-dino footprints artefact. Ancient fossil indicating coexistence, or modern hoax?, vom 05.01.2019, https://creation.com/alvis-delk-footprint-artefact.

Walters S (2023) How did dinos lay eggs and what were dinosaur eggs like?, vom 21.03.2023, https://www.discovermagazine.com/the-sciences/did-all-dinosaurs-lay-eggs.

Werner J & Griebeler EM (2013) New Insights into Non-Avian Dinosaur Reproduction and Their Evolutionary and Ecological Implications: Linking Fossil Evidence to Allometries of Extant Close Relatives. PLoS One *8*, e72862.

Worrall S (2017) Dieser Mann suchte 60 Jahre lang nach dem Yeti – und fand ihn, vom 09.11.2017, https://www.nationalgeographic.de/reise-und-abenteuer/2017/09/dieser-mann-suchte-60-jahre-lang-nach-dem-yeti-und-fand-ihn.

Wu L et al. (2021) Comparative Genomics and Evolution of Avian Specialized Traits. Curr. Genomics. *22*, 496–511.

Bildquellen

Angabe der Bildquellen: Hier sind die Bildquellen angegeben, für die in diesem Buch ein Copyright-Nachweis notwendig ist (nicht so z. B. bei Pixabay; ebenso nicht bei eigenen Fotos oder solchen, bei denen die Quelle schon auf der Seite angegeben ist). Hinsichtlich Größe und Bildausschnitt sind die Bilder an das Buchformat angepasst worden. Häufig wurden einzelne Aspekte ausgeschnitten, Bilder gespiegelt und Schatten ergänzt. Abkürzungen: **HG** = Hintergrundbild; **AS** = Adobe Stock; **W** = Wikimedia. Wiederholt verwendete Bilder sind beim ersten Auftauchen zuerst angegeben.

Umschlag/Titelbild: nach AS.

Kapitel A: S. 4f: *Pteranodon* / Junger Mann mit Buch / *Stegosaurus* / *Parasaurolophus*: AS; **Zeitskala**: selbst erstellt nach https://de.wikipedia.org/wiki/Geologische_Zeitskala. **S. 6f**: **HG**: AS. **S. 8f**: **HG**: AS. **S. 10f**: **HG**: Remes K, Ortega F, Fierro I, Joger U, Kosma R et al. (2009) A New Basal Sauropod Dinosaur from the Middle Jurassic of Niger and the Early Evolution of Sauropoda. PLoS ONE 4(9): e6924, doi:10.1371/journal.pone.0006924, CC BY 2.5 (W); **Salomo**: Yitzilitt, CC BY-SA 4.0 (W); ***Spinophorosaurus***: AS. **S. 12f**: **HG**: AS. **S. 14f**: **Dinosaurier als Skizze**: AS; **Beinstellung**: nach Fred the Oyster, CC BY-SA 4.0 (W); **diapsider Schädel**: nach Gagea basierend auf: Preto(m), CC BY-SA 3.0 (W); ***Argentinosaurus* auf Arche**: Nobu Tamura (http://spinops.blogspot.com), CC BY 3.0 (W). **S. 16f**: **HG**: AS; ***Tupuxuara***: ДиБгд, CC BY-SA 3.0 (W); ***Mussaurus* erwachsen**: Sauropodomorph, CC BY-SA 4.0 (W); ***Mussaurus* Jungtier**: Eva K, GFDL 1.2 (W); **Mary Anning**: B. J. Donne - http://www.sedgwickmuseum.org/education/ideas_and_evidence.html, Public Domain (W). **S. 18f**: **HG**: AS; ***Diictodon***: Viliam Simko, CC BY-SA 4.0 (W); ***Lisowicia***: Nobu Tamura, CC BY-SA 4.0 (W). **S. 20f**: ***Microraptor* Skelett**: Hone DWE, Tischlinger H, Xu X, Zhang F (2010) The Extent of the Preserved Feathers on the Four-Winged Dinosaur Microraptor gui under Ultraviolet Light. PLoS ONE 5(2): e9223. doi:10.1371/journal.pone.0009223, CC BY 2.5 (W); ***Microraptor* Rekonstruktion**: Fred Wierum, CC BY-SA 4.0 (W); ***Anchiornis***: Matt Martyniuk, CC BY 3.0 (W). **S. 22f**: **HG** / ***Pachycephalosaurus***: AS; ***Dracorex* Schädel**: Kabacchi - Dracorex – 01 (flickr), uploaded by FunkMonk, CC BY 2.0 (Deed) (W). **S. 24f**: **HG**: AS; **Entenschnabelsaurier-Köpfe**: Pavel.Riha.CB, CC BY-SA 3.0 (W); **Mumie von *Corythosaurus***: Internet Archive Book Images, No restrictions (W). **S. 26f**: **HG**: AS; **Adeliepinguin**: nach Nanosmile = Reinhard Jahn, CC BY-SA 2.0 de (W); ***Maiasaurus*-Skelette**: Dudo~commonswiki, CC BY-SA 3.0, GNU Free Documentation License, Version 1.2) (W).

Kapitel B: S. 28f: **HG**: AS. **S. 30f**: **HG**: AS; **Alpha & Omega**: Trlkly, Public Domain (W); **Schöpfungstage**: nach AS; **Neptun**: NASA, Gemeinfrei (W); **Tiere in Tag 5 und 6 ergänzt**: ***Pteranodon***: DataBase Center for Life Science (DBCLS) - https://doi.org/10.7875/togopic.2020.187, CC BY 4.0 (W); ***Saurolophus***: nach Debivort, CC BY-SA 3.0 (W); ***Opthalmosaurus***: Fishboy86164577, CC BY-SA 4.0 (W); ***Plateosaurus***: Nobu Tamura (http://spinops.blogspot.com) edits by FunkMonk, CC BY 2.5 (W); ***Apatosaurus***: Durbed - http://durbed.deviantart.com/art/Thunder-lizard-338805355, CC BY-SA 3.0 (W). **S. 32f**: **HG**: AS. **S. 34f**: **HG**: ESA/Hubble, CC BY 4.0 (W); **Lemaitre und Einstein**: unknown photographer, probably a Caltech employee – Gliscritti, Gemeinfrei (W). **S. 36f**: **HG**: AS; **Magnetfeld**: nach NASA, Public Domain (W); **Buch**: SG Wort und Wissen. **S. 40f**: **HG**: nach A. Atuchin. Published by D. Cary Woodruff, Thomas D. Carr, Glenn W. Storrs, Katja Waskow, John B. Scannella, Klara K. Nordén & John P. Wilson, https://www.nature.com/articles/s41598-018-32620-x, CC BY 4.0 (W). **S. 42f**: **HG**: Francisco Hueichaleo, CC BY-SA 4.0 (W); ***Stenopterygius***: Ryosuke Motani, Dayong Jiang mail, Andrea Tintori, Olivier Rieppel, Guan-bao Chen - http://www.plosone.org/article/info%3Adoi%2F10.1371%2Fjournal.pone.0088640, CC BY 2.5 (W); **Richard Owen**: nach Maull & Polyblank - http://4.bp.blogspot.com/_ICIVKqThJgE/SAiBNT0QfFI/AAAAAAAAAgg/UJBtB01mytk/s400/S-UMU-UG-2-00.jpg, Public Domain (W). **S. 44f**: **HG**: nach Oleg Kuznetsov - 3depix - http://3depix.com/3D Epix Inc, CC BY-SA 4.0 (W); ***Scaphognathus* fossil**: Tim Evanson - https://www.flickr.com/photos/timevanson/30985163447/, CC BY-SA 2.0 (W); ***Scaphognathus* Rekonstruktion**: Dmitri Bogdanow - dmitrchel@mail.ru, CC BY-SA 3.0 (W); ***Balaenognathus***: Megan Jacobs, CC BY 3.0 (W); ***Scleromochlus***: Pavel.Riha.CB, CC BY-SA 3.0 (W). **S. 46f**: **HG**: AS; ***Saurolophus***: nach Debivort, CC BY-SA 3.0 (W); **Horn**: Zachi Evenor - Flickr: https://www.flickr.com/photos/zachievenor/29468402304, CC BY 2.0 (W); ***Charonosaurus***: Debivort, CC BY-SA 3.0 (W). **S. 48f**: **HG**: J. Weiss nach AS. **Vorlagen der menschl. Comicfiguren**: dominicclovis auf Pixabay (so auch unten).

Kapitel C: S. 50f: **HG**: AS. **S. 52f**: **HG**: J. Weiss nach AS; **Flugsaurier *Sordes***: Dmitry Bogdanov - dmitrchel@mail.ru, CC BY-SA 3.0 (W). **S. 54f**: J. Weiss nach AS; ***Pterodactylus***: Matthew P. Martyniuk, CC BY-SA 4.0 (W). **S. 56f**: **HG**: AS. **S. 58f**: **HG**: AS; ***Nyasaurus***: Nesbitt, Barrett, Werning, Sidor & Charig, 2013 Collected in Tanzania, United Republic of by The Trustees of the Natural History Museum, London (licensed: http://creativecommons.org/licenses/by/4.0/); ***Herrerasaurus*** nach Fred Wierum, CC BY-SA 4.0 (W). **S. 60f**: **HG**: AS; ***Daspletosaurus* Schädel**: Sebastian Bergmann, CC BY-SA 2.0 (W); ***Gorgosaurus***: Nach Levi bernardo, CC BY-SA 3.0 (W); **Oviraptorknochen**: Iofry, CC BY-SA 4.0 (W). **S. 62f**: **HG** / ***Allosaurus***: AS; ***Giganotosaurus* Schädel**: Kabacchi, uploaded by FunkMonk, CC BY 2.0 (W). **S. 64f**: **HG**: AS; ***Velociraptor* vs. *Protoceratops***: Raul Martin - (2003) A Field Trip to the Mesozoic. PLOS Biology 1: e40. doi:10.1371/journal.pbio.0000040. PMC: 261880, CC BY 4.0 (W); ***Velociraptor* mit Federn**: Fred Wierum, CC BY-SA 4.0 (W); ***Deinonychus* Skelett**: Conty, CC BY-SA 2.5 (W). **S. 66f**: **HG**: AS; ***Juravenator* Skelett**: Ghedoghedo, CC BY-SA 3.0 (W); ***Liliensternus***: nach Nobu Tamura http://paleoexhibit.blogspot.com/ http://spinops.blogspot.com/, CC BY-SA 3.0 (W); ***Wiehenvenator***: nach Petr Menshikov, CC BY-SA 4.0 (W); ***Ornithomimus***: UnexpectedDinoLesson, CC BY-SA 4.0 (W). **S. 68f**: **HG**: AS; ***Struthiosaurus***: nach Norbert Frotzler - https://peerj.com/preprints/2758v1/, CC BY 4.0 (W); ***Minmi***: nach Mariana Ruiz LadyofHats, Gemeinfrei (W); ***Gastonia***: nach Mariana Ruiz LadyofHats, Public Domain (W); ***Mambachiton***: eigene Skizze nach https://www.focus.de/wissen/natur/235-millionen-jahre-altes-fossil-forscher-entdecken-neue-saurier-art-den-vorfahr-der-echten-dinos_id_201219639.html. **S. 70f**: **HG**: AS; **Wasserfloh**: Sizze nach Christian Laforsch / Science Photo Library, basierend auf K.Tapdıqova, CC BY-SA 4.0 (W); ***Kentrosaurus***: nach Nobu Tamura, CC BY-SA 3.0 (W). **S. 72f**: ***Repenomamus* mit Beute** / ***Volaticotherium*** / ***Juramaia*** / ***Castorocauda***: Nobu Tamura http://paleoexhibit.blogspot.com/ http://spinops.blogspot.com/ http://www.palaeocritti.com, CC BY-SA 3.0 (W); ***Repenomamus* Kampf**: nach Michael Skrepnick - Gang Han, Jordan C. Mallon, Aaron J. Lussier, Xiao-Chun Wu, Richard Mitchell and Ling-Ji Li: An extraordinary fossil captures the struggle for existence during the Mesozoic. Scientific Reports 13. 2023, pp. 11221 (fig. 2), doi:10.1038/s41598-023-37545-8, CC BY 4.0 (W);: **Gleithörnchen**: Pearson Scott Foresman - extracted, Public Domain (W); ***Eomaia***: Zofia Kielan-Jaworowska and Jørn H. Hurum - http://app.pan.pl/article/item/app51-393.html, CC BY 2.0 (W).

Kapitel D: S. 74f: **HG**: AS. **S. 76f**: **HG**: AS; ***Sinomacrops***: Xuefang Wei, Rodrigo Vargas Pêgas, Caizhi Shen, Yanfang Guo, Waisum Ma, Deyu Sun, and Xuanyu Zhou - https://peerj.com/articles/11161/, CC BY 4.0 (W); **Flügelvergleich**: nach Necrophorus übertragen durch FunkMonk, CC BY-SA 3.0 (W); ***Hatzegopteryx***: Mark Witton - https://peerj.com/articles/2908/, CC BY-SA 4.0 (W). **S. 78f**: **HG**: AS; **Seriema**: nach Qwuito, CC BY-SA 4.0 (W); **Hoatzin**: J. Arthur Thomson. - http://www.gutenberg.org/files/20417/20417-h/20417-h.htm, Gemeinfrei (W); **Fossil *Archaeopteryx***: H. Raab (Vesta), CC BY-SA 3.0 (W). **S. 80f**: **Federschaft**: Brigitte Friedrich, Schemazeichnung nach Portmann 1976. **S. 82f**: **Feder-Bildung**: Brigitte Friedrich, Schemazeichnung nach Portmann 1976; ***Confuciusornis***: nach Velizar Simeonovski. Published by Quanguo Li, Julia A. Clarke, Ke-Qin Gao, Jennifer A. Peteya, Matthew D. Shawkey - https://peerj.com/articles/5831/, CC BY 4.0 (W); ***Gansus***: BleachedRice, CC BY-SA 4.0 (W); **Eistaucher**: John Picken, uploaded by snowmanradio, CC BY 2.0 (W). **S. 84f**: **HG**: AS; ***Psittacosaurus***: Robert Nicholls (2016) 3D Camouflage in an Ornithischian Dinosaur, Current Biology, https://dx.doi.org/10.1016/j.cub.2016.06.065, CC BY 4.0 (W). **S. 86f**: **HG** / ***Triceratops***: AS; ***Aquilops***: Brian Engh - Farke AA, Maxwell WD, Cifelli RL, Wedel MJ (2014) A Ceratopsian Dinosaur from the Lower Cretaceous of Western North America, and the Biogeography of Neoceratopsia. PLoS ONE 9(12): e112055. doi:10.1371/journal.pone.0112055, CC BY 2.5 (W); **Condylus**: Tim Evanson - https://www.flickr.com/photos/23165290@N00/9324405591/, CC BY-SA 2.0 (W). **S. 88f**: **HG**: AS; ***Mamenchisaurus***: Steveoc 86, CC BY-SA 2.5 (W). **S. 90f**: **HG**: 3268zauber, CC BY-SA 3.0 (W); ***Mamenchisaurus***: Robert Lawton, 2005. CC BY-SA 3.0 (W); **Luftsacksystem**: nach Zina Deretsky, National Science Foundation - National Science Foundation, Gemeinfrei (W). **S. 92f**: ***Brachiosaurus***: Matt Wedel - https://svpow.com/2013/08/30/heres-that-brachiosaurus-altithorax-skeleton-you-ordered/, CC BY 3.0 (W). **S. 94f**: ***Protocodium*** / ***Codium***: nach © Chia et al. 2022 in BMC Biology. Springer Nature; CC-BY-4.0, http://creativecommons.org/licenses/by/4.0/; **Riesenmammut**: Jim Bahn, CC BY 2.0 (W); ***Claytosmunda***: CC BY-SA 2.0 ca (W); ***Gingko* Blätter**: Joe Schneid, Louisville, Kentucky, CC BY-SA 3.0 (W); ***Ginkgo* fossil**: SNP/tangopaso, CC BY-SA 3.0 (W). **S. 96f**: **Pflugnasenchimäre**: fir0002flagstaffotos [at] gmail.com, GFDL 1.2 (W); **Australischer Lungenfisch**: Tannin, CC BY-SA 3.0 (W); **Sechskiemerhai**: Gemeinfrei (W); **Flösselhecht**: TVRGolf, CC BY-SA 4.0 (W); **Kahlhecht heute**: Stan Shebs, CC BY-SA 3.0 (W); **Kahlhecht fossil**: Ghedoghedo, CC BY-SA 3.0 (W); **Stör**: Krüger, Gemeinfrei (W); **Katzenhai**: © Hans Hillewaert, CC BY-SA 4.0 (W); **Quastenflosser heute**: sybarite48 - uploaded by FunkMonk, CC BY 2.0 (W); **Quastenflosser fossil**: Oilshale, CC BY-SA 4.0 (W). **S. 98f**: **HG**: nach AuntSpray, CC BY-SA 3.0 (W); ***Proganochelys***: Ghedoghedo, CC BY-SA 3.0 (W); **Geierschildkröte**: Gennady Grachev, CC BY 2.0 (W); **Indische Weichschildkröte**: Anagha devi, CC BY-SA 4.0 (W). **S. 100f**: **HG**: Stewart Nimmo, CC BY-SA 4.0 (W); **Skizze *Ichtyosaurus***: nach Red Natters, CC BY-SA 4.0 (W); **Skizze *Mosasaurus***: nach DiBgd, CC BY-SA 4.0 (W); ***Sphenophontis***: Andrea Villa, Roel Montie, Martin Röper, Monika Rothgaenger, Oliver W.M. Rauhut - https://peerj.com/articles/11363/

Sphenofontis velserae gen. et sp. nov., a new rhynchocephalian from the Late Jurassic of Brunn (Solnhofen Archipelago, southern Germany) PeerJ, CC BY 4.0 (W). **S. 102f: HG**: AS; ***Steropodon***: Nobu Tamura, CC BY 3.0 (W); **Schnabeltier**: Stefan Kraft, CC BY-SA 3.0 (W); **Innenohr**: Zoph, CC BY-SA 3.0 (W); ***Sinodelphis***: Ghedoghedo, CC BY-SA 3.0 (W). **S. 104f: HG / *Chilesaurus***: AS; **Saurier-Systematik**: nach Kopiersperre, Public Domain (W). **S. 106f: *Chilesaurus* Skizze**: nach: Arcovenator, CC BY 3.0 (W); ***Chilesaurus* Skelett**: nach ケラトプスユウタ, CC BY-SA 4.0 (W); ***Heterodontosaurus***: Tyler Keillor - Sereno PC (2012) Taxonomy, morphology, masticatory function and phylogeny of heterodontosaurid dinosaurs. ZooKeys 226: 1-225. doi:10.3897/zookeys.226.2840, CC BY 3.0 (W); ***Allosaurus***: Fred Wierum, CC BY-SA 4.0 (W); ***Plateosaurus***: Nobu Tamura (http://spinops.blogspot.com) edits by FunkMonk, CC BY 2.5 (W); ***Ceratosaurus***: nach DiBgd, CC BY 2.5 (W); ***T. rex***: Nobu Tamura - I commissioned this from Nobu Tamura and he shared the file to me upon completion, CC BY-SA 4.0 (W); **Schnabeltier**: Cabrera, Angel - Genera mammalium, Public Domain (W).

Kapitel E: S. 108f: HG: AS. **S. 112f: HG**: Acdixon, CC0 (W); ***Pteranodon***: DataBase Center for Life Science (DBCLS) - https://doi.org/10.7875/togopic.2020.187, CC BY 4.0 (W). **S. 114f: HG**: Fæ, CC BY-SA 3.0 (W); ***Argentinosaurus*** (auch S. 116f): Nobu Tamura (http://spinops.blogspot.com), CC BY 3.0 (W); **Titanic Skizze**: Autor unbekannt - *Engineering* journal: 'The White Star liner Titanic', vol. 91, Gemeinfrei (W). **S. 118f: *Opthalmosaurus***: Fishboy86164577, CC BY-SA 4.0 (W). **S. 120f: HG**: AS; ***Jordan-Theropode***: eigene Rekonstruktion angelehnt an: https://www.deviantart.com/tyrannoraptoran/art/Small-Juvenile-Tyrannosaurus-Skeletal-904754854. ***Dilong***: nach Conty, CC BY 3.0 (W); ***Apatosaurus***: nach Durbed - http://durbed.deviantart.com/art/Thunder-lizard-338805355, CC BY-SA 3.0 (W). **S. 122f: Brille mit Dinos**: nach Studiengemeinschaft Wort und Wissen (2007) „Dinosaurier – faszinierende Geschöpfe"; **Darwin**: Henry Maull (1829–1914) and John Fox (1832–1907), Public Domain (W); **Mendel**: Bateson, William - Mendel's Principles of Heredity: A Defence, Gemeinfrei (W); **Behe**: Campus Photo • Bryan Matluk - The Maine Campus Online, CC BY-SA 3.0 (W). **S. 124f: Linné**: Alexander Roslin - Nationalmuseum, Gemeinfrei (W); **Systematik**: nach Johnson et al. 2004: http://www.evolutionslehrbuch.info/bilder/03/ekl-03-24.php; **Liger**: The cloudless sky, CC BY-SA 3.0 (W). **S. 126f: Hunde / Entenvögel / Hühnervögel**: Zeichnung Robert Geiter, http://www.evolutionslehrbuch.info/bilder/; **Schiege**: Judgefloro, CC BY-SA 4.0 (W); **Paradiesvogel**: Daniel Giraud Elliot - Biodiversity Heritage Library, CC BY 2.0 (W); **Löffelstör**: Raver Duane, U.S. Fish and Wildlife Service, Public Domain (W). **S. 128f: HG**: Skye McDavid, CC BY 4.0 (W); **Ceratopsier-Stammbaum**: nach Studiengemeinschaft Wort und Wissen (2007); **Jakobsschaf**: Carsten Wiehe, CC BY-SA 3.0 (W). **S. 130f: HG**: Neanderthal-Museum, Mettmann - Pressebilder, https://www.neanderthal.de/de/urmenschen.html, CC BY-SA 4.0 (W); **Mondkalender**: José-Manuel Benito, Gemeinfrei (W); ***Homo erectus***: B. Scholl; **Thieme**: P. Pfarr NLD - Niedersächsisches Landesamt für Denkmalpflege, CC BY-SA 3.0 de (W). **S. 132f: HG**: AS; ***Pteranodon***: DataBase Center for Life Science (DBCLS) - https://doi.org/10.7875/togopic.2020.187, CC BY 4.0 (W); **Transportbox**: nach Kátia Goretti Dias Vazzoller – Tosh, flickr, CC BY-SA 2.0 (W).

Kapitel F: S. 134f: HG: AS. **S. 138f: Schmiedefeld-Formation**: Stephan M (2008) W+W Info, https://www.wort-und-wissen.org/info/4-08/. **S. 140f: HG**: AS; **Mt. St. Helens vor dem Ausbruch**: United States Geological Survey - https://volcanoes.usgs.gov/volcanoes/st_helens/st_helens_gallery_23.html, Gemeinfrei (W). **S. 142f: HG**: AS. **S. 144f: HG**: nach James Tissot - https://www.superstock.com/stock-photos-images/999-456, Public Domain (W). **S. 146f: HG**: Superikonoskop, CC BY-SA 3.0 (W); **Heutige Qualle**: MarkusGarger, CC BY-SA 4.0. (W).

S. 148f: Diorama am Rand (auch S. 150f): Aldo Chiappe, courtesy of National Geographic Map from the Deep Time Maps collection, courtesy of Colorado Plateau Geosystems, Inc., Public Domain; ***Dimetrodon***: Богданов dmitrchel@mail.ru, Public Domain (W); ***Acanthostega***: Nobu Tamura (http://spinops.blogspot.com), CC BY 2.5 (W); **Ammonit**: Heinrich Harder (1858-1935) - The Wonderful Paleo Art of Heinrich Harder, Gemeinfrei (W); ***Hallucinogenia***: Jose manuel canete, CC BY-SA 4.0 (W); ***Saarina***: Jaagup Metsalu (3D model/render) - Estonian Museum of Natural History, CC BY-SA 4.0 (W). **S. 150f: Sukzession**: Joshfn, CC BY-SA 3.0 (W). **S. 152f: HG**: AS; **Quastenflosser**: nach Robbie Cada, Public Domain (W). **S. 154f: HG**: bearbeitet nach Maulucioni nach Ryan Somma, CC BY-SA 4.0; Ryan Somma - Life in the Ediacaran Sea, uploaded by FunkMonk, CC BY-SA 2.0 (W). **S. 156f: HG**: nach Zhixin Sun, Fangchen Zhao, Han Zeng, Cui Luo, Heyo Van Iten, Maoyan Zhu - https://academic.oup.com/nsr/advance-article/doi/10.1093/nsr/nwac069/6563905, CC BY 4.0 (W); **Systematik**: http://www.evolutionslehrbuch.info/bilder/03/ekl-03-24.php; **Trilobit**: M. Stephan / R. Wiskin. **S. 158f: HG**: AS; ***Schinderhannes***: nach Nobu Tamura http://paleoexhibit.blogspot.com/ http://spinops.blogspot.com/, CC BY-SA 3.0.

Kapitel G: S. 160f: HG: nach Daniel Schwen, CC BY-SA 4.0. **S. 162f: HG**: AS; **Tutenchamun-Maske**: MykReeve, by MykReeve, CC BY-SA 3.0 (W). **S. 164f: HG**: AS; **Schlangengöttin Wadjet**: nach Eternal Space, CC BY-SA 4.0 (W); **Yi qi**: Emily Willoughby, (e.deinonychus@gmail.com, emilywilloughby.com), CC BY-SA 4.0 (W); ***Microraptor***: Fred Wierum, CC BY-SA 4.0 (W); ***Draco***: H. Zell, CC BY-SA 3.0 (W); **Schmuckbaumnatter**: Seba, Albertus, Public Domain (W); ***Weigeltisaurus***: Scott Reid, CC BY-SA 4.0 (W); ***Dilophosaurus* Skelett**: Sebastian Bergmann, CC BY-SA 2.0 (W); ***Sinornithosaurus***: Dinoguy2, CC SA 1.0 (W); **Speikobra**: MorphinESTP, CC BY-SA 4.0 (W). **S. 166f: HG**: nach Reiner Leimeroth. **S. 168f: HG**: nach Reiner Leimeroth; **Karte Israel**: nach © Sémhur / Wikimedia Commons, CC BY-SA 4.0 (W). **S. 170f: Zeder links**: Zeynel Cebeci, CC BY-SA 4.0 (W); **Zeder rechts**: Liné1, CC BY 2.5 (W). **S. 172f: Flusspferd**: AS; ***Paracetherium***: nach Tim Bertelink, CC BY-SA 4.0 (W). **S. 174f: *Iguanodon*-Statuen**: Ian Wright, CC BY-SA 2.0 (W); ***Iguanodon* heutige Rekonstruktion**: AS; **Skizze *Iguanodon*-Sehnen**: Studiengemeinschaft Wort und Wissen (2007); ***Iguanodon*-Hand**: Johannes Weiss; ***Iguanodon* 1992**: Rainer Leimroth. **S. 176f: HG**: AS; ***Seismosaurus***: Fred Wierum, CC BY-SA 4.0. **S. 178f: Krallen *Apatosaurus***: AS; ***Paralititan***: Dmitri Bogdanow - dmitrchel@mail.ru, CC BY 3.0 (W); **Auswahl Pflanzenfresser**: nach Steveoc 86, CC BY-SA 4.0 (W) sowie Door I, Dinoguy2, CC BY-SA 3.0 (W); **Schädel *Europasaurus* und *Giraffatitan***: Nils Knötschke, CC BY-SA 2.5 (W). **S. 182f: Bombardierkäfer**: Patrick Coin, CC BY-SA 2.5 (W). **S. 184f: HG**: AS. **S. 186f: HG**: AS; ***Baroyonyx***: Andrey Atuchin, CC BY 4.0. (W). **S. 188f: Bahariyya-Oase**: Andrew McAfee - Salem, Belal S. (2022) First definitive record of Abelisauridae (Theropoda: Ceratosauria) from the Cretaceous Bahariya Formation, Bahariya Oasis, Western Desert of Egypt. Royal Society Open Science 9 (6): 220106, doi:10.1098/rsos.220106, CC BY 4.0 (W); **Karte Israel**: nach © Sémhur / Wikimedia Commons, CC BY-SA 4.0 (W). **S. 190f: HG**: AS; ***Crocodylus thorbjarnarsoni***: Smokeybjb, CC BY-SA 3.0 (W); ***Deinosuchus* Rekonstruktion**: Andrey Atuchin, CC BY-SA 4.0 (W); ***Deinosuchus* Schädel**: Wilson44691, CC0 (W). **S. 192f: HG**: AS; ***Liopleurodon***: NearEMPTiness, CC BY-SA 3.0 (W); ***Meyerasaurus***: Ra'ike, CC BY-SA 3.0 (W); ***Livyatan***: nach Apokryltaros, CC BY-SA 3.0 (W); ***Mosasaurus***: nach Jonagold2000, CC BY-SA 4.0 (W); ***Megalodon*, Weißer Hai und Taucher**: nach Oliver E. Demuth - Adapted from figure 2 of "Body dimensions of the extinct giant shark *Otodus megalodon*: a 2D reconstruction" by Jack A. Cooper, Catalina Pimiento, Humberto G. Ferrón & Michael J. Benton, CC BY-SA 4.0, http://creativecommons.org/licenses/by/4.0/ (W); **Elasmosauride Skizze**: LancianIdolatry, CC0 (W). **S. 194f: *Megalania***: Cas Liber, Public Domain (W); **Nilwaran**: D. Gordon E. Robertson, CC BY-SA 3.0 (W).

Kapitel H: S. 196f: HG: nach AS. **S. 198f: Schlangendrachen und Löwenadler**: Jastrow, Public Domain (W); **Vierhunde-Plakette**: Aoineko, CC BY-SA 1.0 (W); **Zweihunde-Plakette**: akhenatenator - https://www.flickr.com/photos/86012097@N08/17788442395/, CC0 (W); **The Belles Heures of Jean de France**: https://www.metmuseum.org/art/collection/search/470306, Folio 167, Public Domain; **Nilmosaik**: Public Domain (W); **Kachina Bridge Foto**: Andy McIntosh mit freundlicher Genehmigung; **Yarru**: Pr. Monteiro Junior, Pr. Samuel Yakov - O pesquisador cristão; Os dinossauros na história, Attribution, https://commons.wikimedia.org/w/index.php?curid=25654632 (W); **Plesiosaurier**: By JAH - 3D Viewer - Plesiosaurus, FAL (W). **S. 200f: Ta Prohm**: Harald Hoyer, CC BY-SA 2.0 (W); ***Tuojiangosaurus***: Paleocolour, CC BY-SA 4.0 (W); **St. Georg in St. Jordi**: Amadalvarez, CC BY 3.0 (W); **St. Georg Artushof in Danzig**: Аимаина хикари, CC0 (W); ***Nothosaurus***: Nobu Tamura (http://spinops.blogspot.com), CC BY 3.0 (W); ***Coelophysis***: UnexpectedDinoLesson, CC BY-SA 4.0 (W); **Skizze kleiner grüner Drache**: Bild nachgezeichnet nach: https://discardingimages.tumblr.com/post/48702019231/st-george-and-the-baby-dragon-happy-st-georges; **Ica rechts + links**: Brattarb, CC BY-SA 3.0 (W); **Blois Waran**: Fab5669, CC BY-SA 4.0 (W); **Blois Wandteppich**: Zairon, CC BY-SA 4.0 (W). **S. 202f: HG**: Rushen - https://www.flickr.com/photos/rushen/29489043882/in/dateposted/, CC BY-SA 2.0 (W); **Mokele Mbembe**: JNL, FAL (W); **Krokodilmolch**: Adwait Pawar - http://www.blog.illustraciencia.info/2017/05/klingon-newt-adwait-pawar.html, CC BY-SA 3.0 (W); **Fregattvogel**: Virtual-Pano, CC BY 4.0 (W); **Yeti**: Philippe Semeria - www.philippe-semeria.com, CC BY 3.0 (W). **S. 204f: HG**: nach Chris Gotschalk, Gemeinfrei (W); **Plesiosaurier**: National Science Foundation, Public Domain (W); **Nessie-Formen**: Shalom - Made with Inkscape, Gemeinfrei (W). **S. 206f: HG**: Michael Barera, CC BY-SA 4.0 (W); **Längliche Fußspur**: Dill Tom - https://www.flickr.com/photos/30397751@N07/6329733752/, CC BY 2.0 (W); **Raubsaurier-Fußspur**: Diane Turner, CC BY 2.0 (W); ***Acrocanthosaurus***: Пётр Меньшиков, CC BY-SA 4.0 (W); **Erosion der Fußspur**: http://www.evolutionslehrbuch.info/bilder/16/ekl-16-07.php. **S. 210f: Vergessene Archäologie / Steinwerkzeuge / Postkarte**: http://www.vergessene-archaeologie.info sowie https://www.wort-und-wissen.org/disk/d17-4/, Fotos: Michael Gleim / Martin Ernst / Michael Brandt; **Verworn**: Peter Matzen - Voit Collection, Gemeinfrei (W); **Haeckel**: Nicola Perscheid - gettyimages.co.uk, Gemeinfrei (W). **S. 212f: *T. rex***: Billlion, CC BY-SA 3.0 (W); ***Brachylophosaurus*-Mumie**: The Children's Museum of Indianapolis, CC BY-SA 3.0 (W). **S. 214f: *Prognathodon*-Schädel**: Roland Tanglao, uploaded by FunkMonk, CC BY 2.0 (W); ***Lufengosaurus***: FarleyKatz, CC BY-SA 4.0 (W). **S. 216f: Miller**: NASA - web99.arc.nasa.gov/~astrochm/Miller/Miller1999.jpg, Gemeinfrei (W). **S. 218f: Blauwal**: nach Bjornstad (TBjornstad), Gemeinfrei (W). **S. 220f: Kontinentaldrift**: Antonio Snider-Pellegrini, Gemeinfrei (W). **S. 222f: HG**: AS. **S. 226f: HG**: Antonio Ciseri - http://www.most-famous-paintings.org/Ecce-Homo-large.html, Public Domain (W); **Pilatus-Inschrift**: Reinhard Dietrich, CC BY 4.0. (W). **S. 230f: HG**: Cai Tjeenk Willink (Caitjeenk), CC BY-SA 3.0 (W); **Wandteppich**: Remi Jouan, CC BY-SA 3.0 (W). **S. 234f: HG**: AS; **Neues Jerusalem**: nach: Gebhard Fugel, Public Domain (W); **Diamant**: Mario Sarto, CC BY-SA 3.0 (W).

ANHANG: S. 236f: HG: AS; **S. 240–243**: s. o. **S. 252–255**: Buchcover: siehe Angaben in den Büchern. **S. 252f: HG**: AS.

Grundlagen-Literatur
zum Thema Naturwissenschaft und Glaube

Die folgenden Bücher ermöglichen es, das Verständnis zum Thema Schöpfungsargumente zu erweitern.
Bestellen kann man sie hier: https://www.wort-und-wissen.org/produkt/.
Alle Preisangaben sind ohne Gewähr, inkl. MwSt. und zzgl. Versandkosten.

Evolution: Ein kritisches Lehrbuch (7. Aufl.)
26,90 Euro, 368 Seiten

Dieses Buch ist bis heute das grundlegende evolutionskritische Lehrbuch in Deutschland. Es handelt sich um eine Art Nachschlagewerk zur biologischen Evolutionskritik für Schüler der Abschlussklassen, Studenten und Lehrer. Über Evolutionskritik hinaus zeigt es beispielhaft, dass naturwissenschaftliche Daten auch im Rahmen von Schöpfungsmodellen gedeutet werden können.

Schöpfung ohne Schöpfer? Eine Verteidigung des Design-Arguments in der Biologie
19,95 Euro, 328 Seiten

Tiefgründig und logisch schlüssig werden wissenschaftstheoretische und naturwissenschaftliche Argumente für einen Designer (Schöpfer) angeführt. Das Buch zeigt: Wohl nie zuvor in der Geschichte waren die Argumente aus der Biologie und Biochemie für einen Schöpfer stärker als heutzutage.

Genesis, Schöpfung und Evolution: Beiträge zur Auslegung und Bedeutung des ersten Buches der Bibel (4. Aufl.)
14,95 Euro, 256 Seiten

Für das tiefere Verständnis der Herkunft der Welt, des Lebens und des Menschen ist eine theologisch fundierte Betrachtung der biblischen Aussagen unbedingt notwendig. Verschiedene Beiträge zum Alten und Neuen Testament von Naturwissenschaftlern und Theologen beleuchten zentrale Bibelstellen und ihre Bedeutung für die Schöpfungsforschung.

Das geplante Universum: Wie die Wissenschaft auf Schöpfung hindeutet (3. Aufl.)
9,99 Euro, 156 Seiten

Wir leben in einem Universum, das in vielerlei Hinsicht verblüffend genau auf uns zugeschnitten ist. Dieses Buch gibt erstaunliche Einblicke in die Feinabstimmung des Universums und der Biochemie. Es ist auch für naturwissenschaftlich interessierte Laien verständlich.

Der Mensch und die geologische Zeittafel: Warum kommen Menschenfossilien nur in den obersten geologischen Schichten vor?
9,95 Euro, 230 Seiten

Wie kann man erklären, dass Fossilien von Menschen in den tieferen geologischen Schichten fehlen? Dieses geologisch-paläontologische Buch beschreibt das Konzept „fossil nicht überlieferter Lebensräume" und zeigt erste Konsequenzen für die Schöpfungsforschung.

Vergessene Archäologie: Steinwerkzeuge bis fast zur Zeit der Dinosaurier (2. Aufl.)
44,90 Euro, 525 Seiten

Ende des 19. und Anfang des 20. Jahrhunderts wurden Steinwerkzeuge in geologischen Schichten gefunden, die z. T. fast so alt wie die Schichten mit den letzten fossil gefundenen Dinosauriern sind. Diese wurden von führenden Wissenschaftlern anerkannt, bis ihr Alter mit den vorherrschenden Evolutionsvorstellungen zu sehr in Konflikt geraten ist. Zahlreiche brillante Fotos der Originalfunde aus Museen unterstreichen aber die Einordnung als echte menschliche Werkzeuge.

Erhältlich bei: Studiengemeinschaft Wort und Wissen e. V.
Peter-Stein-Straße 4 • 72250 Freudenstadt
Tel. 07441 / 5202705 • E-Mail sg@wort-und-wissen.de

Weiterführende Literatur

zum Thema Naturwissenschaft und Glaube

Weitere Literatur zum Themenspektrum Glaube und Wissenschaft findet sich auch bei der CV Dillenburg: https://www.cv-dillenburg.de/buecher-co/verlagsprogramm. Alle Preisangaben sind ohne Gewähr, inkl. MwSt. und zzgl. Versandkosten.

Schöpfung oder Evolution: Ein klarer Fall!?

12,90 Euro, 192 Seiten

Wie ein Kriminalfall geht dieses Buch auf die Suche nach naturwissenschaftlichen Indizien für einen Schöpfer. Die Darstellung hat leicht verständlichen, einführenden Charakter und richtet sich mit den wichtigsten Argumenten an ein breites Publikum, insbesondere auch an Schüler.

Der Natur auf der Spur im Frühlingswald: Ein Entdeckungsbuch für Jung und Alt

9,90 Euro, 96 Seiten

Dieser Naturführer im praktischen Hosentaschenformat ermutigt zur Entdeckung der Natur und der Genialität des Schöpfers. Neben spannenden Informationen gibt es auch praktische Tipps, um eigene Entdeckungen in der Natur zu machen.

Geschichte und Gott: Eine Deutung aus christlicher Sicht

49,90 Euro, 768 Seiten

Dieses umfassende Werk verknüpft die weltliche Geschichte mit Gottes Plan und seinem Handeln. Anhand von Gottes Spuren in der Weltgeschichte wird aufgezeigt: Vergangenheit, Gegenwart und Zukunft liegen in Gottes Hand, und ihm entgleitet nichts.

Geistesblitze: Geschichten von Tüftlern, Erfindern und Weltveränderern

7,90 Euro, 160 Seiten

Gott ist der einfallsreichste und originellste Erfinder; er besitzt einen nie erschöpfenden Ideenreichtum. Dies zeigt sich an dem, was er erschaffen hat. Kreativität ist eine Gabe Gottes. Es gibt eine Unzahl von Erfindungen; viele davon haben den Lauf der Geschichte und Menschenleben verändert. Doch auch vermeintlich unscheinbare Erfindungen können für manche Menschen wichtig sein und werden deshalb in diesem Buch behandelt.

Tatort Schöpfung: Mit der Kripo auf Spurensuche

14,90 Euro, 176 Seiten

Was ist das bloß für ein seltsamer Karton, den Jason da auf dem Dachboden seiner Oma gefunden hat? Zusammen mit Detective Jeffries und den anderen Kids von der Jugend-Polizeischule kannst du Jason helfen, dieses neue Rätsel zu lösen. Nebenbei erfährst du Spannendes über das weite Universum und erforschst die Indizien für dessen Entstehung. Für Kinder ab 10 Jahren. Mit Illustrationen.

Von Flugakrobaten und Verwandlungskünstlern: Geschichten aus der Welt der Insekten

12,90 Euro, 144 Seiten

Ein ansprechender Mix aus Beobachtung, Fotos, Fakten und Erzählungen (jeweils aus der Sicht dieser faszinierenden Geschöpfe Gottes) in übersichtlicher Struktur und Gliederung.